한국 성도를 위한
예언서 강의

한국 성도를 위한

예언서 강의

초판인쇄 2017년 3월 15일
초판발행 2017년 3월 20일
지은이 기민석
펴낸이 장병주
펴낸곳 예책
등록번호 제 17-311호
주소 서울시 동작구 노량진로 26길 13-10(본동)
영업부 02-3489-4300
출판부 02-6401-2657
FAX 02-3489-4309

책 값은 뒤표지에 있습니다.
ISBN 978-89-98300-12-8 03230
편집부에서 독자의 의견을 기다립니다.

jesusbooks@naver.com

성경 바로 읽기 시리즈 ❶

오늘날 한국 성도는 예언서
어떻게 읽고, 무엇을 취할 것인가?

한국 성도를 위한

예언서 강의

기민석 지음

불꽃같은 심장으로
시대를 향한
하나님의 음성을
분별하라!

예책
Jesus'books

쉽게 풀어 쓴 예언서,
한국을 사는 나에게 적용한다

아마 '사이다 발언'이라는 재미난 표현을 들어보셨을 것이다. 목이 메듯 마음이 갑갑할 때, 속 시원한 발언을 누군가가 내뱉어 주어 조이던 숨통을 터트려 줄 때, 우리는 그런 말을 사이다 발언이라 부르며 감사해한다. 2016년을 지나 새해를 맞이한 요즈음, 나라 곳곳에서는 엄동설한의 추위에도 목마른 사슴이 옹달샘을 찾듯 다들 너무나 간절하다. 광화문 거리에서 혹은 뉴스를 방영하는 TV 앞 거실에서 우리는 목이 매여 아우성이다. 너나 할 것 없이 모두들 억울하고 답답하고 분통터져 혼이 비정상이 될 것만 같다.

마침 사이다 발언의 대가들이 예언서에 즐비하다. 가난하고 힘없어 불의한 재판과 착취를 당하던 백성들은 아모스의 독설에 그 마음이 뻥 뚫리고, 하나님께 서운해 멍든 가슴은 예레미야의 눈물어린 하소연에 위로 받는다. 사이다가 필요한건 하나님도 마찬가지다. 호세아나 에스겔이 그분의 입을 대신하여 방송윤리위원회의 제제감 발언들을 폭우처럼 쏟아낸다. 예언서는 이렇게 다양한 입장의 응어리진 마음을 속 시원히 뚫어주는 책이다.

그러나 그저 답답함을 해소한 것으로만 그친다면 예언서를 잘못 읽은 것이다. 예언자들의 외침이 우리들 가슴에 메아리친다면, 우리의 행동에 변화가 따라야 한다. 벌거벗은 이사야처럼 광화문으로 뛰쳐나가거나, 아모스의 서슬 퍼런 지적 앞에 부도덕한 사업 장부를 과감히 버리기도 할 것이다. 어쩌면 다니엘처럼 기도로 맞서야만 할 테고, 에스겔처럼 회복의 메시지로 서로를 위로해야 할 것이다. 어떤 행동으로 반응을 할지는 각자의 몫이다. 마치 예언자들도 다각도의 행위를 하였던 것처럼 말이다. 분명한 것 하나는, 예언자의 음성을 듣고도 행하는 것이 없다면 이는 예언서를 참으로 읽지 못했다는 것이다.

예언서의 참 맛을 보면 가슴 아리듯 혹은 가슴 벅차듯 '한국'이 떠오른다. 어느 한 예언자도 그 마음이 나라와 민족을 떠나 본 적이 없다. 그리고 이는 하나님의 마음이었다. 이 책이 교회는 오래 다녔지만 예언서 앞에서 기가 팍 죽어버리는 교회학교 선생님들에게는 그야말로 특급 사이다 한잔이 되었으면 좋겠다. 더나가 우리는 한국에 살아가도록 그리고 한국을 만들어 가도록 부름 받은 그리스도인임을 새롭게 자각하였으면 좋겠다.

본래 이 책은 두란노 창립 30주년 기념 문학상 공모전에서 우수상을 받은 작품이고, 〈예언자 나에게 말을 걸다〉로 출판되었던 글이다. 이 책을 다시 부활하게 하여준 출판사 '예책'에 진심으로 감사드리며, 재출간을 기다리던 독자들께도 고마움을 전한다. 당시 공모전 수상은 개인적으로 힘겨운 시간을 보내던 저자에게도 속 시원한 사이다 한 잔이었다. 주님과 지인들께 감사하던 그때의 생생한 마음을 잊을 수 없기에 초판에 적었던 처음 서문도 아래에 고스란히 옮겨 놓는다.

2017년 3월 1일

◆◆◆

우울증 환자 예레미야, 호세아의 바람난 사모님 고멜, 고약한 독설가 아모스, 잘난 이사야 등 구약의 예언서를 읽자면 머리가 지끈거릴 판이지만, 사이사이 곁들어진 이 예언자들의 인생 면모는 참으로 흥미롭고 의미심장하다. 예언자들은 우리와 매우 거리가 먼 인물들 같지만, 우울증, 가정불화, 자격지심, 따돌림과 잘난 척하기 등 현대를 사는 우리 삶과도 무관하지 않았다. 필자는 예언자들이 과연 어떤 인생을 살았는지 상상하면서 오늘의 '나'를 조명해 보았다.

예언자들의 전기적 관찰만 한 것은 아니다. 예언서에 대한 성서학적 연구도 시도했다. 세계에서 보기 드물게 기독교가 열띤 나라에서 살지만, 성경에 대한 학문적 연구라 하면 일반 독자는 머리부터 젓고 본다. 어렵고 따분하다는 게 그 이유다. 그래서 예언서에 대한 어려운 성서학적 내용은 우리나라 고등학생 정도면 읽고 이해하기에 큰 어려움이 없을 정도로 풀어 썼다.

신학교와 교회 간의 괴리감은 대학에서 수년간 성서학을 강의해 온 필자에게 큰 고민이 아닐 수 없었다. 이 간극을 좁히기 위한 장을 언젠가는 어떤 방식으로든지 열어 보고자 했는데, 뜻밖에도 일찍 그 첫 시도를 하게 되었다. 아직은 그 시도가 어설픈 면이 많다. 이 책이 밝히는 예언서에 대한 학문적 내용은 매우 초보적이다. 근간의 첨단 이론들은 대부분 배제되었고, 가장 기본적으로 다루어지는 예언서에 대한 역사 · 문헌적 이해를 쉽게 설명하려 했다. 그리고 무엇보다 이 학문적 접근이 우리의 신앙생활에 어떤 의미를 갖는 지를 설명하려 각별한 노력을 기울였다. 제아무리 수많은 성경 이론들이 학문적 링 안에서 혈투를 벌인다 해도 성경은 하나님에 대한 신앙이 아니면 존재할 수 없었던 '믿음'의 산물이기 때문이다.

이 책은 본래 북방선교방송(Trans World Radio Korea)에서 제작한 방송신학 프로그램의 원고에서 출발했다. 필자는 2010년 봄부터 여름까지 '예언서 연구'를 강의했는데 같은 시기에 녹음되고 송출되었다. 이 단체는 1952년 개국하여 14개의 송출소와 인공위성을 이용해 150개 언어로 전 세계에 방송하는 초교파 기독교 단체다. 이 단체에서 송출하는 한국어 방송은 북한과 중국, 아시아 곳곳에 단파 라디오를 통해 전달되고 있다. 이 방송에서 신학 강의를 한 덕분에 졸저가 이렇게 세상의 빛을 보게 되었다. 열악하지만 귀한 선교 사역을 담당하는 이 단체에 많은 관심을 가져 주길 이 책을 빌려 부탁한다.

이 책을 탈고하며 많은 분들께 감사드린다. 본 원고를 녹음하면서 늘 격려와 웃음으로 도와주신 북방선교방송의 백명숙 간사님, 너덜하던 원고를 말끔히 편집해 주고 알찬 제목도 달아 준 침례신학대학교 정원제 조교께 진심으로 감사드린다. 이 원고를 편집하던 기간은 아마 내 인생에서 가장 암담한 때였을 것이다. 이런 때 언제나처럼 인생의 든든한 디딤 나무가 되어주신 침례신학대학교 김선배 교수님, 그리고 타들어 가는 내면을 영적 생수로 축여 주신 '꿈의 교회' 담임 안희묵 목사님께 한 마음으로 감사드린다. 외로울 때 친구가 되어 주던 동기, 동료, 가족 그리고 침례신학대학교 학생들과 수요정오예배를 이끄시는 김광수 교수님에게도 마음 가득 감사가 넘친다. 그 누구보다도 나의 오랜 친구 기영이에게 감사한다.

감격스럽게도 이 책은 두란노 창립 30주년 기념 문학상 공모전에서 우수상을 받게 되었다. 두란노가 30주년이니, 사실 필자가 어릴 적부터 두란노를 먹고살았다 해도 과언이 아니다. 그래서 두란노로부터 받은 신앙의 빚을 이 기회에 갚은 것 같아 더욱 기쁘다. 원고를 심사하고 이 영광을 허락하여 주신 이어령 박사님, 문성모 총장님, 지형은 목사님, 이만재 선생님, 조정민 목사님, 두란노 출판편집위원단에 감사드린다. 참 짓궂게도 이 예언서를 통해 나의 인생을 되돌아보게 하신 하나님께, 오늘 또 한 번 무릎을 꿇는다.

2011년 2월

기민석

목차

PART 2

예언자의 프로파일 I
_이스라엘 멸망 이전

PART 3 예언자의 프로파일 II _포로기와 귀환 이후

PART 1

예언자, 그들은 누구인가

chapter 01

예언자란 누구인가?

01. 예언자란 누구인가?

예언자란 무슨 뜻일까?

우선 '예언자'란 단어에 대하여 알아보겠습니다. 예언자(豫言者)는 한문으로 그 뜻을 풀이하면 '미리 말하는 자'라고 해석할 수 있지요. 즉 시간적으로 미래에 닥칠 일들을 미리 알고 말하는 자란 뜻입니다. '선지자'(先知者)는 예언자와 유사한 기능을 하는 이들을 일컫는 말로, 굳이 구분해서 사용할 필요는 없습니다.

그런데 구약성경은 원래 한글이 아니라 히브리어로 씌어진 문헌입니다. 예언자는 히브리어로 '나비'(navi)라고 하지요. 히브리어만으로는 이 단어의 고유한 뜻을 알기 어렵기 때문에, 학자들은 같은 계통의 언어인 아카드어나 아랍어 등을 살펴서 그 의미를 추론하였답니다. 대략 그 뜻은 '부르짖다', '알리다', 혹은 '부름을 받다'와 관련이 있는 것으로 추정됩니다. 그 의미를 종합해 보면, 예언자란 무언가를 '부르짖어 알리는 자' 혹은 그 일을 위해 '부름 받은 자'라고 이해할 수 있습니다. 히브리어 '나비'는 나중에 헬라어로 '프로페테스'(prophetes)로 번역되었고, 이 말은 영어로 예언자를 뜻하는 '프로피트'(prophet)란 단어가 되었습니다. 헬라어 '프로페테스'의 뜻은 '신의 이름으로 신의 뜻과 권고를 말하는 자'라 할 수 있지요. 결론적으로 예언자란, '하나님께 부름 받아 하나님의 뜻이나 미래의 일을 부르짖어 알리는 자'입니다.

그런 점에서 예언자란 참 독특한 기능을 하는 사람들이지요. 평범한 인간들이 미래를 계획하시는 하나님의 뜻을 구체적으로 알기란 거의 불가능합니다. 하지만 사람들은 언제나 이 세상과 개인의 생사화복을 주관하시는 하나님의 뜻을 알고 싶어 하지요. 물론 하나님도 자신의 뜻을 인간에게 전달하고 싶어 하신답니다. 이렇게 평범한 인간들의 세계와 초월적인 하나님의 세계를 연결시켜 소통할 수 있도록 특별한 임무를 수행하는 자가 바로 예언자입니다. 즉 영적인 세계와 범속의 세계를 연결하는 매개자 역할을 하는 것이죠.

예언자는 무속인과 어떻게 다를까?

그렇다면 다음과 같은 의문이 생길 수 있습니다. '예언자들이 인간의 세계와 신의 세계를 연결하여서 하늘의 뜻을 알려 주는 자라면, 예언자는 어느 사회, 어느 시대든지 있었던 점술가나 무속인들과 무엇이 다른가? 주변에서 흔히 볼 수 있는 무당이나 무속인도 그와 같은 기능을 하지 않는

가? 그렇다면 성경의 예언자란 그리 특별한 존재가 아니지 않은가?'

물론 구약성경의 예언자는 그 기능 면에서는 여느 무속인과 별로 달라 보이지 않습니다. 실제로 구약성경의 예언자들도 누군가가 찾아와서 하나님의 뜻을 물어 보면, 신께 구하여 그 뜻을 전달하기도 했답니다. 일례로 열왕기상 22장을 보면, 왕들이 전쟁을 일으키기 전에 예언자들에게 하늘의 뜻을 물어 보고, 그들로부터 하늘의 뜻을 전달 받는 장면이 나옵니다. 이렇듯 기능면에서는 예언자도 무속인과 유사해 보입니다.

그러나 구약성경 예언자들에게는 그들만의 고유한 특징이 있습니다. 그것은 그들이 누구의 영으로 예언하는지를 보면 알 수 있지요. 예언자들이 예언 행위나 기적을 행하기 전에는 고유한 하나님의 영이 그들에게 임하는 것을 볼 수 있습니다. 대표적으로 에스겔서를 보면 하나님의 영이 에스겔에게 임하여 그를 사로잡았다는 표현이 자주 나옵니다(겔 2:2, 3:24, 8:3, 11:1, 24, 37:1, 43:5). 예를 들어 에스겔서 2장 2절에는 이렇게 기록되어 있습니다.

"그가 내게 말씀하실 때에 그 영이 내게 임하사 나를 일으켜 내 발로 세우시기로 내가 그 말씀하시는 자의 소리를 들으니."

여기서 '그'는 바로 하나님이십니다. 또 다른 예로 사무엘상 10장 6절을 보면, 예언자 사무엘이 앞으로 왕이 될 사울에게 다음과 같이 말합니다.

"네게는 여호와의 영이 크게 임하리니 너도 그들과 함께 예언을 하고 변하여 새 사람이 되리라."

사울은 비록 예언자는 아니었지만, 이렇게 여호와의 영이 임하고 나서 예언을 하기도 했습니다.

따라서 예언자들이 누구의 영을 받느냐가 중요합니다. 여호와 하나님의 영을 받아 하나님의 뜻을 전달하는 예언자는 구약성경의 예언자들밖에 없습니다. 이밖에 많은 무속인들과 예언자들이 있고 그들의 행위도 구약성경의 예언자와 비슷하지만, 그들은 여호와의 영이 아닌 다른 영으로 예언하는 자들입니다.

그렇다면 이 예언자들의 기능과 관련하여 현 시대의 사역자들을 조명하여 봅시다. 현대에는 옛날 구약시대처럼 주의 종의 임무가 예언자나 제사장 등으로 구분되어 있지 않습니다. 주의 일을 행하는 모든 사역자에게 예언자와 제사장의 임무가 주어지지요. 따라서 지금의 사역자들은 예언자 역할도 감당해야 하므로 무엇보다도 하나님의 영이 임해야 합니다. 하나님의 영이 임한다는 것은 겉으로 그 현상이 드러나기도 하고 그렇지 않기도 합니다. 어떤 이들은 영이 임한 증거로 초월적인 체험을 하기도 하지만, 그렇지 않은 이들도 있습니다. 여하튼 중요한 것은 사역자들이 늘 하나님의 영이 충만하기를 구해야 한다는 사실입니다. 그 영의 힘과 감동이 있을 때에야 비로소 사역자는 예언자와 같은 사역을 할 수 있습니다.

한편 구약시대 예언자들의 또 다른 특징은 그들이 매우 '행동파'(activists)였다는 사실입니다. 그 당시 예언자들이 다 그랬던 것은 아니지만, 성경에 나타난 예언자들의 행적을 보면 그들이 사회 정치 문제에 적극 참여했음을 볼 수 있습니다. 사회에 불의가 가득하고 지도자들이 하나님의 뜻을 따르지 않을 때에, 이들은 적극적으로 목소리를 높이고 저항하던 행동파 인물들이었습니다. 예언자들은 그저 앉아서 찾아오는 이들만 기다리지 않았습니다. 사사로운 개인의 일뿐만 아니라 사회의 문제점들까지 짚어 소리치던 사회운동가였습니다.

이와 같은 사실은 현대의 많은 사역자들에게도 시사하는 바가 큽니다. 기독교는 개개인의 신앙생활만 염려하는 종교가 아닙니다. 구약성경 예언자들이 전해 주는 신앙의 전통은, 기독교가 이웃과 사회 속에 '더불어 살아가야' 함을 가르칩니다. 주변에서 일어나는 여러 가지 일들에는 무관심한 채 개인의 내면적인 신앙심만 고취하려는 것은 예언자적 신앙 전통을 무시하는 모습입니다. 내면의 문제만 평생 붙들며 기도하고 위로받는 신앙이 아니라, 이웃과 사회의 고통에도 참여하는 신앙이 예언자적 전통을 잘 구현하는 모습입니다.

예언서는 어떻게 씌어졌나?

구약성경에는 어떠한 예언서가 있을까요? 우리가 보고 있는 개신교 성경의 예언서는 이사야서, 예레미야서, 예레미야애가, 에스겔서, 다니엘서 그리고 12개의 소선지서로 구성되어 있습니다. 12개의 소선지서에는 요나서, 스가랴서, 요엘서 등이 있습니다. 이 예언서들은 모두 책 제목이 예언자들의 이름으로 되어 있다는 특징이 있지요. 즉 각 책에 기록된 예언과 그 예언 활동을 한 예언자가 주인공이고 저자입니다. 자신들의 예언과 사역을 자신의 이름으로 된 책에 기록하여 남겼기 때문에, 이들을 '문서 예언자'라고 부르기도 한답니다.

그러나 구약성경에는 이 문서 선지자들만 있는 것은 아닙니다. 본인의 이름으로 된 예언서를 남기지 않았을 뿐이지 예언자로서 활약한 유명한 선지자들도 있지요. 대표적으로 엘리야와 엘리사가 있습니다.

시기적으로 예언자들이 자신의 이름으로 책을 남기기 시작한 것은 기원전 8세기 무렵부터 입니다. 그 첫 주자는 아모스라 여겨집니다. 무엇 때문에 갑자기 예언자들이 책을 남기기 시작했는지는 정확히 알 수 없지만, 한 가지 분명한 것은 아모스가 예언 활동을 하던 8세기에 그의 예언서가 완성된 것은 아닙니다. 예언자들의 예언은 주로 그들의 제자나 서기관들에 의해 기록되고 보존되었다가, 후대에 어떤 필요에 의하여 지금의 형태로 집필되었을 것으로 추정됩니다. 예를 들어 이사야서 8장 16절을 보면 예언자 이사야가 이렇게 말합니다.

"너는 증거의 말씀을 싸매며 율법을 내 제자들 가운데에서 봉함하라."

이는 소위 '제자'라는 이들이 예언을 보존하는 역할을 하였다는 것을 암시합니다. 예언자 예레미야의 경우는 어느 날 하나님의 명령을 두루마리 책으로 기록해야 했습니다.

"이에 예레미야가 네리야의 아들 바룩을 부르매 바룩이 예레미야가 불러 주는 대로 여호와께서 그에게 이르신 모든 말씀을 두루마리 책에 기록하니라"(렘 36:4).

이 구절은 예레미야의 저술이 그의 제자 혹은 서기관의 참여와 함께 이루어졌음을 보여 줍니다. 즉 예언서는 예언자나 제자들에 의해 기록되고 보존된 예언이 당대나 후대에 어떤 필요에 의하여 집필된 것임을 알 수 있습니다.

그런데 솔직히 이러한 추정의 근거가 아주 명확한 것은 아닙니다. 위에서 읽어 본 예언서의 두 구절만 가지고 추정하는 것이니 예언서가 어떻게 처음 기록되고 보존되었는지는 정확히 알기 어렵습니다. 그러나 분명한 것은 예언서들의 기록 과정이 어떠하였든지 간에 이 책들이 분명 하나님의 말씀이라는 것입니다. 그 기록 과정보다 더 중요한 것은 이 예언서 기록들이 하나님이 지금 우리에게 주시는 메시지라는 믿음입니다.

02. 구약시대 예언자들의 역할은 무엇일까?

하나님의 대변인

예언자들은 '하나님께 부름 받아 하나님의 뜻이나 미래의 일을 부르짖어 알리는 자'입니다. 하나님의 뜻을 인간에게 알려 주는 역할을 하는 자들이지요. 현대 사회에서도 이와 유사한 역할을 하는 이들이 있습니다. '어떤 기관이나 단체를 대신하여 책임지고 그들의 의견이나 태도를 밝혀 말하는 사람'들이 있는데, 우리는 그들을 '대변인'(代辯人)이라고 부릅니다. 이 대변인들은 책임을 지고 자신에게 위임된 메시지를 가감 없이 대중에게 전달하는 자들이지요. 그런데 성경을 보면 예언자들이 소위 이 대변인들로 이해되었다는 것을 알 수 있답니다. 즉 하나님의 대변인인 것이지요.

출애굽기에 보면 이런 이야기가 나옵니다. 하나님이 모세를 불러 이집트에 살던 히브리 백성과 왕 바로에게 가서 하나님의 명령을 전하라고 하자, 모세는 자기가 말을 잘 못하기 때문에 자신이 없다고 합니다. 그러자 하나님이 화를 내면서 이렇게 말씀하십니다.

> "여호와께서 모세를 향하여 노하여 이르시되 레위 사람 네 형 아론이 있지 아니하냐 그가 말 잘하는 것을 내가 아노라 그가 너를 만나러 나오나니 그가 너를 볼 때에 그의 마음에 기쁨이 있을 것이라 너는 그에게 말하고 그의 입에 할 말을 주라 내가 네 입과 그의 입에 함께 있어서 너희들이 행할 일을 가르치리라 그가 너를 대신하여 백성에게 말할 것이니 그는 네 입을 대신할 것이요 너는 그에게 하나님같이 되리라"(출 4:14-16).

즉 모세의 형 아론은 모세의 입이 되어 하나님의 말씀을 전하는 모세의 대변인이라는 것입니다.

> "여호와께서 모세에게 이르시되 볼지어다 내가 너를 바로에게 신같이 되게 하였은즉 네 형 아론은 네 대언자가 되리니 내가 네게 명령한 바를 너는 네 형 아론에게 말하고 그는 바로에게 말하여 그에게 이스라엘 자손을 그 땅에서 내보내게 할지니라"(출 7:1-2).

이집트 왕 바로 앞에서 모세는 신 같을 것이고, 그의 형 아론은 신의 역할을 하는 모세의 대언자라고 말합니다. 그런데 이 '대언자'라는 말은 히브리어로 '나비'라는 단어입니다. 바로 '예언자'이지요. 즉 아론은 여기서 '예언자'와 같은 역할을 하는 것으로 표현되어 있습니다.

정리해 보겠습니다. 출애굽기 7장에서 아론은 모세의 '예언자'로 표현되었고 4장에는 모세의 '대변인'으로 불리고 있습니다. 그렇다면 예언자란 곧 누군가의 '대변인'이란 공식이 성립됩니다. 즉 예언자는 곧 대변인인데, 바로 하나님의 대변인입니다. 결론적으로 예언자는 '하나님을 대신하여 책임지고 하나님의 의견이나 태도를 밝혀 말하는 사람'이라고 말할 수 있습니다.

여기서 우리는 중요한 교훈을 한 가지 발견할 수 있습니다. 대변인이란 자기에게 말을 전달하라고 위임한 기관이나 사람의 뜻을 대변해야지 절대 자기 생각을 전달해서는 안 됩니다. 만약에 한국 청와대의 대변인이 대통령을 대신하여 담화문을 발표하는데, 그 자리에서 대통령의 뜻을 전달하지 않고 자기 생각을 이야기하면 어떻게 될까요? 혹은 대통령의 뜻을 전달하다가 갑자기 자기 생각도 좀 섞어서 발표하면 어떻게 될까요? 아마 그 대변인은 당장에 쫓겨날 것입니다. 대변인은 위임받은 말만 전달해야지 절대 자기 자신의 생각을 전달해서는 안 됩니다. 예언자 역할을 감당해야 할 오늘날의 사역자들이 깊이 생각해 볼 교훈입니다.

많은 사역자들이 하나님의 말씀을 많은 이들에게 전파하고 가르칩니다. 그런데 하나님의 말씀과 뜻을 대변해야 할 사역자들이 하나님 뜻보다는 나의 생각을 전하거나, 아니면 하나님 뜻에 내 생각을 넣어 왜곡된 메시지나 가르침을 전하고 있지는 않은지 돌아볼 일입니다. 물론 어디까지가 하나님의 뜻이고 어디까지가 나의 사사로운 생각인지를 분별하기란 쉽지 않습니다. 그러나 누구든지 하나님의 말씀을 전할 때는 자신이 하나님의 대변인이라는 사실을 잊어서는 안 됩니다. 자신의 사역과 메시지가 그 역할에서 벗어나지는 않았는지 항상 경계해야 할 것입니다. 내가 행하는 주의 사역을 예수 그리스도의 '희생과 사랑'이라는 조명에 비추어 보아 사사로운 불순물은 제거해야 할 것입니다.

하나님의 메신저

이제 마지막으로 예언자들의 역할에 대한 또 한 가지 중요한 사실을 살펴보겠습니다. 이는 예언자들의 독특한 '말투'입니다. 예언자들이 예언을 할 때 쓰는 말투는 구약성경과 고대 이스라엘 주변 나라들의 '사자'(使者, messenger)들이 하는 말투와 유사합니다. 한 번 그 예를 찾아볼까요?

"야곱이 세일 땅 에돔 들에 있는 형 에서에게로 자기보다 앞서 사자들을 보내며 그들에게 명령하여 이르되 너희는 내 주 에서에게 이같이 말하라 주의 종 야곱이 이같이 말하기를 내가 라반과 함께 거류하며 지금까지 머물러 있었사오며"(창 32:3-4).

이 말씀을 보면, 야곱이 자기 형 에서를 만나러 갈 때 자기보다 앞서 자기의 메시지를 전달할 사자를 보내는 장면이 나옵니다. 그리고 그 사자들이 형 에서 앞에서 어떻게 말해야 할지도 가르쳐 줍니다. 사자들의 첫마디는 "주의 종 야곱이 이같이 말하기를"입니다. 즉 야곱의 사자들은 그들이 위임받은 메시지를 전달할 때 "나를 보낸 분이 이렇게 말합니다"라고 먼저 말해야 합니다. 이와 같은 말투를 소위 '사자언체'(messenger style)라고 하는데 이런 사자언체는 구약성경과 고대 이스라엘 주변 나라의 문헌에서 흔히 발견되는 말투입니다.

이 말투를 기억해 두고, 구약성경 예언자인 아모스의 예언을 잠시 보겠습니다. 간략하게 1장과 2장만 살펴보면, 1장 3절에 "여호와께서 이와 같이 말씀하시되"로 시작하는 것을 볼 수 있습니다. 그 뒤 6절도 "여호와께서 이와 같이 말씀하시되"라고 시작합니다. 9절, 13절, 그리고 2장 1절, 4절, 6절 모두 그 예언이 "여호와께서 이와 같이 말씀하시되"로 시작합니다.

이 말투는 야곱의 사자들의 말투와 똑같습니다. 야곱의 사자들이 "주의 종 야곱이 이같이 말하기를" 하고 메시지를 전달하듯, 여호와의 예언자 아모스도 "여호와께서 이와 같이 말씀하시되"로 말을 시작합니다. 자기가 전달하고자 하는 메시지의 출처를 명확히 밝히면서 시작하는 것이지요. 이 사자언체로 시작하는 예언은 아모스서뿐만 아니라, 예레미야서 2장 1-3절 그리고 이사야서 45장 11-13절에서도 발견됩니다.

이와 같은 사자언체는 구약시대의 예언자들이 자기 자신이 어떤 역할을 해야 하는 자로 인식했는지 잘 알려 줍니다. 바로 자신을 하나님의 사자, 하나님의 메신저로 이해했음을 의미합니다. 그래서 그들은 마치 일반 사자들이 그러하듯 자신들도 사자언체를 사용하여 예언을 선포하였던 것입니다.

사자언체는 어떤 기능을 했을까?

사자들이 메시지를 전달할 때 자신을 보낸 이가 누구인지 밝히며 시작하는 것은 어떠한 기능을 할까요? 우선 자신이 전달하는 말의 권위를 높일 수 있습니다. "내가 비록 누추해 보이는 사자이지만 내가 지금부터 너희에게 하는 말은 나의 주인, 나의 왕, 나의 하나님께서 전하는 권위 있는 말씀이니 까불지 말고 정중히 들어라" 하는 우렁찬 선언인 것이지요.

한국의 전통 사극을 생각해 보면 이것을 쉽게 이해할 수 있답니다. 사극을 보면 종종 이런 장면이 등장합니다. 왕의 명령을 전달하는 사신들이 한 손에는 두루마리를, 다른 손에는 사약을 들고는 말을 타고 어디론가 달려가다가 목적지에 다다릅니다. 그런 뒤 말에서 내려 문을 힘껏 박차고 들어가서는 이렇게 소리 지릅니다. "어명이오!" 이 말은 왕의 명령이란 뜻입니다. 사신들은 꼭 이렇게 "어명이오"를 외친 후 두루마리를 펼쳐 왕의 전갈을 읽어나갑니다. 만약 이들이 "어명이오!" 하지 않고 "내 생각에는!" 하면서 문을 박차고 들어간다면 어떻게 되었을까요? 아마도 문 안에 있는 사람들에 붙잡혀 흠씬 두들겨 맞거나 들고 간 사약을 본인이 먹어야 할지도 모릅니다. "어명이오" 하는 순간에 그 말의 권위가 발휘되는 것입니다.

예언자들의 선포 양식도 이와 같습니다. 아모스나 예레미야, 이사야 같은 선지자들이 전달한 메시지는 매우 비판적이고 과격한 내용이 많았습니다. 당시 부패한 정치, 종교 지도자들을 신랄히 비난하거나 방탕한 이스라엘 백성을 꾸짖는 내용이었습니다. 그런데 그런 내용을 "내 생각에는 말이야…" 하면서 시작했다고 상상해 보십시오. 그러잖아도 예언자들은 평소에도 미움을 받아 많이 얻어맞고 다녔는데, 아마 더 두들겨 맞았을 것입니다. 그래서 그들은 "여호와께서 말씀하신다! 그러니 까불지 말고 정중히 들어라" 했던 것입니다.

사자언체의 또 다른 기능은 절대로 자기 자신의 사견을 섞지 않고 오직 하나님의 말씀만 전달하겠다는 의지를 나타냅니다. 하나님 말씀을 대변하면서 예언자들은 늘 첫 시작을 "여호와께서 이와 같이 말씀하시되" 라고 선포하였고, 이는 '지금부터 내 생각과 내 뜻을 전달하는 것이 아니라 하나님 말씀만을 선포하겠다'고 다짐하는 것입니다.

하나님의 말씀과 뜻을 전달하는 위치에 있는 사람들은 모두 이 예언자들의 첫 마디를 기억해야 합니다. 늘 속으로 "여호와께서 이와 같이 말씀하시되"라고 되뇐 다음 말씀을 시작한다면, 개인적인 생각과 철학이 아닌 하나님의 말씀을 전달하는 데 더 집중할 수 있을 것입니다. 우리는 하나님의 입술일 뿐이지 절대 두뇌가 아닙니다. 우리의 입술을 움직이는 두뇌는 바로 여호와 하나님이십니다. 우리는 늘 겸허하게 주의 입술로서만 하나님의 말씀을 대변하고 하나님의 일을 해야 할 것입니다.

그러나 하나님의 말씀을 전하는 이들은 늘 담대해야 합니다. 우리가 전달하는 메시지는 연약한 인간인 내가 아니라 하나님이 전달하는 말씀입니다. 주의 말씀을 전파하고 사역하면서, 지금 내가 행하는 일은 하나님이 위임하셔서 하는 일이라는 자신감과 용기를 가져야 합니다. 그러면 구약성경의 예언자들처럼 어떤 시련과 고난이 와도 굴하지 않고 꿋꿋이 주의 일을 하는 훌륭한 사역자들이 될 것입니다.

지금까지 내용을 정리하면, 예언자들은 이스라엘 사회에서 하나님의 대변자로, 하나님의 사자로, 자신들의 생각이 아닌 하나님의 말씀만을 담대하게 전달하던 주의 종들이었습니다.

chapter **02**

예언은 왜 하는가?

03. 예언의 의미는 무엇인가?

모세도 예언자?

본래 예언이라는 것은 미래의 일을 알아 밝히는 초자연적인 현상과 능력입니다. 이것은 어느 시대 어느 사회에서든지 발견되는 매우 무속적인 현상이기도 하지요. 그러나 앞장에서 보았듯이, 구약시대 예언은 예언자에게 하나님의 영이 임한다는 점에서 그 고유성을 가집니다. 구약성경의 예언자들은 하나님의 영을 힘입어 미래 일의 자초지종을 알려 주었습니다.

그런데 구약성경의 '예언'은 이런 무속적인 개념과는 뚜렷이 다른 또 하나의 중요한 의미가 있습니다. 바로 하나님의 '율법'을 조명하는 역할을 한다는 것입니다. 구약성경이 지금의 형태로 형성되던 시기에, 이스라엘의 종교 지도자들은 예언이 단지 미래 일을 점치는 행위가 아니라 하나님이 모세를 통하여 이스라엘에게 주신 율법을 밝히 가르치는 것이라고 생각했습니다. 이 개념에 대해 좀 더 살펴보도록 하겠습니다.

우선 모세를 가리키는 칭호를 살펴보겠습니다. 모세는 잘 알다시피 이집트의 히브리 노예들을 성공적으로 탈출시키고 그들을 광야에서 40년간 이끈 민족의 지도자였습니다. 그런데 흥미롭게도 신명기 18장 18절을 보면, 모세가 예언자라고 기록되어 있습니다.

"내가 그들의 형제 중에서 너와 같은 선지자 하나를 그들을 위하여 일으키고 내 말을 그 입에 두리니 내가 그에게 명령하는 것을 그가 무리에게 다 말하리라."

여기서 '너와 같은 선지자'란 바로 모세를 가리킵니다. 호세아서 12장 13절은 모세를 누구라고 호칭할까요?

"여호와께서는 한 선지자로 이스라엘을 애굽에서 인도하여 내셨고 이스라엘이 한 선지자로 보호 받았거늘."

호세아는 모세를 선지자, 즉 예언자라 기록하고 있습니다. 이처럼 구약시대에는 모세를 예언자로 부르고 있음을 알 수 있습니다.

그렇다면 모세는 과연 예언자였을까요? 그는 과연 이사야나 예레미야, 에스겔과 같은 우리가 흔히 알고 있는 예언자였을까요? 모세는 예언자라기보다 민족의 지도자가 아닌가요?

모세가 이스라엘 백성과 하나님 사이에서 중개자로서 역할을 했다는 점에서는 구약시대 예언자와 다르지 않습니다. 그러나 이보다 더 주목해야 할 것은, 그가 율법과 밀접한 관련이 있는 사람이라는 사실입니다. 모세는 시내 산에서 하나님께 직접 십계명을 전수받은 사람입니다. 더군다나 모세는 고대 이스라엘의 주요 율법이 집결되어 있는 오경, 즉 창세기부터 신명기까지의 구약성경 처음 다섯 권을 기록한 저술자로 알려져 있습니다. 그래서 모세와 율법은 불가분의 밀접한 관계를 가지고 있습니다. 다시 말해서 모세는 예언자들과 같은 기능을 하였기 때문이라기보다 율법과 떼려야 뗄 수 없는 관계를 지녔기 때문에 예언자라 불린 것입니다. 이렇게 구약성경은 예언에 대한 이해를 율법과 연관시켜서 하고 있습니다. 즉 예언이란 율법을 조명하는 것입니다. 쉽게 이해하자면 예언이란 우리에게 하나님의 말씀을 조명해 주는 것입니다.

유대교와 기독교의 구약성경 구조가 다르다?

이스라엘 사람들이 예언을 율법과 깊이 연계하였다는 것은 유대인들의 성경 구조를 보아도 쉽게 알 수 있습니다. 옛날 유대인들 가운데 예수라는 인물이 나와 소위 예수 운동이 일어났을 때, 많은 유대인들은 예수를 하나님의 아들로 인정하지 않았으며, 결국 십자가에 처형하기에 이르렀죠. 당시 예수를 따르던 소수의 무리들이 예수가 죽은 후 오순절 성령 강림 사건을 경험하게 되었고, 이후 폭발적인 성장을 하게 되었으며, 비로소 그들은 그리스도인이라고 불렸습니다. 역사적으로 보자면 그리스도교는 유대교에서 분파되었다고 할 수 있지요. 당시 유대인들의 성경을 기독교에서는 구약성경이라 명명하고 받아들이고 있습니다. 그리고 이 구약성경과 더불어 예수님 이후의 약속을 기록한 신약성경을 우리는 기독교의 정경으로 받아들이고 있습니다.

그런데 유대교와 기독교가 함께 공유하고 있는 구약성경은 내용은 같으나 그 순서는 다르게 편성되어 있습니다.

우리 기독교는 구약성경을 '과거-현재-미래'라는 시간적 개념을 부여하여 구성하고 있습니다. 그래서 시간 순으로 처음에는 율법서 즉 오경, 다음에 역사서, 그 다음에 시가서, 끝으로 미래를 예견하는 예언서로 구성했습니다(율법서-역사서-시가서-예언서). 이처럼 시간을 중심으로 성경을 구성한 이유는, 기독교가 매우 종말론적인 종교이기 때문입니다. 그래서 신약성경에는 역사란 시작과 끝이 있으며, 지금은 그 끝에 다다른 종말시대라는 긴장감이 팽배해 있지요.

반면에 유대인들은 율법서 즉 오경(창세기-출애굽기-레위기-민수기-신명기)을 그들 성경의 핵심으로 보고 있습니다.

유대교는 이 율법서를 중심으로 성경을 삼등분하여 이해하고 있는데, 이 율법서를 예언서가 둘러싸고, 그 바깥으로 나머지 책들 즉 '성문서'가 자리 잡는 형태입니다. 이 성문서에는 우리가 흔히 시가서나 지혜 문헌으로 알고 있는 시편이나, 잠언, 전도서 등이 포함되어 있지요. 유대인들이 이처럼 성경을 삼등분했다는 것은 예수님의 말씀 속에서도 찾아볼 수 있습니다.

"또 이르시되 내가 너희와 함께 있을 때에 너희에게 말한 바 곧 모세의 율법과 선지자의 글과 시편에 나를 가리켜 기록된 모든 것이 이루어져야 하리라 한 말이 이것이라 하시고"(눅 24:44).

여기서 예수님은 성경이 나를 가리켜 기록하고 있다고 말씀하시는데, 이때 성경은 당연히 유대인들의 성경을 가리킵니다. 그때는 기독교가 아직 출현하기 전이니까요. 그런데 예수님은 이 성경을 '모세의 율법'과 '선지자의 글' 그리고 '시편'으로 삼등분하고 있습니다. 모세의 율법은 율법서를, 선지자의 글은 예언서, 그리고 시편은 성문서를 가리키겠지요. 이처럼 유대인들이 성경을 삼등분했다는 근거는 역사가 요세푸스의 글이나 유대인들의 탈무드에서도 찾아볼 수 있습니다.

그렇다면 유대교와 기독교의 성경 구조에서 결정적인 차이점은 무엇일까요? 바로 유대교에서는 역사서가 없다는 점입니다.

개신교에서 역사서로 분류하고 있는 여호수아서, 사사기, 사무엘서 그리고 열왕기서는 흥미롭게도 유대교에서는 '예언서', 정확히 말하면 '전예언서'로 분류하고 있습니다. 그리고 개신교가 예언서로 분류하고 있는 이사야서나 예레미야서 등은 '후예언서'로 분류하고 있습니다.

우리 생각에는 이스라엘 백성이 가나안 땅에 들어가 살기 시작하여 그 땅에서 쫓겨날 때까지의 기록을 다룬 여호수아서, 사사기, 사무엘서, 열왕기서는 당연히 '역사서'로 분류해야 할 것 같습니다. 그런데 유대인 성경에는 역사서라는 분류 자체가 없고, 이 책들을 '예언서'라고 일컫고 있습니다. 왜 그럴까요? 이유는 앞에서 말씀드렸듯이, 유대교는 예언을 미래 일을 점치는 것이 아니라 '하나님의 말씀인 율법을 조명하는 것'으로 이해했기 때문입니다. 즉 가나안에서 겪은 일들을 기록한 그 책들이 단순히 과거 일들을 기록한 역사책이 아니라, 우리에게 율법의 의미를 조명하고 가르쳐 주는 '예언'이라는 것입니다. 여호수아의 승전보, 사사 시대 이방인들과 갈등하던 분투의 시간들, 다윗과 솔로몬 시대, 그리고 여러 왕들의 이야기, 그리고 비극적으로 맞이하게 된 이스라엘 민족의 멸망 등 이 모든 이야기가 바로 율법, 다시 말해 하나님의 말씀을 깨우치기 위한 내용이라는 것입니다.

지금까지의 내용을 정리해 보겠습니다. 우리는 예언이란 단순히 미래 일을 가르쳐 주는 행위가 아니라, 우리에게 하나님의 말씀인 율법을 조명해 주는 것임을 살펴보았습니다. 모세가 예언자라고 불린 것은 그가 율법과 밀접한 관련이 있기 때문입니다. 더 나아가 같은 이유 때문에, 가나안에서 살던 때의 역사 기록도 하나님의 율법을 조명해 주는 예언으로 여겼습니다.

구약시대의 율법을 조명하는 것이 예언이었던 것처럼, 오늘날 우리가 하나님 말씀인 성경을 잘 조명하여 가르치는 것 역시 예언적 활동이라고 할 수 있습니다. 예언은 앞장에서 살펴보았듯이 하나님의 뜻과 의지를 우리 인간들에게 전달하여 주는 것입니다. 따라서 하나님의 말씀인 성경을 잘 풀어 설명하고 해석하며 이를 이웃에게 가르치고 전파하는 것도 예언입니다.

나도 예언자!

구약시대의 예언자들처럼 지금도 하나님의 영으로 미래 일을 밝히는 이들이 우리 가운데에 있습니다. 그런 초월적 능력을 지닌 자들이 구약시대에만 있었던 것은 아닙니다. 하지만 그들만이 예언자 역할을 하는 것은 아닙니다. 우리는 하나님의 말씀을 사랑하고 읽으며 해석하고 전달하는 역할을 하기 때문에 모두가 예언자입니다. 비록 미래 일을 계시 받아 활약하지는 않아도 하나님 말씀을 이웃에게 전달하는 이들은 모두 예언자인 것입니다. 뿐만 아니라 하나님께 예언을 받는 것은 어떤 초월적인 현상과 연관 있는 것이 아닙니다. 이스라엘 백성의 가나안 거주를 기록한 것이 율법을 조명하여 주기 때문에 예언이라 여겨졌듯이, 우리 일상의 경험이 성경 말씀을 조명한다면 그것도 일종의 예언이라 할 수 있습니다. 다시 말해 하나님은 우리가 그의 말씀인 성경의 가르침을 깨달아 알 수 있도록 우리 주변의 경험들을 통해 계시하실 수 있습니다. 구약시대에는 예언이 율법을 조명했다면, 오늘날에는 하나님의 인도하심이라고 여겨지는 삶의 여러 경험들이 성경을 조명할 수 있습니다. 이것을 믿는 것이 매우 중요합니다. 그래야만 우리 삶 속에서 하나님의 예언을 잘 분별할 수 있기 때문입니다.

예언이 하나님 말씀을 조명한다는 사실은 성경의 성격을 규명해 주기도 합니다. 개신교에서 '역사'라고 여기는 것을 본래 유대인들은 '예언'이라 불렀으며 그것은 율법을 조명하기 때문이라고 했습니다. 즉 성경은 우리에게 그저 과거에 무슨 일이 벌어졌는지를 알려 주는 보고서가 아닙니다. 물론 성경이 고대 이스라엘의 역사와 문화, 종교들을 엿보게 해주는 위대한 산물인 것은 맞습니다. 그래서 우리는 성경을 통해 고대 이스라엘 사회와 문화를 재구성해 볼 수 있습니다.

그러나 성경이 역사적 사실을 기록했다고 하더라도, 성경이 본래 씌어져서 보존되고 지금까지 읽혀지는 근본적인 이유를 잊어서는 안 됩니다. 그것은 성경을 읽는 독자들에게 신앙적 유산을 전달하기 위해서입니다. 성경은 신앙 고백이며 신학이지, 역사나 과학이 아니라는 것입니다. 그 고유한 신앙을 전달하겠다는 거대한 취지하에 역사와 과학적 정보가 동원된 것이지, 역사적이고 과학적인 정보를 전달하는 것이 성경의 존재

목적이 아니라는 것입니다. 그렇기 때문에 유대인들은 우리가 역사서로 부르는 성경을 예언으로 분류해 하나님의 말씀을 조명한다고 본 것이고, 그것을 보존해서 후대에 전달한 것입니다.

04. 예언의 목적은 무엇일까?

예언의 목적은 과연 무엇일까요? 너무 광범위해서 여기서는 일부분밖에 다룰 수 없겠지만, 예언의 목적에 대한 매우 중요한 내용을 살펴보겠습니다.

예언은 미래에 대한 것인가?

예언의 목적은 여러 가지가 있겠지요. 제일 쉽게 생각할 수 있는 것은 미래의 일을 가르쳐 주기 위함입니다. 예언의 가장 원초적 행위는 바로 미래를 밝히 전해 주는 것이기 때문이지요. 그래서 구약성경의 예언자들은 미래의 일을 알려 줌으로써 자주 경고하였습니다. 때로 무시무시하기도 해서 나라가 엄청난 폭력에 의해 멸망한다는 내용도 있었습니다. 물론 미래에 대한 희망과 구원을 선포하는 예언들도 있었지요. 가나안에 살던 이스라엘이 최종적으로 기원전 6세기에 멸망하기 전에는 주로 나라가 망할 것이라는 무서운 예언이 많았고, 나라가 망한 후 많은 유대인들이 포로로 잡혀갔을 때는 그들을 향한 희망과 구원의 내용이 많이 선포되었습니다. 이처럼 원초적 행위로 봤을 때 예언의 목적은 미래와 관련이 깊은 것으로 보입니다.

그런데 한번 생각해 봅시다. 예언이라는 것이 과연 미래에만 초점이 맞추어져 있을까요? 예언의 목적이 시간적으로 미래로만 향해 있을까요?

어느 날 어떤 사람이 몸이 아파서 병원에 갔다고 가정해 봅시다. 의사가 그를 진찰한 후 이렇게 '예언'했습니다. "유감이지만, 환자께서는 약 3개월 후면 돌아가실 것 같습니다."

이 의사의 선고는 분명 미래에 벌어질 일을 예언한 것입니다. 하지만 이 예언이 이 환자의 미래에만 의미가 있는 것일까요? 의사는 단순히 미래에 죽을 사실만 말한 것일까요? 아마 아닐 것입니다. 이 환자가 3개월쯤 있다가 죽는다는 사실을 알았을 때 당장에 어떤 일이 벌어질까요? 환자는 이 미래에 대한 선고를 듣고 곧 다가올 죽음을 준비하며 하루하루를 의미 있게 보내려 하겠죠. 보고 싶었던 사람이 있다면 미리 만나 볼 것이고, 해보고 싶은 일들도 죽기 전에 해보려 할 것이며, 미워하거나 해를 끼쳤던 사람이 있다면 가서 용서를 구할 것입니다.

이렇게 예언은 비록 미래를 말하고 있지만, 현재의 삶에 초점이 맞춰져 있고 현재에 가장 큰 변화를 가져옵니다. 의사가 환자에게 미래의 일을 말한 것은 현재의 삶을 잘 정리하라는 의미이고, 선고를 들은 환자 역시 이 예언을 통해 현재의 삶에 큰 변화를 일으킵니다.

성경의 예언도 마찬가지입니다. 이스라엘의 멸망을 선포한 예언자들은 그저 단순히 미래의 멸망만 말한 것이 아니라 왜 망할 수밖에 없는지 그 종교적 정치적 사회적 근거들을 제시하였고 신랄히 비판하였습니다. 예언을 듣는 자로 하여금 현재의 삶을 돌아보게 한 것입니다.

예언서들은 대개 그 예언이 선포된 후 많은 시간이 흐른 뒤에 기록된 책들입니다. 그렇다면 이스라엘이 멸망하기 전에 선포된 예언들을 읽거나 낭송하거나 들었던 사람들은 주로 누구였을까요? 대부분 나라가 멸망한 것을 경험한 이들, 나라가 망하여 포로로 잡혀간 이들, 더 나아가 포로 생활로부터 해방되어 예루살렘에 다시 돌아온 귀환민들이었습니다. 이 예언서들이 더 많이 읽혀졌을 때는 예루살렘에 성전이 다시 세워지면서 유대인들이 본격적인 종교 활동을 하기 시작한 때였을 것입니다. 이들은 모두 과거 자신들 혹은 조상들에게 신랄하게 퍼부어지던 예언을 들으면서 자신들의 현재 삶과 생활을 반성하게 됩니다. 과거 이스라엘이 저지른 과오를 경계하며 하나님만 충실히 섬기고, 현재 사회에 정의를 이루어 나가야겠다는 결심을 하게 됩니다.

미래에 대한 희망과 구원의 예언도 마찬가지 목적을 가지고 있습니다. 미래에 이루어질 하나님의 구원을 믿으면, 현재의 고통과 암흑의 시간은 견딜 만하게 됩니다.

에스겔의 유명한 마른 뼈 환상을 잘 아시지요? 포로로 잡혀가 바벨론 강가에서 울던 이스라엘 포로들에게 하나님의 말씀을 전하던 예언자가 바로 에스겔입니다. 에스겔서 37장을 보면 마른 뼈들에 살이 붙고 근육이 붙어 다시 살아나는 환상이 나옵니다. 여기서 이 마른 뼈는 멸망한 이스라엘 혹은 나라를 잃고 죽은 뼈다귀처럼 이방 땅에 끌려온 이스라엘 백성을 의미합니다. 에스겔은 희망을 잃고 울고 있던 하나님의 백성들에게 그들이 다시 살아날 것을 예언했던 겁니다. 이 예언은 미래의 일을 말하고 있지만, 그 목적은 지금 암울하게 살고 있는 포로민들을 향해 있는 것이죠.

더 중요한 것은 그 예언들이 지금 21세기를 살고 있는 우리에게도 깊이 관여하고 있다는 사실입니다. 이미 그 예언들은 과거에 성취되었기 때문에, 현재 우리들의 미래와 관계하지 않습니다. 물론 다니엘서나 요한계시록처럼 우리의 미래를 말하는 예언도 있기는 하지요. 하지만 대부분은 이미 과거에 이루어진 예언들입니다. 그럼에도 불구하고 이 예언들은 지금 우리들의 현실과도 밀접하게 관련합니다. 그럴 목적으로 하나님께서 예언들을 성경에 남겨 우리에게 주신 것이기도 하고요.

아모스가 독설을 퍼부으며 이스라엘 사회의 불의와 불법을 비판하는 것을 볼 때면 등골이 오싹해지곤 합니다. 그것은 아모스의 신랄한 비판이 오늘을 사는 우리와 전혀 무관하지 않기 때문입니다. 뇌물을 주어 법질서를 흐트러트리고, 기득권자들이 권력을 남용하여 가난한 이들을 괴롭히는 당시의 상황에서 우리 역시 전혀 자유로울 수 없기 때문입니다. 그런 의미에서 에스겔의 마른 뼈 환상도 당시 포로로 잡혀간 이스라엘 사람들에게만 의미 있는 것이 아니겠지요? 질병 때문에 정말로 몸에 마른 뼈만 남은 사람들, 끼니를 해결하지 못할 만큼 너무 가난한 현실이 정말 마른 뼈 같은 사람들, 근심과 걱정으로 마른 뼈와 같이 생기를 잃어버린 이들 모두에게 이 에스겔의 예언은 의미가 있는 것입니다.

이처럼 예언은 미래를 말하는 듯하지만, 사실은 '현재'를 위해 주어지는 하나님의 경고요 은혜인 것입니다. 오늘날에도 예언을 하는 이들이 있습니다. 우리가 아무리 과학과 논리적 실증의 시대에 살고 있다지만, 이와 같은 초자연적 현상을 부정할 수는 없습니다. 만일 이런 예언을 경험하게 된다면, 그것이 단순히 미래의 일에만 관계하는 것인지, 아니면 지금 나의 삶 속에 의미를 주는 것인지를 분별해야 할 것입니다.

예를 들어 어떤 예언하는 사람이 내가 어느 학교에 입학한다든지, 어느 직장에 들어간다든지를 예언했다고 가정해 봅시다. 실제로 이 예언들이 이루어질 수도 있고 아닐 수도 있지만, 중요한 것은 이 예언이 현재의 내 삶에 어떤 의미를 가져다주는지를 살펴야 합니다. 미래의 일들을 다 알고 있어서 현재의 내가 미래를 위한 수고와 고민, 결단의 기도와 묵상이 필요 없어졌다면 과연 그 예언들이 무슨 가치가 있을까요? 과연 그러한 삶에 '믿음'이 필요하기나 할까요? 믿음이란 마치 아브라함처럼 갈 바를 알지 못하지만 가는 결단을 의미합니다. 그래서 히브리서 11장 8절은 이렇게 말합니다.

"믿음으로 아브라함은 부르심을 받았을 때에 순종하여 장래의 유업으로 받을 땅에 나아갈새 갈 바를 알지 못하고 나아갔으며."

갈 바를 알지 못하지만 하나님을 의지하고 순종하여 나아가는 것을 믿음이라고 부릅니다. 미래 일을 점치듯 다 알아서 현재 나의 생활에 어떠한 믿음도 필요 없다면 그런 인생을 신앙의 삶이라 말할 수 없겠지요. 그런 생활에는 믿음이라는 고귀한 신앙 유산이 존재할 수 없습니다. 이처럼 예언이 단지 미래를 점치는 행위로만 전락할 때 그것은 무속적 행위에 지나지 않습니다. 믿음 없는 행위입니다. 그러므로 진정한 예언은 우리의 현재 삶에 건전한 의미를 부여하고 신앙의 삶으로 이끌 수 있어야 합니다.

과격한 종말론자들은 성경에 기록된 미래적 내용들을 오직 미래의 일로만 이해하려고 합니다. 그래서 요한계시록이나 다니엘서 같은 묵시적 문헌들을 연구하여 주님이 오실 미래의 날짜를 계산하고 미래 종말의 시간표를 짜곤 합니다. 그러나 하나님은 주님의 재림과 종말을 예언하시긴 했지만 그 때와 시기는 감추어 두셨습니다. 사도행전 1장 7절은 이렇게 말합니다.

"이르시되 때와 시기는 아버지께서 자기의 권한에 두셨으니 너희가 알바 아니요."

우리가 알 바가 아니라고 분명히 말씀하셨는데도, 주님이 감추어 두신 그 시간을 일부러 들추어 보려는 이들이 있습니다. 왜 그럴까요? 이들은 오직 미래 일을 점치는 것에만 관심이 있으며 예언을 그저 미래와 관계하는 것으로만 여기기 때문입니다. 이들은 예언이 현재와 더 깊은 교감을 가져야 한다는 것을 모르는 것입니다.

만약 우리가 정말로 미래 종말의 시간을 정확히 안다면 어떤 일이 벌어질까요? 하나님께서는 마태복음 25장의 열 처녀 비유에서 이미 경고하셨습니다. 신랑이 오기만을 기다리는 열 처녀는 신랑이 언제 올는지 알지 못합니다. 미래의 일을 알지 못하는 것입니다. 그런데 미련한 처녀들은 신랑이 언제 올지 모르기 때문에 기름을 준비하지 않고 있다가 결국 혼인 잔치에 참가하지 못하였고, 지혜로운 처녀들은 신랑이 언제 올지 모르지만 늘 대비하고 있다가 혼인 잔치에 참여하게 됩니다. 그래서 이 이야기는 다음과 같은 구절로 마칩니다.

"그런즉 깨어 있으라 너희는 그날과 그때를 알지 못하느니라"(마 25:13).

우리는 미래의 그날과 그때를 몰라야 합니다. 그래야만 마치 오늘 밤에 당장 주님이 오셔도 당당하게 맞이할 수 있는 지혜로운 처녀들처럼 매일 매일을 긴장하며 살 수 있습니다. 이 때문에 하나님은 그때를 감추어 두신 것입니다. 이 귀한 뜻을 거스르고, 그날과 그때를 안다고 예언하는 자들이 과연 하나님의 영을 받아 예언하는 것인지 의심스럽습니다.

우리는 그날과 그때를 모릅니다. 그렇기 때문에 믿음의 생활을 할 수 있습니다. 다가올 그날을 다 알고 그때만을 계산하며 사는 것이 아니라, 하루하루를 깨어 사는 것입니다.

지금 당장 미래의 일이 궁금합니까? 그렇다면 자신의 삶을 하나님의 말씀으로 조명하여 보십시오. 단지 미래에 벌어질 일들보다 더 귀중한 하나님의 음성을 들을 수 있을 것입니다. 그것이 곧 하나님이 주시는 예언입니다.

chapter **03**

초기 예언자들은 누구인가?

05. 고대 이스라엘의 초기 예언자들은 누구인가?

비전문적 예언자?

구약성경의 처음 다섯 권인 오경, 즉 창세기, 출애굽기, 레위기, 민수기, 그리고 신명기에는 예언자들이 아주 드물게 등장합니다. 앞장에서 살펴본 대로 오경에서는 모세가 예언자라 종종 불리지요(신 18:15). 모세뿐만 아니라 아브라함도 예언자라 불린 적이 있답니다(창 20:7). 이들이 비록 예언자라 불리긴 했지만, 사실 고대 이스라엘 역사 속에 등장하던 예언자들의 역할과 기능을 했던 것은 아닙니다. 아마도 후대에 그들에게 부여된 명예로운 호칭일 것으로 학자들은 추측합니다. 지금으로 보자면 일종의 '명예박사 학위' 같은 것이라 생각할 수 있습니다. 모세는 율법과 밀접한 관계가 있고, 예언은 율법을 조명하는 것이기에 모세에게 예언자란 칭호가 부여된 것이죠.

이외에 오경 속에 등장하는 예언자로는 발람이 있지요(민 22-24장). 이 예언자는 비록 이방 선지자였지만 당시 꽤나 유명했나 봅니다. 그의 예언이 적힌 문헌이 1967년 요르단의 데이르 알라 (Deir Alla)에서 발굴되었을 정도니까요.

그밖에 오경과 여호수아서, 사사기까지는 예언을 언급한 기록이 아주 미미하게만 발견됩니다(민 11:24-29; 삿 6:7-10). 그러나 이스라엘 왕국의 시작을 알리는 사무엘서와 열왕기서에는 예언자들이 자주 등장합니다. 특히 이 책들은 구약시대 초기 예언자들에 대한 아주 중요한 정보를 제공하고 있습니다. 1장에서 예언자들이 자신의 이름으로 책을 남기기 시작한 것이 기원전 8세기부터라고 했습니다. 이 8세기 전에도 비록 책은 남기지 않았지만 활발히 활동한 예언자들이 있습니다. 이들의 모습을 관찰해 보면 초기 예언자들에 대해 이해할 수 있는데, 시기적으로 대략 기원전 10-9세기에 활동한 예언자들입니다.

우선 우리는 사무엘이 선지자라고 언급되는 것을 볼 수 있습니다. 그런데 사무엘도 모세처럼 정식 예언자는 아니었어요. 사무엘은 한마디로 '멀티플레이어'(multi-player)라고 볼 수 있습니다.

사무엘이 살던 때는 왕이 없었고 '사사'라는 용맹한 지도자들이 위기 때마다 등장하여 자기 부족과 지파를 다스렸습니다. 좀 어렵게 말하면 지방 분권적이고 연맹적인 정치 · 군사적 행정체제를 가지고 있던 시기였지요. 하지만 이스라엘 백성들은 이에 만족하지 못하고 이웃 나라들처럼 왕이 자신들을 다스렸으면 좋겠다고 생각했습니다. 그래서 당시 위대한 종교적 지도자였던 사무엘에게 하나님이 우리에게도 왕을 주셨으면 좋겠다고 간청하였습니다. 결국 사무엘을 통하여 사울이 이스라엘의 초대 왕으로 등극하게 됩니다.

이렇게 사무엘은 이스라엘이 사사시대에서 왕국시대로 전환하는 매우 중요한 시기에 불가피하게 여러 가지 역할을 담당하였습니다. 그는 매우 중요한 종교적 지도와 정치적 결단을 한 멀티플레이어였으며, 그 전환의 시기에 제사장, 예언자 그리고 정치적 지도자로서의 기능까지 감당했습니다. 그런 점에서 비록 사무엘이 예언자라고 불리긴 했지만, 전문적인 정식 예언자는 아니었습니다.

예언자들은 왜 무리지어 다녔나?

구약시대 예언자들에 대한 기록 중 가장 최초의 생생한 모습을 그린 구절은 다음의 사무엘상 말씀이 아닌가 싶습니다.

"그 후에 네가 하나님의 산에 이르리니 그곳에는 블레셋 사람들의 영문이 있느니라 네가 그리로 가서 그 성읍으로 들어갈 때에 선지자의 무리가 산당에서부터 비파와 소고와 저와 수금을 앞세우고 예언하며 내려오는 것을 만날 것이요 네게는 여호와의 영이 크게 임하리니 너도 그들과 함께 예언을 하고 변하여 새 사람이 되리라"(삼상 10:5-6).

사무엘이 사울에게 한 말입니다. 사무엘은 사울이 성읍으로 들어가면 '예언자들의 무리'를 만날 것인데, 그 무리는 산당에서 악기들을 연주하며 산에서 내려올 것이라면서 그때 하나님의 영이 임하여 사울이 그들과 함께 예언할 것이라고 말합니다. 뒤이어 10-13절에는 실제로 그 일이 이루어진 기록이 있으며, 사울과 이 선지자 무리의 만남은 19장 18-24절에도 기록되어 있습니다. 이 구절은 고대 이스라엘의 전문적인 예언자들이 등장하는 최초의 기록입니다. 비록 짧은 구절이지만 초기 예언자들에 대한 몇 가지 정보를 제공해 줍니다.

우선 초기 예언자들은 '무리'를 지어 산 위의 '산당'에서 집단적으로 모여 훈련(?) 받았던 것으로 추측할 수 있습니다. 그런데 이런 모습이 그리 낯설지는 않습니다. 한국에도 산 위에 기도원이 많아서 이곳에 모여 많은 사람들이 기도하며 때로 음악을 연주하고 집단적으로 영적인 체험을 합니다. 어쩐지 당시 예언자들의 모습이 오늘날의 기독교인들과 많이 닮은 듯합니다.

이와 같이 기도원에 모여 강한 성령의 체험과 함께 집단적으로 기도하는 것을 광적이라면서 불필요한 것으로 여기는 이들도 있습니다. 당연히 이런 모습은 낯설고 일상적으로 보이지는 않지요. 하지만 분명히 알아야 할 것은 이와 같은 집단적 기도와 영적 체험이 성경적 근거가 있다는 사실입니다. 구약성경에 최초로 등장한 예언자들의 모습이 이와 동일하였죠. 물론 모두가 이런 체험을 반드시 하는 것은 아니고, 반드시 집단적으로 기도하도록 강요받아서도 안 됩니다. 하지만 그렇다고 이와 같은 모습을 비정상적인 것으로 몰아붙이는 것 또한 옳지 않습니다.

신약성경에서도 이와 유사한 모습을 종종 발견할 수 있습니다. 가장 대표적인 사례가 오순절 성령 강림 사건입니다. 예수께서 돌아가신 후 흩어져 없어질 것만 같던 예수 추종자들이 한 자리에 모여 이와 같이 뜨겁게 기도할 때에 하나님의 영이 임하여 강력하게 역사하였고, 이 체험을 한 이들은 놀라운 용기와 능력으로 예수를 전파하기 시작했습니다. 이 오순절 사건이야말로 기독교 역사상 가장 신비롭고 기념비적인 놀라운 사건입니다. 우리 기독교인들이 모여서 기도하는 것은 놀라운 하나님의 역사를 초청하는 것과 같다고 할 수 있습니다.

초기 예언자들에 대한 기록을 통해 알 수 있는 또 한 가지 흥미로운 점은 '음악'에 관한 것입니다. 그들이 모여 예언할 때 여러 악기들을 동원하여 음악을 연주하였습니다. 사실 인류의 종교 역사에서 음악과 종교적 제의는 매우 밀접한 관련이 있습니다. 무속적인 굿거리나, 절간에서 들리는 스님의 목탁 소리, 그리고 교회의 성가대 음악 등은 종교에서 빠질 수 없는 필수 요소입니다. 그만큼 음악은 영적인 행위입니다.

음악은 사람으로 하여금 자신을 초월하는 경험을 하게 해줍니다. 신나게 춤을 춘다고 가정해 봅시다. 음악이 없이 몸을 흔들면 15분도 안 되어 지치고 맙니다. 하지만 음악이 있으면 밤새 추어도 신이 납니다. 오케스트라를 지휘하는 분들을 보면 머리가 희끗한 나이 든 분들이 많습니다. 그렇게 나이 들었어도 오케스트라의 웅장한 음악과 함께하기에 오랜 시간을 서서 지휘할 수 있는 것입니다. 만일 음악이 없다면 10분도 서 있기 힘들 것입니다. 이처럼 음악은 사람의 몸과 마음을 다스리는 도구이기도 합니다.

어떤 이들은 교회나 기도원에서 악기를 연주하고 박수 치며 찬양하는 것을 몹시 못마땅하게 여깁니다. 순수하게 하나님의 은혜를 체험하지 않고 음악을 통해 감정을 자극해서 영적인 동요를 일으킨다고 비판합니다. 다른 종교나 무속인들이 음악을 이용한다는 점에서 그렇게 볼 수도 있습니다. 그러나 교회에서 혹은 기도원에서 연주하고 부르는 음악에는 다른 종교나 무속 행위의 음악과는 근본적으로 다른 것이 있습니다. 그것은 앞서 1장에서도 말씀드렸듯 '하나님의 영'이 임하여 연주하고 노래한다는 것입니다. 유명한 선지자 엘리사가 예언을 하기 위해 어떻게 음악을 활용하는지 열왕기하 3장 15절을 살펴보겠습니다.

> "이제 내게로 거문고 탈 자를 불러오소서 하니라 거문고 타는 자가 거문고를 탈 때에 여호와의 손이 엘리사 위에 있더니."

음악이 사람을 영적인 세계로 몰입시킨다는 것은 이렇게 성경적인 근거도 있습니다. 그리고 이것은 어느 종교에서나 발견할 수 있는 보편적인 일이기도 합니다. 그러나 위 구절은 분명히 '여호와의 손'이 엘리사 위에 있다고 기록하면서, 음악을 통해 다른 영이 아닌 바로 하나님의 영이 엘리사에게 임했다고 말하고 있습니다.

아름답고 은혜로운 찬송가나 CCM(Contemporary Christian Music)이라 불리는 현대 복음 성가들을 들으면 참 좋습니다. 그런데 위에서 살펴본 바에 따르면, 음악은 매우 조심스러운 영역의 세계 같습니다. 음악을 통하여 사람이 영적인 세계로 인도되거나 초월적인 경험을 하는 경우도 많으니까요. 그래서 기독교 역사에서 인위적인 음악을 예배 중에 없애버리려는 시도를 한 적도 있습니다. 음악의 강한 흡인력과 인간의 마음을 동요시키는 신비한 능력 때문이죠.

그러나 음악 자체를 그 강력한 영향력 때문에 거부할 필요는 없을 것 같습니다. 문제는 음악 자체가 아니라 음악을 통해 어떤 세계와 접촉하느냐는 것이지요. 위에서 엘리사는 음악을 통해 여호와의 영과 교통했다고 했습니다. 그 음악이 거문고로 연주되었든 피아노로 연주되었든, 혹은 전통적인 고전 음악이든 아니면 록(rock) 음악이든 악기나 장르는 중요하지 않습니다. 중요한 것은 그 음악을 연주하거나 감상하는 자가 어느 영을 구하는가입니다. 엘리사처럼 하나님의 영을 구한다면 음악의 종류나 형식은 부수적인 문제일 것입니다.

지금 우리가 부르는 아름다운 찬송가 중에는 한때 대중적인 세속 노래였던 멜로디도 있습니다. 그러나 그 멜로디 위에 하나님을 구하는 가사를 입혀 은혜로운 찬송가가 되었습니다. 한때 교회 예배 안에서 드럼이나 전자기타 등 대중음악 악기들이 터부시된 적도 있습니다. 그러나 현대의 많은 CCM은 록은 물론 랩, 힙합 등 대중음악의 형식을 빌려 하나님을 찬양하기도 합니다.

음악은 분명 영적입니다. 그래서 매우 신중하고 조심스러운 영역입니다. 이 조심스러운 영역은 음악의 형식을 말하는 것이 아니라 음악을 연주하고 감상하는 자가 구하는 영의 세계를 의미합니다. 바로 우리 자신이 하나님을 구하는 의지와 마음가짐이 올바르다면, 음악은 교회 예배 안에서 마음껏 누릴 수 있는 영적인 놀이터인 것입니다.

위에서 우리는 초기 예언자들의 모습을 살펴보았습니다. 그들은 무리지어 산 위에서 훈련 받았고, 음악을 활용해 집단적인 영적 체험을 하고 예언을 했습니다. 이 초기 예언자들의 모습을 통해 현재의 교회나 기도원의 예배도 조명해 보았습니다. 서로 모여 열심히 기도하는 것, 같은 마음으로 열심히 하나님을 찬양하고 연주하는 것, 그리고 이를 통해 강력한 영의 세계를 체험하는 것은 초기 예언자들도 행한 매우 성경적인 모습입니다.

06. 예언자에도 종류가 있을까?

기도원파 vs. 도서관파

위에서 살펴본 초기 예언자들의 모습이 어떠했나요? 무리를 지어 음악을 연주하며 예언을 하는 모습이 무척 생소해 보이지요? 이런 독특한 형태로 예언 등을 하는 행위를 '황홀경'에 이르렀다고 표현하기도 합니다. 사무엘상 10장 6절을 보면, 사울이 예언자 무리들과 함께 예언을 하며 딴 사람처럼 변할 것이라고 말하고 있습니다. 여기서 사울이 예언을 한다는 표현은 히브리어 원어로 보았을 때 그냥 '예언을 하였다'와는 좀 다릅니다. 그래서 어떤 번역들은 이를 '예언적 황홀경에 이르렀다'고 번역하지요. 예언자들이 하나님의 영에 사로잡혀 음악을 연주하고 집단적으로 예언하는 모습은 영적인 '황홀경'에 이른 것으로 보이기에 충분합니다. 그런데 이스라엘의 초기 예언자들은 모두 이런 황홀경에 이르는 경험을 통해서만 예언을 한 것일까요?

반드시 그런 것은 아닙니다. 구약성경에 보면 당시에 이렇게 산당에 모여 집단생활을 하던 예언자들 외에 다른 부류의 예언자들이 있었습니다. 예를 들어, 왕궁에서 왕을 보좌하며 일하던 '왕궁 선지자'들입니다. 이들 중엔 다윗과 가깝던 '갓'이라는 선지자도 있었고(삼상 22:5; 삼하 24장), '나단'이라는 선지자도 있었습니다(삼하 12:1-4). 그런데 이들의 행동이나 예언은 어떠했나요? 처음에 살펴보았던 황홀경에 이르러 집단적으로 예언하는 예언자들과는 좀 다르죠?

물론 왕궁에도 집단적으로 예언자들이 몰려 있는 경우가 있었습니다. 그 좋은 예가 열왕기상 22장에 나옵니다. 여기에서 왕은 전쟁에 나가기 전에 왕궁 예언자들을 불러 모아 전쟁에 나가도 좋은지 물어 봅니다. 이때 왕궁 안에는 무려 400명이나 되는 예언자들이 있었고 이들이 모두 왕 앞에 모여 앉아 집단적으로 예언을 합니다. 여기서도 예언자들이 집단적으로, 소위 황홀경에 이르러 예언하는 모습을 상상할 수 있습니다.

그러나 왕궁 예언자들이 모두 그렇게 집단적으로 왕을 보좌한 것은 아닙니다. 방금 위에서 보았던 갓과 나단을 생각해 보세요. 그들은 늘 다윗과 독대하던, 어떻게 보면 정치적으로 매우 유력한 인물들이었습니다. 예언하는 모습도 집단적 황홀경에 이르는 것과는 사뭇 다릅니다.

어느 날 선지자 나단은 하나님의 뜻으로 다윗의 행위를 경고할 필요가 있었습니다. 다윗이 이웃집 여인 밧세바를 취하였을 뿐만 아니라 그의 남편 우리아를 죽음으로 몰아넣었기 때문입니다. 이때 나단이 취한 행동은 사무엘하 12장 1-4절에 기록되어 있는데, 매우 냉철하며 지적인 면모를 보이고 있습니다. 그는 왕에게 다가가 비유를 들어 이야기를 전달했고, 이 비유를 듣던 왕이 이야기에 몰입하자 벼락같이 왕을 꾸짖었습니다. 나단의 지혜롭고 명확한 지적에 다윗은 그 자리에서 무릎을 꿇고 하나님께 회개하기 시작했습니다. 매우 긴박감 넘치고 극적인 장면이지요. 그런데 이때 선지자 나단이 이렇게 지혜로운 방법을 쓰지 않고, 갑자기 왕 앞에 서서 악기를 마구 두들기며 황홀경에 빠져 소리치기 시작했다고 상상해 보십시오. 근엄한 왕궁 안에서 이게 무슨 소란이냐며 오히려 나단이 곤궁해 처할 수도 있었을 겁니다.

황홀경에 이르러 집단적으로 예언하는 선지자들을 보면서, 지금 교회나 기도원의 뜨거운 예배의 성경적 기원을 볼 수 있었습니다. 마찬가지로 나단 같은 선지자의 모습을 통해 점잖고 매우 지적인 영적 활동도 충분히 성경적이라는 것을 알 수 있습니다. 이렇게 볼 때, 기도나 예언, 예배 등 우리가 하나님 안에서 행하는 영적인 활동은 양면을 다 지니고 있습니다. 때론 황홀경에 이를 만큼 뜨거울 수도 있고 때론 매우 냉철할 수도 있는 것이지요. 어느 한쪽만 올바르다고 할 수 없으며, 둘 다 성경적 근거가 있습니다.

기도원에서 뜨겁게 기도하는 것을 좋아하는 이들이 있는 반면, 도서관에서 조용히 말씀을 묵상하며 신앙 서적 읽기를 좋아하는 이들도 있습니다. 그들을 재미있게 각각 기도원파와 도서관파라고 별명을 붙여 봅시다. 종종 기도원파는 도서관파더러 "영이 메말랐네", "기도 좀 하라"며 핀잔을 줍니다. 반대로 도서관파는 기도원파 사람들에게 "미쳤냐", "진정 좀 해라" 하면서 이성적으로 신앙생활 하라고 비난하기도 합니다. 하지만 우리가 살펴본 대로, 초기 예언자들의 모습에는 양쪽 측면 모두 존재했습니다. 어느 한 부류의 예언자들만 하나님의 사역을 한 것이 아닙니다. 현대에도 다양한 성격의 신앙 활동들이 서로 보완·견제하며 하나님의 사역을 이뤄 나가야 할 것입니다.

'멸망 예언자'가 참 선지자

이제 좀 다른 주제를 이야기해 보도록 하겠습니다. 당시 예언자들이 서로 협력하여 사이좋게 지냈던 것은 아닙니다. 그들 간에는 심각한 갈등이 있었습니다. 당시 예언자들이 다 같이 하나님의 이름으로 예언을 하였지만, 누가 '참 선지자'인지 '거짓 선지자'인지 구분하기가 어려워 서로 갈등이 있었습니다. 예를 들어, 두 예언자가 하나님의 이름으로 예언을 하는데 서로 다른 예언을 하였다면 어느 선지자의 말이 옳을까요? 인간이 이것을 구분하기란 어렵답니다. 성경도 이에 대하여는 다음과 같이 모호한 대답만 줍니다.

> "만일 선지자가 있어 여호와의 이름으로 말한 일에 증험도 없고 성취함도 없으면 이는 여호와께서 말씀하신 것이 아니요 그 선지자가 제 마음대로 한 말이니 너는 그를 두려워하지 말지니라"(신 18:22).

이 말은 바꿔 말하면, 예언이 이루어지는지 안 이루어지는지 확인이 될 때까지 그 예언이 참인지 거짓인지 알 수 없다는 겁니다. 사실 예언은 자주 혼란을 가져다줍니다. 지금 시대에도 어떤 이가 예언을 하면 그것을 믿어야 할지 말아야 할지 고민이 됩니다. 종종 이런 예언 때문에 신앙인들 사이에 분란이 일어나기도 합니다.

신약시대에도 마찬가지였습니다. 그래서 바울은 성령의 은사가 많았던 고린도 교회에 이 "모든 것을 품위 있게 하고 질서 있게 하라"(고전 14:40)고 권면하였습니다. 구약시대에도 예언자의 예언이 참인지 거짓인지 알 수 없어 참 예언자가 올바른 말을 했다가 두들겨 맞기도 하고, 예언을 믿고 전쟁에 나간 왕이 예언과는 다르게 죽는 일도 있었습니다. 지금까지 여러 번 언급하였던 열왕기상 22장에도 참 선지자와 거짓 선지자 간의 갈등이 그려져 있습니다. 이 이야기를 잠시 살펴보도록 하겠습니다.

이스라엘의 왕 아합은 전쟁에 나가기 전에 자신의 왕궁에서 일하는 선지자 400명을 불러 모으고, 자신이 전쟁에 나가야 할지 말아야 할지를 물어 봅니다. 선지자들은 모두 하나님이 왕에게 승리를 주실 것이라고 예언합니다. 전쟁에 같이 참여하려던 유다 왕 여호사밧이 이를 지켜보다가 아무래도 의심스러웠는지 아합에게 이들 말고 다른 선지자는 없느냐고 묻습니다. 왕궁 밖에는 미가야라는 선지자가 있는데, 아합은 미가야를 싫어했습니다. 미가야는 늘 아합을 꾸짖는 예언자였던 모양입니다. 아합은 당시 하나님께 매우 극악한 왕이었기 때문입니다. 마침내 미가야를 부르자 그는 아합이 죽게 될 것이라고 예언하였습니다. 결국 미가야는 얻어맞고 옥에 갇혔고, 아합 왕은 전쟁에 나갔으나 미가야의 예언처럼 죽고 맙니다.

이 이야기 속에는 두 부류의 예언자들이 서로 대립하는 모습을 볼 수 있는데, 소위 거짓 선지자와 참 선지자 간의 대립입니다. 다른 예언서들도 예언자들이나 종교 지도자들 간에 참과 거짓을 판별하는 문제로 갈등이 있었음을 증언하고 있습니다.

선지자 아모스는 북이스라엘의 제사장 아마샤와 갈등이 있었고, 예레미야도 여러 차례 다른 종교 지도자들과 마찰이 있었습니다. 이스라엘이 이방신 바알을 대대적으로 믿고 있을 때 여호와 하나님의 선지자 엘리야는 수많은 바알 선지자들과 대결해야 했습니다. 그중에서도 이 400명의 거짓 선지자와 한 명의 참 선지자 미가야의 대결은 우리에게 많은 것을 생각하게 만듭니다.

우선 이 이야기 속의 거짓 선지자들의 특징은 무엇일까요? 그들은 매우 다수였습니다. 그리고 왕궁에서 일하고 있었으니 먹고사는 데 걱정이 없었습니다. 그들은 자신들에게 직업과 생활의 필요를 제공하는 왕에게 잘 보여야만 했을 겁니다. 그래서 참 하나님의 예언을 구하기보단, 그저 왕이 듣기 좋아할 만한 거짓 예언을 일삼았을 것입니다. 실제로 왕들은 자신에게 유리한 예언을 강요하기 위해 예언자들을 왕궁에 데리고 있었습니다.

열왕기상 22장의 이야기를 보면, 왕궁의 사신이 미가야를 찾아가서는 왕에게 듣기 좋은 예언을 하라고 강요하는 장면이 나옵니다. 왕궁에 있던 이 수백 명의 예언자들은 모두 왕의 비위를 맞추기에만 급급한 거짓 선지자들이었던 겁니다. 학자들은 이런 부류의 예언자들을 '구원 예언자'(salvific prophets) 혹은 '평화 예언자'라고 부릅니다. 구원과 평화는 여기선 부정적으로 쓰인 것으로, 이 선지자들은 거짓으로 늘 평화만 말하고 권력에 아첨하던 이들이었습니다.

반면 참 선지자인 미가야 같은 이들은 사회 권력의 핵심에서 벗어나 늘 외진 곳에서 외롭게 살았습니다. 항상 바른 이야기만 했기에 서슴지 않고 부패한 사회와 왕궁을 향해 쓴소리를 했고, 담대히 멸망을 선고해야 했기 때문이지요. 그래서 학자들은 이들을 '멸망 예언자'(doom prophets)라고 부르는데, 이름은 무시무시하지만 사실 하나님의 사신이요 대언자로서 올바르게 예언하던 용감한 이들입니다. 당연히 이 참 선지자들은 사회로부터 소외되고 종종 쫓겨 다녀야만 했죠. 우리가 잘 아는 엘리야도 이런 부류의 선지자였습니다.

아까 살펴본 신명기서의 말씀처럼 예언자들 중에 누가 참이고 누가 거짓인지는 시간이 지나 봐야 알 수 있습니다. 예언이 선포된 당시에는 알 수가 없습니다. 그러니 평화만 이야기하는 거짓 선지자들은 예언을 함과 동시에 늘 인기와 부를 누릴 수 있었을 겁니다. 반면 참 선지자들은 살아 있는 동안 호된 고난을 겪어야만 했겠지요. 열왕기상 22장에서 예언의 참 거짓 여부는 비교적 일찍 드러났지만, 미가야도 당장은 그 예언 때문에 전쟁이 끝날 때까지 감옥에 갇혀 지내야만 했습니다.

소위 멸망 선지자라 불리는 참 예언자들은, 대부분 살아 있는 동안 이스라엘 민족의 '멸망'을 선포하던 이들입니다. 어떤 예언자들은 죽을 때까지 그 예언이 이루어지는 것을 보지 못했기 때문에, 살아 있는 동안 '매국노'니 나라의 기강을 흔드는 '과격분자'니 하는 비난을 받아야 했습니다. 반면에 늘 평화만 이야기하던 거짓 선지자들은 평생을 존경 받고 인기도 누리며 편안하게 살았습니다.

그러나 시간이 흐른 후 북이스라엘은 앗수르에, 그리고 남유다는 바벨론에 무참히 무너지고 말았습니다. 그제야 사람들은 한때 미치광이라고 우겨쌈을 당하던 예언자들이 참 선지자였음을 알게 되었습니다. 그들의 예언은 그제야 빛을 보게 되어 성경에 기록되고 보존되는 영광을 받았습니다. 살아 있을 땐 비록 불우했지만 그들의 예언은 아모스서나 예레미야서처럼 고귀한 하나님의 영감 어린 말씀으로서 영원히 남게 되었습니다.

반대로 평화 선지자들은 살아 있는 동안 부귀영화를 누렸고 추종자들도 꽤 있었을 것입니다. 자신들의 예언을 글로도 많이 기록했을 것입니다. 그러나 그들의 예언은 성경에 단 한 줄도 남겨지지 않았습니다.

하나님의 사역자들인 우리도 늘 남에게 듣기 좋고 달콤한 이야기를 하고 싶은 게 사실입니다. 그래야만 이웃들한테 관심도 받고 인기도 얻기 때문이죠. 하지만 성경의 참 선지자와 거짓 선지자 간의 대립과 그 결말을 보면서 중요한 사실을 배울 수 있습니다. 하나님의 참된 사역자, 예언자는 사람의 마음과 귀를 즐겁게 해주기 위해 일하는 자들이 아니라는 사실입니다. 비록 소외되고 외롭더라도, 사람과 권력이 하나님을 떠나 있고 부패해 있다면 과감하게 하나님의 참된 예언을 소리칠 수 있어야 합니다.

참 선지자와 거짓 선지자들을 통해 얻은 교훈은 때로 부담스럽습니다. 이웃에게 늘 평화와 축복만 이야기해 주면 그 교회에는 사람들이 많이 모이고 부유해집니다. 반면에 하나님의 올바른 뜻을 전하기 위해 자꾸 똑바로 살라고 잘못을 지적하면, 그 교회에는 사람들이 잘 오려하지 않습니다. 과연 어떤 사역을 해야 할까요? 솔직히 아모스나 미가야처럼 살아갈 자신이 없지요? 그럼에도 우리는 하나님께 용기를 구하여 참된 그리스도인으로 살아야 합니다. 거짓 예언자로 남겨지기보단 어렵더라고 하나님의 참 선지자처럼 살 수 있는 힘과 용기, 지혜를 달라고 하나님께 간구해야 합니다.

chapter **04**

예언자들에게는 어떤 능력이 있었나?

07. 예언자들은 어떤 능력을 가지고 어떤 행동을 했을까?

앞장에서 우리는 구약성경에 기록된 초기 예언자들의 모습을 살펴보았습니다. 그들은 황홀경에 이르러 예언하는가 하면 매우 지적인 설교를 하기도 했습니다. 흥미롭게도 음악을 사용하여 영적인 감각을 유발하는 것도 보았습니다. 그리고 그들 중에는 참 선지자와 거짓 선지자들이 있었으며, 그들의 삶과 사후의 모습이 매우 대조적이었음을 알았습니다. 이번 장에서는 이들 예언자들의 행동과 능력을 조금 더 알아보려고 합니다.

예언자는 별난 사람?

이미 살펴보았듯이 예언자들의 행동은 결코 평범하지 않았습니다. 집단적으로 모여 음악을 연주하며 예언하는 모습은 어느 누가 보아도 별나 보였겠죠. 성소와 왕궁 앞에 서서 이 나라가 곧 멸망할 것이라고 고래고래 소리 지르고 다니는 모습도 결코 정상적으로 보기 어려웠을 것입니다.

신약성경의 세례(침례) 요한은 예언자들의 시대가 지나갔다고 여기던 때에 마치 예언자처럼 등장한 인물입니다. 가죽옷만 대강 두르고 사막에 살면서 메뚜기와 꿀을 채취하여 먹고 만날 천국이 가까웠으니 회개하라고 소리치며 돌아다니던 기이한 사람이었죠. 그는 결국 목이 잘려 죽고 말았습니다. 열왕기상 18장 28절을 보면 비록 하나님의 선지자는 아니지만 바알 선지자들이 집단적으로 모여 자해하는 광경이 기록되어 있습니다.

"이에 그들이 큰 소리로 부르고 그들의 규례를 따라 피가 흐르기까지 칼과 창으로 그들의 몸을 상하게 하더라."

어느 누가 보아도 섬뜩한 장면이죠? 물론 잘 알다시피 예언자들이 다 그런 기이한 모습과 행동을 한 것은 아니었습니다. 궁중에서 비교적 안정적으로 살면서 고매하게 예언하던 이들도 있었습니다. 하지만 이스라엘 사람들이 가나안 땅에서 살던 시기는 하나님께 매우 패역하던 때였습니다. 당연히 하나님의 참된 선지자들은 패역하던 시대를 거스르며 살아야 했으니 별날 수밖에 없었습니다. 그래서 선지자들은 사람들 사이에서 좀 이상한 사람이라는 평판을 들었고, 구약성경에서는 종종 그들이 '미친 자'라고 불렸던 것을 볼 수 있습니다.

"예후가 나와서 그의 주인의 신복들에게 이르니 한 사람이 그에게 묻되 평안하냐 그 미친 자가 무슨 까닭으로 그대에게 왔더냐"(왕하 9:11).

여기서 미친 자는 곧 선지자를 가리킵니다. 예레미야 29장 26절도 미친 자와 선지자를 같은 부류의 사람으로 여기는 표현이 나옵니다. 사람들로부터 비정상적인 사람, 심지어 미친 자로 취급당한 그들의 인생살이가 쉽지는 않았겠지요?

하지만 기독교 역사에서 하나님의 자녀들이 이런 몹쓸 취급을 받은 것은 매우 자주 있었던 일입니다. 자신이 하나님의 아들이요, 자신을 말미암지 않고는 구원을 받을 수 없다고 주장하신 예수님도 당시 정통 유대인들에게 미친 자로 여겨졌습니다. 그들은 마침내 예수님을 십자가에 못 박아 죽이고 맙니다. 그를 따르던 이들도 이미 죽은 예수님이 다시 살아나셨다고 떠들고 다녔으니, 제정신이 아닌 자들로 취급 받았겠지요. 심지어 이 예수쟁이들을 잡아 죽이려 혈안이 된 사울이, 어느 날 길가에서 주님을 보았다고 주장하며 이름을 바울로 바꾸고 예수를 전파하기 시작했으니, 예수 믿는 자들은 모두 도가 지나친 비정상적인 무리들로 여겨졌을 겁니다.

구약시대 이후에도 기독교가 전파되는 곳에서는 사람들이 기독교인들을 박해하고 탄압하며 미치광이로 취급했습니다. 목숨이 위태로운 중에도 예수님을 찬양하고 하나님을 높였으니, 믿지 않은 사람들 눈에는 기독교인이 비정상적이다 못해 무서워 보이기도 했을 겁니다.

이처럼 하나님의 자녀로 살아가는 일은 환경에 따라 매우 위험하고 어려울 수도 있습니다. 때론 목숨이 위태로울 수도 있습니다. 그런데 이 모든 어려움은 구약의 예언자들을 보면 결코 낯선 것이 아닙니다.

그렇다고 하나님의 자녀들이 일부러 반사회적이고 비정상적인 행동을 할 필요는 없습니다. 혹은 하나님의 영광을 위해서가 아니라 자신의 잘못된 성향으로 인해 따돌림 받는 것을 정당화해서도 안 됩니다.

구약시대 예언자들도 자신들의 괴팍한 평판 때문에 무척 고민했음을 알 수 있습니다. 이것은 나중에 예레미야서를 보면서 자세히 살펴보겠습니다. 그러나 예언자들이 하나님의 뜻이 아닌 자신의 경솔한 행동 때문에 사회로부터 차가운 시선을 받았던 것은 아닙니다. 때로는 기독교인들이 자신들의 믿는 바를 위해 사회와 맞서기도 해야 하지만, 자기 자신의 사사로운 의지로 해서는 안 될 것입니다. 오직 하나님의 섭리 가운데 행해야 합니다.

호세아의 경우, 하나님의 명령으로 바람난 아내와 결혼해야 했고, 심지어 음란한 자녀를 가져야 했습니다. 종교적 지도자였던 호세아가 그런 결혼을 하였으니 사람들이 얼마나 그를 비정상적이고 변태적인 사람으로 여겼겠습니까? 하지만 이것은 하나님의 뜻에 따라 순종한 결과이지, 자신이 일부러 그렇게 음란한 여자와 어울린 건 아니었습니다. 반면에 이사야는 호세아와 달리, 아내도 선지자였고 자녀들도 번듯하였습니다. 왕궁에서 고상하게 일하며 왕과 가까이 살면서 왕을 보좌하던 선지자였습니다. 뿐만 아니라 왕에게 예언을 통해 준엄하게 꾸짖기도 했습니다.

객관적으로 보면 두 선지자의 인생이 매우 불공평해 보입니다. 아마 모두 이사야처럼 살고 싶겠지요. 하지만 나중에 이 선지자들을 다룰 때 더 자세히 살펴보겠지만, 이들 모두는 하나님의 깊은 뜻에 따라 각자 자기가 부여받은 인생을 살아간 것입니다. 두 예언자의 서로 다른 인생길은 각자 독특한 성격의 예언을 남겼고, 각기 다른 특색의 하나님 말씀을 전달하고 있습니다.

기적을 행하는 예언자

예언자들의 또 다른 독특한 행동에 대하여 알아볼까요? 예언자들, 특히 초기 예언자들은 종종 '기적'을 행하는 비범한 능력이 있었습니다. 가장 대표적인 예가 엘리야와 엘리사입니다. 이 두 선지자들에 대한 기록은 열왕기상 17장부터 열왕기하 10장에 걸쳐 나와 있는데, 아합과 그의 아내 이세벨에 의해 거의 국교로까지 확장된 바알 숭배에 강력하게 저항한 유명한 선지자들입니다.

엘리야는 사르밧의 가난한 과부 집에 가서 밀가루와 기름이 떨어지지 않게 해주었고, 심지어 죽은 그 집 아들을 기도로 다시 일으켜 살렸습니다. 바알 선지자들과 대결할 때는 자신의 제단을 물로 적시고도 불이 임하게 하는 기적을 보여 주었습니다. 그가 미래 일을 예견한 것도 일종의 기적이라고 할 수 있지요. 엘리야는 가뭄에 의한 기근이 올 것, 아합 왕과 그의 자녀들과 아내가 모두 멸절할 것, 그리고 아하시야가 죽을 것을 예고하였습니다. 마치 모세가 홍해를 가른 것처럼, 엘리야는 요단강 물을 가르는 기적도 보였죠. 마지막에는 자기 자신의 죽음을 보지 않고 하늘로 승천하는 정말 기이한 기적을 보여 주었습니다.

엘리야의 제자였던 엘리사도 스승을 본받아 많은 기적을 행하였습니다. 여리고에서 병을 일으키는 물을 정화하였으며, 전쟁 때 모압이 패할 것을 예고하였습니다. 가난한 과부의 빚을 위해 팔아 쓸 기름을 채워 주기도 했고, 기적적으로 한 여인이 아기 낳을 것도 예고하였으며, 이 아이가 죽자 다시 살리기도 했습니다. 적은 양의 음식을 백 명에게 나누어 주었으며, 시리아의 나아만 장군의 문둥병을 고치기도 했습니다.

여러분은 기적을 믿습니까? 너무 황당한 질문인가요? 맞습니다. 우리 기독교는 기적을 믿습니다. 아니, 반드시 믿어야만 합니다. 기독교 가르침의 핵심 중의 핵심이 바로 죽음을 물리치고 다시 살아나신 예수님의 기적적인 부활을 믿는 것이니까요. 어떤 이들은 사람이 다시 살아나고 물이 갈라지는 그런 황당한 일이 어떻게 일어날 수 있느냐며 기적을 부정합니다. 사실 인간의 과학적이고 논리적인 경험에 비추어 본다면 기적은 받아들이기 어렵습니다.

그런데 한 번 생각해 보기 바랍니다. 기적이기 때문에 믿음이 필요한 것입니다. 과학적으로 이해할 수 있고 실증될 수 있는 당연한 일들을 받아들이는 것에 무슨 믿음이 필요하겠습니까? 그냥 이해하고 받아들이면 되는 거지요. 기적은 과학적으로 실증될 수 없고 납득할 수 없는 일이기에 '믿는' 것입니다. 인간의 이성으로 설명될 수 있는 것들은 이해의 대상이지 믿음의 대상이 아닙니다.

하나님의 역사는 이해의 영역이 아니라 믿음의 영역입니다. 믿음은 인간의 이성과 과학의 영역을 초월하는 것입니다. 그래서 원래 기적이라는 것은 이해될 수도 증명될 수도 없는 거지요. 약 2000년 전에 죽임을 당한 팔레스타인의 한 청년 예수가 온 인류의 구세주라는 것을 어떻게 상식적으로 받아들일 수 있겠습니까? 참 신기하게도 우리는 예수가 우리의 구세주, 즉 그리스도라는 것을 당연한 것으로 받아들입니다. 그런데 여러분 중에 예수님이 그리스도라는 것을 먼저 '이해'한 후에 '믿음'을 가진 사람이 있나요? 아마 없을 겁니다. 성령님의 감동으로 먼저 '믿고' 나서, 신약성경의 로마서 같은 책을 읽으면서 예수님이 나의 구세주이심을 '이해'할 수 있었던 거지요. 이처럼 신앙의 세계에선 믿음이 먼저이고 그 다음에 이해가 따라오는 것입니다.

세상의 상식과는 완전히 반대입니다. 우리는 학교에서 먼저 무언가를 이해한 후 믿는 훈련을 받습니다. 그래서 많은 사람들이 "성경이 좀 이해되면 믿겠다"고 말합니다. 그러나 이해해서 믿는 사람은 이 세상에 없습니다. 신앙의 세계에서는 먼저 믿어야 이해가 따릅니다.

신앙은 하나님의 영적인 세계와 관련된 신비의 영역입니다. 신앙의 세계는 이해하여 접근할 수 있는 세계가 아닙니다. 성경을 과학적으로 연구하고 있다면, 먼저 하나님께 간절히 구해야 할 게 있는데, 그것이 바로 '믿음'입니다. 성경의 기적에 대한 논리적 이해와 설명이 아니라, 이해와 논리를 뛰어넘는 '믿음'을 하나님께 구해야 합니다.

믿음의 세계는 보이고 만질 수 있는 세계를 초월하는 고귀한 세계입니다. 논리적으로 설명할 수 없다고 해서 엉터리인 것이 아니라, 논리가 해체되어 버리는 고귀한 신비인 것입니다.

지금은 왜?!

예언자들의 기적을 접하다 보면 이런 질문을 해볼 수 있습니다. 성경에는 그렇게 기적이 많이 일어나는데 왜 현대에는 그런 기적이 자주 일어나지 않는 걸까요? 지금도 그때처럼 기적이 자주 일어나면 하나님을 더 잘 증거할 수 있을 텐데요.

이 문제를 생각해 보기 전에 반드시 알아야 할 것이 있습니다. 하나님의 많은 기적은 하나님의 종, 즉 인간의 손에 의해 일어나는 경우가 많습니다. 그래서 기적은 마치 그 능력이 특정 인간에게 절대적으로 부여되어 그 인간의 의지와 뜻에 따라 사용될 수 있는 것처럼 보입니다. 하지만 결코 그렇지 않습니다. 성서시대에 일어난 많은 기적이 절대적으로 하나님의 주관에 의해 벌어진 것이지, 그 능력을 부여 받은 인간의 뜻에 의해 일어난 것이 아니라는 것을 알아야 합니다.

예를 들어 사도 바울은 자신의 손수건만 병자에게 갖다 대도 그 병자가 치유되는 놀라운 기적을 행한 사람입니다. 그러나 정작 자신은 자기 질병 하나도 고치지 못하여 하나님께 세 번이나 간구하였다고 했습니다. 이 사실은 기적을 행하는 사람의 능력이나 의지로 그 기적이 일어나는 것이 아님을 가르쳐 줍니다. 사도 바울이 세 번이나 하나님께 간구하였지만 그의 질병은 치유되지 않았습니다. 그 이유는 다음과 같습니다.

"여러 계시를 받은 것이 지극히 크므로 너무 자만하지 않게 하시려고 내 육체에 가시 곧 사탄의 사자를 주셨으니 이는 나를 쳐서 너무 자만하지 않게 하려 하심이라 이것이 내게서 떠나가게 하기 위하여 내가 세 번 주께 간구하였더니 나에게 이르시기를 내 은혜가 네게 족하도다 이는 내 능력이 약한 데서 온전하여짐이라 하신지라 그러므로 도리어 크게 기뻐함으로 나의 여러 약한 것들에 대하여 자랑하리니 이는 그리스도의 능력이 내게 머물게 하려 함이라 그러므로 내가 그리스도를 위하여 약한 것들과 능욕과 궁핍과 박해와 곤고를 기뻐하노니 이는 내가 약한 그때에 강함이라"(고후 12:7-10).

참 은혜로운 구절이지요? 남의 병을 기적적으로 고치던 바울, 그 위대한 사람이 그 능력으로 자기 자신은 치유하지 못하였습니다. 그런데 그 이유는 하나님이 그를 약하게 만드셔서 교만하지 않게 하시고, 더불어 약할 때 강해진다는 신앙의 진리를 깨닫게 하기 위함이었습니다. 이처럼 바울이 기적을 행할 수 있고 없고는 전적으로 하나님의 뜻과 섭리에 달린 문제였던 것입니다.

엘리야의 경우, 가난한 과부 집에 가서 밀가루와 기름이 떨어지지 않게 해주었습니다. 그러나 정작 자신은 이전에 먹을 것이 없어 죽을 뻔하기도 했습니다(왕상 19장). 바울과 엘리야 모두 기적을 행하는 데 있어 최고의 인물들이었으나 그 기적을 자기 뜻대로 사용할 수는 없었고 모두 하나님의 전적인 뜻으로만 행할 수 있었습니다.

지금도 기적은 일어나고 있습니다. 지금도 하나님의 종들을 통해 병자가 낫기도 하고 어려운 문제가 해결되기도 합니다. 복음이 생생하게 전해지는 선교 전초지에서는 놀라운 기적의 보고 가 늘 들려옵니다. 하지만 우리의 바람처럼 항상 기적이 일어나고 모든 문제가 다 기적적으로 해결되는 것은 아닙니다. 금방 살펴보았듯이, 기적이 일어나고 안 일어나고는 전적으로 하나님의 깊으신 뜻에 달렸습니다. 기적이 일어난 것은 나름의 이유가 있는 것이고, 일어나지 않은 것 역시 하나님의 섭리가 있습니다.

현대에 일어나는 기적이 구약시대의 것만큼 장대하지 않다고 하여 기적을 부정하려는 이들도 있습니다. 사실 현대에는 구약시대처럼 해가 멈추거나, 물이 갈라지거나, 소리를 질러 성이 무너지는 그런 기적은 잘 일어나지 않습니다. 왜 그럴까요? 이것 역시 전적으로 하나님의 뜻입니다.

대답이 좀 궁색하게 들리지 모르지만, '하나님의 뜻'이라는 말은 그 말을 하는 사람의 태도에 따라 궁색한 것이 되기도 하고 정말 큰 신앙 고백이 되기도 합니다. 이 부분을 합리적으로 설명하는 것 인간의 머리로 이해하는 것 모두 부적절하기에 오히려 '신앙적' 도약을 하여 '믿음'으로 이 문제를 소화하려는 여러분의 태도가 필요합니다.

예언자들의 상징적 행동

예언자들은 종종 '상징적 행동'을 하곤 했습니다. 상징적 행동이란 하나님의 뜻을 그저 말로만 전하는 것이 아니라 독특한 행동이나 행위를 통해 전하는 것을 말합니다.

> "그나아나의 아들 시드기야는 자기를 위하여 철로 뿔들을 만들어 가지고 말하되 여호와의 말씀이 왕이 이것들로 아람 사람을 찔러 진멸하리라 하셨다 하고"(왕상 22:11).

아람 사람을 찔러 진멸하라는 메시지를 전달할 때 시드기야는 그저 말로 전달한 것이 아니라 철로 뿔을 만들어 보였습니다. 열왕기하 13장 15-19절을 보면 예언자 엘리사도 왕에게 활을 취하라 하고 활로 여러 가지 행위를 시키면서 하나님의 뜻을 전달하는 장면이 나옵니다.

현대의 목회자들은 하나님의 뜻을 그저 말로만 선포하지요? 옛적 예언자들은 말뿐만 아니라 종종 이렇게 상징적 행위를 통해 메시지를 더 강력하게 전하곤 했습니다. 현대에는 이와 유사한 행위를 '퍼포먼스'(performance)라고 합니다. 예를 들어, 어떤 사람이 회사에서 부당한 일을 당했을 때 회사 문 앞에서 1인 시위를 벌인다거나 많은 사람들이 지켜보는 가운데 삭발을 감행한다거나 해서 부당함을 항변하는데, 이런 상징적 행위가 바로 퍼포먼스입니다. 이런 상징적 행위는 어떤 뜻을 전달하는 데 말보다 더 강력할 수 있습니다.

예언자 예레미야의 경우를 살펴보겠습니다.

"내가 이 모든 말씀대로 유다의 왕 시드기야에게 전하여 이르되 왕과 백성은 바벨론 왕의 멍에를 목에 메고 그와 그의 백성을 섬기소서 그리하면 사시리라"(렘 27:12).

예레미야가 왕에게 바벨론 왕의 멍에를 메고 살리라는 메시지를 전할 때, 사실 이 앞 구절들을 보면, 예레미야가 자기 목에 멍에를 직접 메고 나타나 이 메시지를 전달하였습니다. 물론 하나님이 그렇게 하라고 명령하신 겁니다. 예언자가 목에 멍에를 메고 나타나 이런 메시지를 전달했으니 얼마나 섬뜩했겠습니까? 왕궁에서 점잖게 살던 이사야에게도 어느 날 하나님은 다음과 같이 명령하셨습니다.

"그때에 여호와께서 아모스의 아들 이사야에게 말씀하여 이르시되 갈지어다 네 허리에서 베를 끄르고 네 발에서 신을 벗을지니라 하시매 그가 그대로 하여 벗은 몸과 벗은 발로 다니니라 여호와께서 이르시되 나의 종 이사야가 삼 년 동안 벗은 몸과 벗은 발로 다니며 애굽과 구스에 대하여 징조와 예표가 되었느니라"(사 20:2-3).

하나님은 앗수르를 배신하고 애굽을 의지하려던 유다인들에게 경고하기 위하여 이와 같이 충격적인 행위를 선지자 이사야에게 명령했습니다. 애굽이 망하여 벌거벗고 끌려갈 것이라는 메시지를 전달하기 위해 존경 받고 위엄 있는 이사야를 발가벗겨 3년 동안이나 다니도록 한 것입니다. 어느 날 교회의 점잖은 목사님이 하나님의 강한 뜻을 전하기 위해 옷을 벗고 3년 아니 3시간 동안 거리를 배회하고 다녔다고 상상해 보십시오. 얼마나 충격이겠습니까? 그러니 이 상징적 행위가 얼마나 강력한 메시지가 되었을지는 가히 짐작이 갑니다.

예언자들의 상징적 행동 중 가장 주목할 만한 것은 아마도 호세아의 행위였을 겁니다. 호세아는 어느 날 하나님으로부터 음란한 여자와 결혼하라는 명령을 받았습니다. 상상해 보세요. 교회의 점잖은 총각 전도사가 어느 날 결혼할 신부를 데려왔는데, 글쎄 그 동네에서 소문난 바람둥이 아가씨를 데려온 겁니다. 전도사의 사모가 된 뒤에도 이 남자 저 남자와 바람을 피우고 다닙니다. 참 참람하지 않습니까?

사람들이 호세아에게 가서 물었을 것입니다. 왜 이런 바람둥이 여자와 결혼해서 사느냐고 말입니다. 그때 호세아는 이렇게 대답했을 것입니다. "우리 이스라엘 백성이 신부이고 하나님이 우리의 신랑이신데, 우리 민족이 바로 이 바람난 여자처럼 하나님을 배신하고 다른 신들과 놀아나지 않았습니까. 우리 민족이 바로 이 바람난 여자입니다!" 그러니까 호세아의 충격적인 결혼은 사실 그가 전해야 했던 독특한 메시지와 관계있었던 것입니다.

참 황당하면서도 재미있는 일이죠? 하지만 상징적 행위를 해야 만했던 예언자들은 얼마나 당혹스러웠을까요? 이사야는 발가벗고 다니고 호세아는 바람둥이 처녀와 결혼해야 했으니, 하나님의 종으로서 사는 일이 이렇게 어렵습니다.

다행히 현대의 목회자들에게는 하나님이 이런 무리한 부탁을 하시지 않는 것 같습니다. 그러나 현대의 목회자들도 나름대로 상징적 행위를 준비할 수 있습니다.

어느 작은 교회의 목사님은 딱히 설교를 잘하지도 않았고, 사람들에게 호감을 살 만한 분도 아니었습니다. 성도도 많지 않았을 뿐더러 목사님 설교에 감화 받는 성도도 많지 않았습니다. 그러던 어느 날, 그 교회의 한 성도가 아파 병원에 갔는데 급히 다른 사람으로부터 신장 하나를 이식 받아야 했습니다. 이때 목사님이 당장에 병원으로 달려가 자기 신장을 떼어다가 그 성도에게 주었습니다. 그러자 이후부터 그 교회 성도들은 주일날 목사님이 설교하러 강대상에 서기만 하면 설교도 하기 전에 눈물을 주룩주룩 흘렸다고 합니다. 그 목사님이 행한 사랑의 희생이 상징적 행위가 되어 많은 성도를 감동시킨 것입니다. 목사님의 사랑의 행위가 백 마디 말보다 더 훌륭한 메시지로 성도들을 일깨운 것입니다.

이번에는 어떤 큰 교회의 예를 들어 보겠습니다. 그 교회의 목사님은 설교도 잘하고 덕망도 있어 수많은 성도들이 모여드는 아주 큰 교회입니다. 당연히 그 목사님은 경제적으로도 넉넉하게 살았습니다. 어느 날 목사님이 강대상에 오르려고 신발을 벗었는데 목사님의 양말 뒤꿈치가 닳아서 뚫려 있었습니다. 이것을 저의 고모님이 보시고 이렇게 큰 교회의 목사님이 저렇게 검소하게 산다며 입에 침이 마르게 칭찬했었습니다. 그 목사님의 양말이 뚫린 것은 검소해서 그럴 수도 있지만, 우연찮게 그런 양말을 신었을 수도 있습니다. 하지만 많은 사람의 주목을 받는 사람은 이렇게 사소한 행동에도 주변에 큰 영향을 미칩니다.

유명한 연예인 부부가 버려진 아이들을 입양하여 키우는 모습이 얼마나 아름답습니까? 그들의 이 같은 아름다운 행동은 많은 사람들이 버려진 아이들에게 관심을 갖도록 일깨워 주었습니다. 모든 그리스도인들은 많은 이에게 주목을 받는 사람들입니다. 우리의 작은 행동 하나하나가 하나님의 메시지를 전달하는 상징적 행위가 될 수 있습니다. 김수환 추기경이 돌아가시면서 각막을 기증하였다는 소식이 알려지자, 수많은 사람들이 자신의 각막을 병원에 기증하였다고 합니다. 그렇다면 우리도 상징적인 행위를 하나씩 준비할 수 있습니다. 벌거벗고 다니지 않아도 바람난 사람과 결혼하지 않아도 모범이 될 만한 상징적인 행위를 할 수 있습니다. 우리의 상징적인 행위를 통해 하나님을 모르던 사람들이 하나님을 찾게 되고 패망의 길을 걷던 사람들이 바른 길을 볼 수 있다면 그것으로 족한 것입니다.

PART
2

예언자의 프로파일 I
_이스라엘 멸망 이전

chapter 05

아모스와 심판 그리고 사회 정의

08. 아모스는 어떤 사람이었나?

아모스는 성경에서 최초로 자신의 이름을 붙인 문서 예언서를 남긴 예언자입니다. 앞장에서 주로 다루었던 이스라엘 초기 예언자들은 기원전 10-9세기가량의 인물들이라면, 아모스는 조금 이후인 8세기에 활약한 선지자입니다.

독설가 예언자 아모스 vs. 타락한 종교 지도자 아마샤

아모스가 활동하던 시대적 배경은 이스라엘이 두 나라로 갈라져 있던 때였습니다. 북쪽과 남쪽으로 갈라져 있었기 때문에, 그 두 나라를 (북)이스라엘 그리고 (남)유다로 불렀습니다. 아모스는 남쪽 유다 출신인데, 홍미롭게도 북쪽 이스라엘로 가서 활동한 선지자입니다. 더 특이한 것은 본래 양을 치고 뽕나무를 키우던 농사꾼으로 '정규 교육'을 받은 적이 없다는 사실입니다. 하지만 그가 시골의 순박한 농사꾼 출신이라고 해서 얕잡아 봐서는 안 됩니다. 아마 예언자들 가운데 아모스만큼 과격하게 독설을 퍼붓는 예언자도 없었을 것입니다. 그것도 자기 나라가 아닌 다른 나라에 가서 "이 나라는 하나님 뜻을 따르지 않고 엉망진창으로 살고 있기 때문에 망할 것이다"고 외치고 다녔습니다. 정말 용기가 대단하지 않습니까?

그래서 북쪽에 있던 다른 종교 지도자들은 아모스를 무척 불편하게 생각했습니다. 아모스가 북쪽에 있던 다른 종교 지도자와 한바탕 설전을 벌인 유명한 일화가 있습니다. 북쪽 벧엘이라는 곳에서 일하던 아마샤라는 제사장인데, 이 제사장이 하루는 아모스의 과격한 예언에 분노하여 왕에게 아모스를 고발합니다. 이때의 상황을 아모스서 7장 10-11절은 이렇게 기록합니다.

"때에 벧엘의 제사장 아마샤가 이스라엘의 왕 여로보암에게 보내어 이르되 이스라엘 족속 중에 아모스가 왕을 모반하나니 그 모든 말을 이 땅이 견딜 수 없나이다 아모스가 말하기를 여로보암은 칼에 죽겠고 이스라엘은 반드시 사로잡혀 그 땅에서 떠나겠다 하나이다."

이 구절에 의하면 북이스라엘에 아모스가 가서는, 북쪽 나라 왕 여로보암이 칼에 죽임을 당하고 북이스라엘도 다른 나라에 의해 망할 것이라고 외치며 다녔다고 합니다. 용기가 지나쳐서 맞아 죽지 않으면 다행인 도발입니다. 아마샤는 왕에게 아모스를 고발하고 나서, 이번엔 직접 아모스에게 이렇게 이야기합니다.

"아마샤가 또 아모스에게 이르되 선견자야 너는 유다 땅으로 도망하여 가서 거기에서나 떡을 먹으며 거기에서나 예언하고 다시는 벧엘에서 예언하지 말라 이는 왕의 성소요 나라의 궁궐임이니라"(암 7:12-13).

아마샤가 아모스에게 한 이야기를 자세히 살펴보면 아마샤라는 종교 지도자의 어그러진 신앙관이 잘 드러납니다. 먼저 아마샤는 아모스에게 고향땅에 돌아가서 먹을 것을 먹으며 예언하라고 합니다. 히브리어 본문을 살펴보면 '먹을 것을 먹으라'는 말과 '예언을 하라'는 말이 '거기에서'라는 말에 의해 서로 병행합니다. 즉 먹을 것을 먹는 것과 예언하는 것을 밀접하게 연결하고 있는 것이지요. 다시 말해 아마샤라는 종교 지도자에게 예언하는 일은 곧 먹고 살기 위한 생계 수단인 것입니다. 그에겐 하나님의 일을 하는 것이 하나님의 뜻과 사업을 이루기 위한 소명이라기보다 그저 먹고 살기 위한 직업이라는 뜻이지요. 그 다음에 아마샤는 아모스에게 이렇게 말합니다. "벧엘에서 예언하지 말라. 여기는 왕의 성소이고 궁궐이다."

벧엘은 무엇을 하는 곳입니까? 벧엘은 아주 유명한 하나님의 성소였습니다. 그리고 벧엘이라는 이름 자체도 히브리어로 '하나님의 집'이라는 뜻입니다. 그런데 아마샤는 하나님의 성소, 하나님의 집인 벧엘이 하나님의 것이 아닌 왕의 성소요 왕의 궁궐이라고 말하고 있습니다. 다시 말하면 아마샤에게 성소 즉 교회는 하나님이 거하시고 하나님을 만나는 신앙의 터전이 아니라, 나라의 왕을 위해 존재하고 권력기관에 기생하는 그런 정치적인 기관이라는 겁니다. 아마샤의 이 말은 그가 얼마나 신앙의 정신을 왜곡하고 있는지 잘 보여 줍니다. 이런 아마샤 같은 종교 지도자가 북이스라엘의 왕과 가까운 사이였으니 그 나라가 하나님의 뜻을 제대로 알고 살 리가 없었겠지요.

앞장에서 거짓 선지자들은 그저 왕에게 듣기 좋은 이야기만 하여 호의를 얻고 풍족하게 먹고살았다고 했습니다. 아마샤가 바로 그런 부류의 인물입니다. 그에게 하나님의 사역 즉 예언하는 일은 그저 먹을 것을 얻기 위함이고, 교회 즉 하나님의 성소도 하나님의 것이 아닌 왕의 것이었습니다. 그래서 아마샤는 아모스를 아주 불편한 존재로 여겼습니다. 아모스의 정직한 예언은 자신이 평소에 왕에게 아첨하며 하던 예언과 아주 달랐던 모양입니다. 아마샤는 왕에게 이 나라가 평안하게 잘 될 것이라고 날마다 축복하고, 왕이 잘못해도 지적하지 않았을 것입니다. 그런데 남쪽에서 온 농사꾼 아모스가 이 나라가 망할 것이라고 고래고래 소리 지르고 다니며 민심을 흔들어 놓으니 어지간히 싫었을 겁니다.

여기서 우리는 매우 귀중한 가르침을 배울 수 있습니다. 우리는 모두 하나님의 말씀을 전하고 그분의 사업에 동참하는 주의 일꾼들입니다. 그런데 자칫 잘못하면 우리도 아마샤처럼 하나님의 일을 그저 직업적으로 먹고살기 위한 수단으로 행할 수 있다는 것입니다. 물론 하나님의 일을 전문적으로 하는 성직자나 사역자들은 이 일을 통해 살아갈 급여를 받는 것이 당연합니다. 그러나 우리가 위의 아마샤처럼 하나님의 성소 즉, 하나님의 사업을 위해 자신이 일하는 장소를 더 이상 하나님의 집이 아닌 것으로 여긴다면 큰일이 아닐 수 없습니다. 하나님은 아마도 아마샤처럼 빗나간 사역자들을 경고하기 위해 이 아모스의 일화를 성경 속에 남기셨나 봅니다. 정말로 우리가 하나님의 영광을 위하여 하나님의 일을 하는지 아니면 하나님의 사역이 내 생활의 수단으로 전락해 버렸는지 주의 깊게 살펴보아야 하겠습니다.

다시 아모스와 아마샤 간의 일화로 돌아가 봅시다. 고향으로 돌아가 벧엘에는 얼씬도 하지 말라는 아마샤의 경고에 아모스는 이렇게 대답합니다.

"아모스가 아마샤에게 대답하여 이르되 나는 선지자가 아니며 선지자의 아들도 아니라 나는 목자요 뽕나무를 재배하는 자로서 양 떼를 따를 때에 여호와께서 나를 데려다가 여호와께서 내게 이르시기를 가서 내 백성 이스라엘에게 예언하라 하셨나니"(암 7:14-15).

아모스는 이 대목에서 자신의 특이한 이력을 소개합니다. 자기는 선지자가 아니며 선지자의 아들도 아니라는 겁니다. 이 말은 지금으로 말하자면 나는 목사도 아니고 신학교에서 제대로 공부해 본 적도 없다는 겁니다. 자신은 그저 양 떼를 몰던 목동이고 뽕나무를 키우던 농사꾼인데 하나님이 오죽이나 답답하시면 자기 같은 농사꾼을 데려다가 너희에게 예언하라고 하겠느냐고 말하는 것입니다. 아마샤로선 정말 자존심 상하지 않을 수 없었겠습니다. 더 나아가 아모스는 아마샤에게 정말 입에 담기 힘든 독설을 퍼붓습니다.

"이제 너는 여호와의 말씀을 들을지니라 네가 이르기를 이스라엘에 대하여 예언하지 말며 이삭의 집을 향하여 경고하지 말라 하므로 여호와께서 이와 같이 말씀하시기를 네 아내는 성읍 가운데서 창녀가 될 것이요 네 자녀들은 칼에 엎드러지며 네 땅은 측량하여 나누어질 것이며 너는 더러운 땅에서 죽을 것이요 이스라엘은 반드시 사로잡혀 그의 땅에서 떠나리라 하셨느니라"(암 7:16-17).

네 아내가 창녀가 되고 네 자녀들이 칼에 맞아 죽는다니, 얼마나 지독한 말입니까? 사실 어떻게 하나님의 종의 입에서 저런 욕설이 나올 수 있느냐고 의아해하는 사람도 있을 것입니다. 그러나 아모스서를 보면 이런 욕설이 자주 등장합니다. 하지만 여기서 우리가 알아야 할 것은 이 과격한 사람 아모스를 사용하시는 이가 바로 하나님이시라는 점입니다. 농사 지으며 거칠게 살아온 아모스 같은 인물도 하나님은 필요해서 선택하시고 이렇게 살벌한 경고를 하시는 겁니다.

이 과격한 아모스의 말이 다 하나님의 뜻을 전달하는 것이라면, 아마샤의 신앙관과 행동이 나쁘다 못해 이런 독설을 들어도 될 만큼 극악했음을 짐작할 수 있습니다. 어떻게 감히 하나님의 거룩한 사역을 그저 먹고사는 것으로 치부하고, 어떻게 감히 하나님의 집을 왕의 집으로 전락시키는지요. 이런 행위는 그런 극악한 심판을 받아야 할 만큼 하나님을 고통스럽게 그리고 분노하게 만드는 것입니다.

09. 아모스는 어떤 메시지를 전했을까?

헌금이 죄? – 교회를 향한 경고

아모스서 7장의 일화는 아모스가 어떤 성격의 선지자였는지를 잘 보여 줍니다. 그는 북이스라엘의 멸망을 지독한 독설로 경고한 농사꾼 출신의 예언자였습니다. 그런데 그의 독설은 단지 고대 이스라엘 사람들을 향한 것만은 아닌 듯합니다. 현대의 독자들이 읽어 보아도 섬뜩할 만한 내용들이 아주 많습니다. 아모스가 한 또 다른 독설을 살펴보겠습니다.

> "너희는 벧엘에 가서 범죄하며 길갈에 가서 죄를 더하며 아침마다 너희 희생을, 삼일마다 너희 십일조를 드리며 누룩 넣은 것을 불살라 수은제로 드리며 낙헌제를 소리 내어 선포하려무나 이스라엘 자손들아 이것이 너희가 기뻐하는 바니라 주 여호와의 말씀이니라"(암 4:4-5).

사람들에게 벧엘에 그리고 길갈에 가라고 합니다. 벧엘과 길갈은 당시 아주 유명한 성소였습니다. 지금으로 말하자면 아주 크고 유명한 교회를 가리키는 것이지요. 그리고 그 유명한 교회에 가서는 죄를 지으라고 하는데, 그 죄가 바로 헌금하고 십일조와 감사헌금을 드리는 것이랍니다. 그리고는 "이것이 너희들이 기뻐하는 것이 아니더냐" 하면서 매우 조소적인 웃음을 날립니다. 아니, 헌금하고 십일조 하는 게 죄악이라뇨? 요새 목사님들이 들으면 깜짝 놀랄 말입니다.

아모스의 이 같은 예언에 제일 기분이 나빴을 사람은 누구였을까요? 아마 아까 아모스와 설전을 벌이던 아마샤와 같은 제사장들이었을 것입니다. 제사장들은 성전에서 제사를 드리는 임무를 맡은 자들입니다. 그런데 이 제사장들이 종종 사람들이 가져오는 헌물을 횡령하기도 했답니다. 성도들이 가지고 오는 헌금으로 자신들의 배를 채우고 절기가 지나면 헌물들을 시장에 내다 팔기도 했지요. 그러니 이 나쁜 제사장들은 당연히 성도들이 성전에 '자주' 와서 헌금과 헌물을 '많이' 하는 것에 욕심을 냈겠죠. 당시 이와 같은 종교적 타락이 극심하였기에, 아모스는 사람들이 성소에 와서 헌금하고 헌물하는 것을 죄 짓는 일이라고 비아냥댄 겁니다.

이렇게 타락하였으니, 제사장들은 당연히 성도들에게 올바른 가르침을 전하지 않았을 겁니다. 성도들이 평소 생활 속에서 하나님의 뜻을 잘 따르고 바르게 사는 것보다는 그저 성소에 와서 헌물과 헌금을 드리는 것을 최고의 신앙인 것처럼 가르쳤을 겁니다. 그러니 성도들도 생활 속에서 이웃을 사랑하고 가난한 자를 돌보며 정의를 지키는 올바른 생활을 영위하기보다는, 그저 이 세상을 편안하게 자기의 이익만을 추구하며 살다가 제사장들이 제일 강조하는 헌금과 헌물을 드리는 것으로 죄책감을 씻고 살았을 겁니다.

아모스가 당시 성소의 제사장들을 향해 비난하는 목소리가 오늘날 교회의 목회자들에게 하는 소리로 들리지 않습니까? 오늘날의 교회들도 올바른 복음을 전하기보다 교회의 양적 발전을 위해 성도들의 머릿수와 헌금만을 지나치게 강조하는 교회가 있습니다. 이런 교회들은 수천 년 전 이스라엘에 퍼붓던 아모스의 독설을 하나님의 말씀으로 들어야 합니다.

교회에 처음 등록한 사람들이 사역자들로부터 무슨 가르침부터 받는지 곰곰이 생각해 보십시오. 교회에 누군가 오면 대개 이런 내용부터 전합니다. “저희 교회는 주일뿐만 아니라 수요예배도 있습니다. 또 가능하다면 금요 철야나 새벽예배도 나오시기 바랍니다. 십일조 봉투와 감사헌금 봉투는 늘 이곳에 준비되어 있으니 잊지 마시기 바랍니다.” 이렇게 소위 ‘교회 회원 (membership)이 되는 법’부터 가르칩니다.

사실 교회는 처음 온 사람들에게 이것부터 가르쳐야 하지 않겠습니까? "자 이제 당신은 교인이 되었으니 이웃을 사랑하세요. 남을 용서하고 남을 위하여 봉사하시기 바랍니다." 만약 이렇게 가르친다면, 그 사람이 혹 교회를 나오지 않게 되더라도 교회란 사랑하는 곳, 용서하는 곳 그리고 이웃을 위해 봉사하는 곳으로 기억할 것입니다. 반면에, 먼저 교회 회원이 되는 법만 가르친다면 교회는 그저 자주 모이고 헌금 많이 하는 곳으로만 기억할 것입니다. 마치 아모스 시대의 성소처럼 말입니다.

이제 수천 년 전에 아모스가 왜 그렇게 피 끓는 듯한 독설을 퍼부었는지 이해가 되십니까? 아모스는 당시의 성소와 제사장뿐만 아니라 현대의 교회와 사역자들에게도 동일한 질타를 하고 있습니다. 그래서 아모스는 자신의 말이 오래 남을 수 있게 그토록 독한 말을 하였나 봅니다.

심판의 메시지: 카이츠? 케이츠!

아모스의 분노에 찬 질타는 계속됩니다. 아모스의 분노는 당연히 하나님의 뜻을 전달하는 탁월한 방법이었습니다. 전체적으로 보았을 때 아모스가 한 예언의 대부분은 '심판'에 관한 것입니다. 아마도 아모스서 8장 1-2절이 아모스 예언의 성격을 가장 잘 말해 주는 것 같습니다.

"주 여호와께서 내게 이와 같이 보이셨느니라 보라 여름 과일 한 광주리이니라 그가 말씀하시되 아모스야 네가 무엇을 보느냐 내가 이르되 여름 과일 한 광주리니이다 하매 여호와께서 내게 이르시되 내 백성 이스라엘의 끝이 이르렀은즉 내가 다시는 그를 용서하지 아니하리니."

하나님은 아모스에게 여름 과일을 보여 주고는 무엇을 보느냐고 물으십니다. 여름 과일이라고 대답하자, 아모스에게 "자 이제 이스라엘에 끝이 온다"고 말씀하십니다. 그런데 이 말씀을 히브리어 원어로 보면 재미있는 것을 하나 발견할 수 있습니다. 여기서 여름 과일은 히브리어로 '카이츠'(qaits)이고, 끝이라는 말은 '케이츠'(qeits)입니다. 두 단어의 발음이 비슷하죠? 이렇게 발음이 비슷한 단어들을 재미있게 열거하면서 그 뜻을 강조하는 것을 '언어유희'(word-play)라고 합니다. 쉽게 말하자면 '말장난' 같은 거지요. 즉 "카이츠, 여름 과일을 보느냐? 그럼 케이츠, 끝이 올 것이다!" 이런 뜻입니다.

하나님이 아모스에게 좀 썰렁한 농담을 하셨죠? 하지만 사실 무척 뼈 있는 농담입니다. 끝, 마지막이 올 것이라는 예언이지요. 아모스가 본 이 여름 과일 환상은 그 주제가 끝, 마지막입니다. 이 환상은 아모스 전체 예언의 핵심을 상징적으로 잘 드러내고 있습니다.

한 나라의 비극적인 멸망을 선포하고 있지만, 아모스의 언어는 조금의 긍휼도 없이 포악하고 잔인하기까지 합니다.

"주 여호와께서 자기의 거룩함을 두고 맹세하시되 때가 너희에게 이를지라 사람이 갈고리로 너희를 끌어가며 낚시로 너희의 남은 자들도 그리하리라"(암 4:2).

아모스는 하나님께서 자기의 거룩함을 두고 맹세하신다고 말합니다. 도대체 무엇이기에 하나님이 자신의 거룩함까지 내걸고 맹세를 하실까요? 그 맹세는 바로 이스라엘 사람들이 갈고리에 그리고 낚싯바늘에 꿰어 끌려간다는 겁니다. 듣기만 해도 오금이 저리는 광경입니다. 그런데 고대 사회에서는 전쟁에서 패하면 아주 잔인한 방법으로 고통을 당했답니다. 갈고리에 꿰어 끌려가기도 하고, 온몸의 털이 다 밀리고 발가벗겨 끌려 다니기도 하며, 눈이 뽑히거나 손가락 발가락이 잘리기도 했습니다. 이 예언이 더욱 잔인한 것은 그 당시 이스라엘 사람들이 전쟁에서 패하면 그 꼴을 당한다는 것을 잘 알고 있었기 때문입니다. 이 고통의 끔찍함을 아주 잘 알고 있는 사람들에게 그 고통의 갈고리와 낚싯바늘을 상기시키는 것은 정말 잔인하지 않습니까? 정말로 아모스의 심판 예언은 공포 영화를 보는 것처럼 무시무시합니다.

특히 왕은 사로잡히면 적군의 잔인한 노리개가 되기 십상입니다. 잔인하게 왕을 괴롭혀 그 광경을 보는 백성들로 하여금 적군에 대항할 사기를 꺾어 놓는 것입니다. 그래서 사울 왕은 전쟁에서 패하자 스스로 목숨을 끊었는지도 모릅니다. 그렇게 잔인한 놀림감이 되느니 차라리 명예롭게 죽는 게 더 낫다고 판단해서 말입니다.

이런 무서운 예언을 하다니 하나님이 참 잔인하게 느껴지나요? 그러나 하나님이 잔인하다고 생각하기에 앞서 하나님의 분노가 얼마나 컸기에 그러셨을까를 먼저 생각해야 합니다. 벧엘과 길갈은 당시 하나님의 유력한 성소였지만 타락한 종교 지도자들 때문에 참으로 이름값 못하는 패역한 장소로 전락해 버렸습니다. 그래서 아모스는 다시 한 번 이 성소들을 언급하며 이렇게 예언합니다.

"벧엘을 찾지 말며 길갈로 들어가지 말며 브엘세바로도 나아가지 말라 길갈은 반드시 사로잡히겠고 벧엘은 비참하게 될 것임이라 하셨나니"(암 5:5).

종교적 행위가 바르지 못한 성소들은 이렇게 심판을 받게 됩니다. 하나님의 집이지만 그곳에 숨어서도 무서운 심판의 선고를 피할 수 없다는 것입니다. 아모스서 5장 27절은 또 이렇게 선언하고 있습니다.

"내가 너희를 다메섹 밖으로 사로잡혀 가게 하리라 그의 이름이 만군의 하나님이라 불리우는 여호와께서 말씀하셨느니라."

하나님의 백성 이스라엘이 포로로 사로잡혀 간다는데, 이 말씀을 그들의 하나님, 천군 천사의 하나님이 하시다니 이 예언도 참 고약할 정도로 조소적이지요? 하나님은 하늘 만군을 이끌고 전쟁을 하시는 강한 대장이시지만, 그의 백성은 민족적 위기에 닥쳐서도 하나님으로부터 아무런 도움도 받지 못한 채 포로로 끌려간다는 말입니다. 그리고 실제로 이스라엘은 이후 앗수르 제국에 의해 멸망당하고 맙니다. 아모스는 그 심판이 내리는 날이 얼마나 엄할 것인지 그 상황을 이렇게 표현하고 있습니다.

"그러므로 그들이 이제는 사로잡히는 자 중에 앞서 사로잡히리니 기지개 켜는 자의 떠드는 소리가 그치리라"(암 6:7).

사람이 잡혀 끌려가는 것이 그냥 말로만 떠도는 소문이 아니라는 겁니다. 실제 그들의 눈앞에서 벌어질 사실이기 때문에 기지개 따위는 생각하지도 못하며, 기지개를 하다가도 몸이 굳어져 버릴 공포의 심판이 이를 것이라고 아모스는 말하고 있습니다.

독설에 깃들인 희망의 메시지

아모스의 심판에 대한 예언이 너무 과격해서 지나치게 감정적인 것 아니냐고 물으실지 모르겠습니다. 하지만 아모스는 이에 앞서 1-2장에서 이스라엘의 심판이 얼마나 타당한 것인지를 근거 있게 설명했습니다. 1-2장에는 아모스의 유명한 '열방신탁'이 예언되어 있습니다. 이곳에서 아모스는 이스라엘 주변 민족들이 심판 받을 수밖에 없는 이런저런 합당한 근거들을 언급하고 있습니다. 그러고 나서 마지막에 남유다와 북이스라엘도 다른 민족들과 마찬가지로 이런저런 죄악 때문에 심판 받을 수밖에 없다고 선언합니다.

이런 열방신탁은 어떤 효과가 있을까요? 이 열방신탁은 하나님이 괜히 이스라엘만 미워해서 그들을 심판하시는 것이 아님을 가르쳐 줍니다. 이스라엘의 심판은 다른 여러 민족들에게도 똑같이 적용될 수 있는 객관적 기준에 의해 내려지는 것임을 알려 줍니다. 그러니 이 말이 얼마나 무서운 것인지요. 그 심판이 단지 사사로운 감정적 폭발 같은 것이라면, 우리는 하나님께 빌고 또 빌어 그 심판을 면할 가능성에 조금이라도 매달려 볼 수 있을 겁니다. 그러나 이스라엘의 멸망은 그런 식으로는 절대 돌이킬 수 없다고 말합니다. 왜냐하면 하나님은 공의의 하나님이시고, 그 공의는 여러 민족들에게 적용된 똑같은 심판으로 이스라엘에게도 적용해야 하기 때문입니다. 다시 말해 이 열방신탁은 이스라엘이 절대로 심판을 피할 길이 없음을 굳게 못 박는 선언입니다. 아모스의 예언이 그저 과격하기만 한 것이 아니라 치밀하기까지 하지요? 그만큼 이스라엘의 심판은 확정적이고 정당하다는 것입니다.

그런데 놀랍게도 아모스의 이 무서운 예언들 사이로 희망적인 메시지가 나옵니다.

"너희는 여호와를 찾으라 그리하면 살리라 그렇지 않으면 그가 불같이 요셉의 집에 임하여 멸하시리니 벧엘에서 그 불들을 끌 자가 없으리라"(암 5:6).

여호와를 찾으면 살 수 있다고 말하고 있습니다. 또 다른 곳을 한 번 볼까요?

"너희는 살려면 선을 구하고 악을 구하지 말지어다 만군의 하나님 여호와께서 너희의 말과 같이 너희와 함께하시리라 너희는 악을 미워하고 선을 사랑하며 성문에서 정의를 세울지어다 만군의 하나님 여호와께서 혹시 요셉의 남은 자를 불쌍히 여기시리라"(암 5:14-15).

이스라엘이 선을 구하고 정의를 세우면 혹 남은 자들을 불쌍히 여기실 수도 있다고 말합니다. 매섭게 쏘아붙이는 예언들 사이로 이렇게 희망적인 말들이 나오니 어쩐지 뜬금없어 보입니다. 그럼에도 이 희망적인 예언들이 그 무서운 심판의 예고를 실질적으로 무력화시키지는 못합니다. 여전히 아모스의 예언은 절망적일 따름입니다.

하지만 비록 사막 한가운데에 피어 있는 꽃송이 같은 희망이지만, 이 희망의 싹은 이스라엘에 내릴 심판이 그들을 정말로 완전히 끝내 버리지는 않을 것임을 암시해 줍니다. 하나님은 이스라엘에 분노하여 그들에게 심판을 내리실 것이지만, 그럼에도 어쩔 수 없는 것이 하나님은 여전히 이스라엘을 사랑하신다는 사실입니다. 분노가 폭발하고 공의의 칼날로 이스라엘을 심판해야 하지만, 그럼에도 여전히 하나님은 그의 백성을 사랑하기에 이렇듯 뜬금없이 사랑을 표현하시는 겁니다.

자녀를 향한 부모의 사랑은 그야말로 절대적입니다. 하지만 그토록 사랑하기 때문에 자녀들로 인해 낙담이 될 때가 있습니다. 오히려 사랑하기 때문에 분노가 더 크게 일어납니다. 그래서 때론 화를 내기도 하고 무서운 체벌을 가하기도 합니다. 하지만 부모가 사랑하는 자녀를 그렇게 꾸짖고 나서 그냥 내팽개쳐 버리던가요? 부모는 절대 자녀에게 그렇게 할 수 없습니다. 아무리 화가 나도 자녀가 돌아올 수 있는 길을 절대 막지 않는 것이 부모의 사랑입니다.

하나님은 우리의 아버지, 어머니이시고 우리는 그의 아들딸입니다. 이 사실을 여러분이 분명히 믿는다면, 아모스서에 왜 뜬금없이 희망적 발언이 나타나는지 이해할 수 있을 것입니다. 정당한 징벌이지만 부모의 마음은, 꼭 그렇게 정당하고 싶지만은 않은 겁니다. 본래 사랑은 합리적이고 정당한 규칙들도 깨어 버리는 초월적인 힘을 지니고 있기 때문이지요. 다행히도 하나님은 사랑이십니다. 합당한 규칙의 흐름을 깨어 버리는 일이지만 사랑은 그렇게 해도 인정받을 수 있는 가장 신성한 것입니다.

아모스서에는 살벌한 이야기들이 너무나 많은데, 그래도 마음을 따뜻하게 해주는 사랑과 희망의 내용도 발견할 수 있어 안심입니다. 오늘날의 교회나 사역자들이 아모스의 과격한 이 예언을 하나님의 말씀으로 알아듣고 속히 돌이켜 희망의 끈을 붙잡아야 될 줄 믿습니다. 양적 성장과 풍요보다는 하나님의 집에서 하나님과 함께 사역하는 모습을 추구하는 교회가 되어야겠습니다.

10. 아모스는 왜 그렇게 분노했을까?

앞장에서 우리는 아모스가 이스라엘 사회에 무서운 심판의 예언을 퍼붓는 것을 살펴보았습니다. 그의 예언은 심판의 내용만 단순히 전달한 것이 아니라 뭔가 깊은 분노를 표출하는 듯합니다. 이 장에서는 그 분노가 무엇이며 어디에서 비롯되었는지 살펴보려고 합니다.

누구를 위한 분노였을까?

아모스서를 읽을 때 꼭 기억해야 할 주제가 있습니다. 그것은 바로 '사회 정의'입니다. 아모스의 무서운 심판의 원인은 이스라엘이 하나님이 바라시는 정의로운 사회를 저버리고 정의가 왜곡되는 불의의 사회로 돌아섰기 때문입니다. 그들은 과연 얼마나 타락했으며 어떠한 사회적 결함을 가지고 있었을까요? 이제부터 그 질문에 답해 보도록 하겠습니다.

하나님이 아모스를 통해 질타하시는 이스라엘 사회의 가장 큰 문제점은 무엇일까요? 이스라엘 사람들이 성전에서 하나님을 자주 섬기지 않았기 때문일까요? 아니면 그들이 하나님께 헌물을 많이 드리지 못했기 때문일까요? 아닙니다. 아모스가 지적하는 이스라엘 사회의 가장 큰 문제점은 그들이 가난한 자들을 억압했다는 사실입니다.

"여호와께서 이와 같이 말씀하시되 이스라엘의 서너 가지 죄로 말미암아 내가 그 벌을 돌이키지 아니하리니 이는 그들이 은을 받고 의인을 팔며 신 한 켤레를 받고 가난한 자를 팔며 힘없는 자의 머리를 티끌 먼지 속에 발로 밟고 연약한 자의 길을 굽게 하며"(암 2:6-7).

이 말씀은 하나님이 진정으로 걱정하셔서 돌보시는 이스라엘 사회의 일원이 누구인지를 잘 알려 줍니다. 의인과 가난한 자, 힘없는 자, 그리고 연약한 자들입니다. 그런데 이들을 괴롭히는 자들은 과연 누구였을까요? 그들은 다름 아닌 사회의 기득권자들, 즉 정치적으로 권세 있고 경제적으로도 부유한 사회 지도층들이었습니다. 아마도 앞장에서 살펴본 제사장 아마샤 같은 이들일 것입니다. 위의 말씀은 경제적인 이유 때문에 사회의 연약한 자들이 고통 받는다고 말하고 있습니다.

우리 주변의 연약하고 가난한 사람들은 누군가의 도움이 간절하게 필요한 이들입니다. 하나님도 이스라엘 백성에게 주변의 가난한 사람들을 잊지 말고 도우라고 분명히 말씀하셨습니다. 그런데 돕기는커녕 그들을 더 학대한 것입니다.

"사마리아의 산에 있는 바산의 암소들아 이 말을 들으라 너희는 힘없는 자를 학대하며 가난한 자를 압제하며 가장에게 이르기를 술을 가져다가 우리로 마시게 하라 하는도다"(암 4:1).

여기서 사마리아는 북이스라엘을 가리킵니다. 그리고 이 북이스라엘은 남편에게 술을 가져오라고 주정 부리는 패역한 여인으로 묘사되어 있습니다. 이 여자가 하는 나쁜 일이 무엇입니까? 바로 '힘없는 자를 학대하며 가난한 자를 압제'하는 것입니다. 우리는 다시 한 번 아모스가 가난한 자를 언급하는 것을 볼 수 있습니다. 아모스서 5장 11절에서 그 진상을 소상히 밝힙니다.

"너희가 힘없는 자를 밟고 그에게서 밀의 부당한 세를 거두었은즉 너희가 비록 다듬은 돌로 집을 건축하였으나 거기 거주하지 못할 것이요 아름다운 포도원을 가꾸었으나 그 포도주를 마시지 못하리라"(암 5:11).

당시 힘없는 사람들이 어떻게 사회의 기득권자들로부터 부당한 대우를 받았는지 구체적으로 알려 주고 있습니다. "너희가 힘없는 자를 밟고 그에게서 밀의 부당한 세를 거두었은즉", 즉 사회의 기득권자들이 세금을 부당하게 거두어 가난한 이들을 착취했다는 것입니다. 그런데 기득권자들이 부당한 세금을 거두어 가난한 서민들을 착취하는 것은 3000년 전이나 지금이나 변함이 없습니다. 세금을 착취하는 나쁜 사람들은 위의 말씀처럼 세금을 늘 자기의 유익을 위하여 사용합니다.

아모스가 이스라엘의 어떤 사람들 때문에 그토록 분노했는지 잘 보이시죠? 가난한 이들을 돌보기는커녕 오히려 학대하고 착취한 사람들 때문입니다. 세금을 가지고 사회적 약자들을 착취할 수 있는 사람들은 누구일까요? 바로 사회의 바르지 못한 정치 지도자들입니다. 그런데 이런 권력자들은 힘이 막강하기 때문에 아무나 함부로 덤빌 수 없습니다. 이런 사람들을 꾸짖으려면 웬만한 용기가 없이는 힘듭니다. 당시 이스라엘 사회에서 이런 용감한 일을 한 이가 누구였습니까? 바로 예언자였습니다. 지금으로 말하자면 우리 같은 하나님의 사람들입니다. 사회의 권력과 힘이 무서워 어느 누구도 그들에게 대항할 수 없을 때, 그래서 가난한 사람들이 한없이 고통 속에서 유린당할 때, 바로 우리가 당당히 목소리를 높일 수 있어야 합니다.

"가난한 자를 삼키며 땅의 힘없는 자를 망하게 하려는 자들아 이 말을 들으라 너희가 이르기를 월삭이 언제 지나서 우리가 곡식을 팔며 안식일이 언제 지나서 우리가 밀을 내게 할꼬 에바를 작게 하고 세겔을 크게 하여 거짓 저울로 속이며 은으로 힘없는 자를 사며 신 한 켤레로 가난한 자를 사며 찌꺼기 밀을 팔자 하는도다"(암 8:4-6).

이렇게 아모스는 가난한 자, 힘없는 자를 계속해서 언급하고 있습니다. 그의 예언의 핵심에는 사회의 가난한 자들이 있으며, 아모스의 살벌한 예언의 핵심 속에도 약한 자들에 대한 사랑이 있습니다. 이스라엘 사람들에게 하나님의 심판이 임하여 그들이 잔인하게 끌려가며, 자녀와 친족들에게까지 잔혹한 수모가 있을 것이라는 아모스의 독설 속에는, 바로 이 가난한 자들에 대한 불붙는 연민이 있는 것입니다. 그리고 이것은 아모스 개인의 연민이 아닙니다. 바로 하나님의 연민이며 하나님의 분노입니다. 가난한 자들의 고통 때문에 분노하시는 이는 바로 우리 하나님이십니다.

그리스도인으로서 살아간다는 것은…

예언자들 중 처음으로 자기 이름으로 예언서를 만든 이가 아모스라고 했죠? 즉 아모스서는 가장 먼저 기록된 첫 번째 예언서입니다. 가장 먼저 쓰인 예언서라는 사실이 매우 의미심장하지 않습니까? 그렇다면 이 최초의 예언서가 가장 강조하는 것이 바로 가난한 사람과 약자들이라는 사실도 매우 의미심장하지 않습니까?

올바른 신앙생활이라 하면 교회에 열심히 다니고 헌금 많이 하며 성경 공부 열심히 하고 기도 많이 하는 것으로 생각하기 쉽습니다. 그런데 아모스서, 제일 먼저 씌어진 예언서를 통해 하나님이 그토록 말씀하시고자 한 것은, 그런 교회생활에 앞서 먼저 사회생활부터 똑바로 하라는 것이었습니다. 좀 의아하지 않습니까? 당연히 하나님은 우리에게 먼저 성경 공부하고 기도하기를 가르치실 것 같은데 말입니다. 그런데 아모스서를 보면 어쩌면 우리가 더 먼저 해야 하는 것은 성경 공부나 기도가 아니라 그리스도인으로서 이 사회에서 올바르게 사는 것인지도 모릅니다. 아무리 하나님에 대하여 많이 알고 신령한 은사를 가지고 있다 해도 그리스도인으로서 올바르게 살아가지 못한다면 다 소용없는 것이지요. 그리스도인으로서 올바르게 살아간다는 것이 어떤 것인지는 사실 무척 간단합니다. 성경에는 많은 말씀이 있지만, 이 모든 말씀을 예수님은 한마디로 정리해 주셨습니다.

"예수께서 이르시되 네 마음을 다하고 목숨을 다하고 뜻을 다하여 주 너의 하나님을 사랑하라 하셨으니 이것이 크고 첫째 되는 계명이요 둘째도 그와 같으니 네 이웃을 네 자신같이 사랑하라 하셨으니 이 두 계명이 온 율법과 선지자의 강령이니라"(마 22:37-40).

첫째는 하나님을 사랑하는 것이고, 둘째는 이웃을 사랑하는 것입니다. 그런데 하나님을 사랑한다는 것은 구체적으로 어떤 것일까요? 보이지도 않고 만져지지도 않는 하나님을 어떻게 사랑할까요? 그저 교회에 열심히 나가는 것이 하나님을 사랑하는 것일까요? 보이지 않는 하나님을 우리가 어떻게 사랑할 수 있는지 요한1서는 다시 잘 정리하여 줍니다.

"어느 때나 하나님을 본 사람이 없으되 만일 우리가 서로 사랑하면 하나님이 우리 안에 거하시고 그의 사랑이 우리 안에 온전히 이루어지느니라"(요일 4:12).

그 아래 20-21절은 이렇게 말합니다.

"누구든지 하나님을 사랑하노라 하고 그 형제를 미워하면 이는 거짓말하는 자니 보는 바 그 형제를 사랑하지 아니하는 자는 보지 못하는바 하나님을 사랑할 수 없느니라 우리가 이 계명을 주께 받았나니 하나님을 사랑하는 자는 또한 그 형제를 사랑할지니라."

하나님을 사랑한다는 것은 곧 이웃을 사랑하는 것이라고 말씀하십니다. 왜냐하면 이 구절처럼 하나님을 사랑한다고 하면서 이웃을 미워하는 것은 있을 수 없기 때문입니다. 이 구절의 마지막을 잘 보기 바랍니다. "우리가 이 계명을 주께 받았나니 하나님을 사랑하는 자는 또한 그 형제를 사랑할지니라." 예수님께서 언급하신 가장 큰 계명, 즉 하나님을 사랑하는 것과 이웃을 사랑하는 것 이 두 가지는 다시 하나로 요약될 수 있습니다. 보이지 않는 하나님을 사랑한다는 것은 곧 보이는 이웃을 사랑하는 것입니다.

우리는 종종 이 보이지 않는 하나님을 사랑하는 것을 부지런한 교회생활로 생각하는 경우가 있습니다. 그리고 그 다음에 이웃을 사랑하는 것으로 여기지요. 그러나 아무리 부지런히 교회생활을 한다 해도, 직접적으로 이웃을 사랑하는 실천을 하지 않으면 아무 소용이 없는 것입니다. 이웃을 사랑하는 실천이 곧 하나님을 사랑하는 것이라고 성경은 분명히 말하고 있습니다. 어려움에 처한 이웃에게 도움을 주지 않으면서 하나님을 사랑한다고 말하는 자는, 좀 무섭게 말하면, 아모스의 분노에 찬 심판에서 벗어날 수 없을 것입니다.

이렇게 아모스서를 통하여 하나님의 말씀을 되새겨 보니 하나님을 믿는 일이 쉽지 않아 보입니다. 이웃이 돈이 필요할 때 돈을 주고, 친구가 필요할 때 친구가 되어 주는 일은 귀찮고 어렵습니다. 그보다는 교회에 가서 열심히 배우고 기도하는 것이 훨씬 쉽습니다. 그러나 하나님은 교회에서 은혜 받고 누리는 것으로 끝내지 말고 교회 밖에 나가 받은 은혜를 이웃에게 나누어 주라고 말씀하십니다.

11. 이스라엘은 무엇을 잘못했나?

구부러진 사회 정의

그런데 이스라엘은 왜 그렇게 가난한 사람들과 사회의 약자들을 착취하여 고통스럽게 만든 것일까요? 이스라엘의 기득권자들의 횡포가 어디서부터 비롯되었는지 우리는 정확히 알 수 있습니다. 그것은 바로 그들이 하나님이 그들에게 내려 주신 율법, 즉 하나님의 말씀을 저버렸기 때문입니다.

하나님이 이스라엘 백성에게 간곡히 부탁한 명령이 있는데, 그것은 '사회 정의'를 잘 지키라는 것이었습니다. 그 명령은 주로 율법서, 즉 창세기부터 신명기에 이르는 다섯 권의 책 속에, 특히 출애굽기에 잘 나타나 있습니다. 이 내용은 출애굽기 20장 22절부터 23장 33절에 주로 나오는데, 여기에는 노예나 종들의 권리 보호에 대한 명령이 있으며(출 21:2-11) 사회적으로 낮은 지위에 있는 사람들을 보호하는 규정도 있습니다(출 22:21-27). 이는 이스라엘 사람들과 함께 더불어 사는 외국인들과 과부, 고아들, 가난한 사람들에 대한 보호 규정들이었지요. 하나님의 법이 가난한 사람들을 얼마나 깊이 배려하고 있는지 말씀을 통해 살펴봅시다.

"네가 만일 너와 함께한 내 백성 중에서 가난한 자에게 돈을 꾸어 주면 너는 그에게 채권자같이 하지 말며 이자를 받지 말 것이며 네가 만일 이웃의 옷을 전당 잡거든 해가 지기 전에 그에게 돌려보내라 그것이 유일한 옷이라 그것이 그의 알몸을 가릴 옷인즉 그가 무엇을 입고 자겠느냐 그가 내게 부르짖으면 내가 들으리니 나는 자비로운 자임이니라"(출 22:25-27).

가난한 사람이 돈을 꾸면 그 사람에게 돈 갚으라고 너무 닦달하지 말고 심지어 이자도 받지 말라고 합니다. 만약 옷을 담보로 가지고 있다면 밤이 되어 날이 추워지기 전에 그 옷을 돌려주라고 합니다. 이 얼마나 갸륵하고 사랑이 넘치는 말씀입니까? 그런데 이스라엘 백성이 사랑은커녕 압제하고 착취했으니 아모스 아니, 하나님이 그토록 분노하실 만하겠죠? 이스라엘 사람들도 한때는 외국에서 살던 이방인들이었고 광야에서 가난하고 어렵게 살았지만, 하나님이 사랑을 베푸셔서 생존할 수 있었습니다. 그런데 이스라엘 백성은 하나님의 자비로운 사랑을 받기만 하고 나누지를 않았습니다. 안 한 정도가 아니라 되레 괴롭혔지요.

더 나아가 출애굽기 23장을 보면 이스라엘 사회의 법과 관련된 정의를 잘 지켜야 한다고 말씀하고 있습니다. 그런데 아모스가 지적한 이스라엘 사회의 잘못은 이 법적인 정의를 왜곡한 것도 포함됩니다. 아모스는 여러 구절에 걸쳐 이 타락한 법적 정의에 대하여 지적합니다. 아모스서 5장 12절을 볼까요?

"너희의 허물이 많고 죄악이 무거움을 내가 아노라 너희는 의인을 학대하며 뇌물을 받고 성문에서 가난한 자를 억울하게 하는 자로다."

성문에서 가난한 자를 억울하게 한다고 했습니다. 옛날 구약시대에는 법적인 재판을 하던 곳이 바로 성문 앞이었습니다. 그렇기 때문에 구약성경에서 '성문 앞에서' 무엇을 하였다고 말할 때는 그것이 법적인 재판을 가리키는 것으로 이해해야 합니다. 위의 말씀은 가난한 사람들에게 왜곡된 법 집행을 함으로써 그들을 억울하게 만들었다는 것입니다.

"힘없는 자의 머리를 티끌 먼지 속에 발로 밟고 연약한 자의 길을 굽게 하며"(암 2:7).

연약한 자의 길을 굽게 한다는 표현도, 비록 구체적인 묘사는 아니지만, 법적인 억울함을 당하게 한다는 의미를 암시하고 있습니다. 무엇이 연약한 자의 길을 굽게 할까요? 똑발라야 할 길이 어떻게 굽어질까요? 무언가 강한 힘이 억지로 그것을 굽게 하는 것이겠지요? 사회의 법이 정의로워서 연약한 자의 권익이 보호 받아야 하는데, 무언가가 억지로 그것을 굽게 하고 있다는 것입니다. 그 무언가는 바로 사회 기득권층의 이

기적인 욕심과 횡포임에 분명합니다. 기득권자들의 강제적 횡포가 아니면 어떻게 법을 왜곡할 수 있겠습니까? 아모스는 정의를 굽게 하는 그 당시 사회 지도자들을 향해 이렇게 욕을 해댔습니다.

"정의를 쓴 쑥으로 바꾸며 공의를 땅에 던지는 자들아"(암 5:7).

정의와 공의를 쓰디쓴 쑥으로 만들며 땅에 던져버린 자라고 비난합니다. 이 나쁜 사람들은 이런 말을 들어도 할 말이 없는 자들입니다. 왜냐하면 당시에 무거운 율법에서뿐만 아니라 사람들 사이에서 즐겨 회람되던 격언 중에도 정의를 왜곡하지 말라는 말이 있기 때문입니다. 잠언 17장 23절을 보십시오.

"악인은 사람의 품에서 뇌물을 받고 재판을 굽게 하느니라."

이 말씀은 당시 이스라엘 사회에서 정의가 어떻게 구체적으로 왜곡되었는지를 알려 주고 있습니다. 바로 뇌물입니다. 뇌물이 재판을 굽게 한다는 겁니다. 아모스서 2장 7절에서 연약한 자의 길을 '굽게 한다'는 표현 역시 이와 다르지 않을 것입니다.

오늘날 '유전무죄 무전유죄'라는 말이 있습니다. 즉 돈이 있으면 죄가 있어도 법정에서 무죄선고를 받을 수가 있고, 돈이 없으면 죄가 없어도 법정에서 유죄 선고를 받을 수 있다는 말입니다. 우리 사회에서 정의가 왜곡되고 땅에 떨어졌음을 꼬집는 말입니다. 3000년 전 아모스가 한 말은 오늘날 우리 사회에도 그대로 적용됩니다. 하나님의 말씀은 참으로 놀랍고 무섭습니다. 잠언 18장 5절도 재판에 대한 격언을 말하고 있습니다.

"악인을 두둔하는 것과 재판할 때에 의인을 억울하게 하는 것이 선하지 아니하니라."

이렇듯 성경이 강조하는 바는, 법적인 재판이 정의롭게 진행되어야 하며, 그 결과로 의인과 연약한 자들이 힘 있고 돈 있는 자들의 횡포로부터 보호 받아야 한다는 것입니다. 예언자 이사야도 이렇게 선포했습니다.

"불의한 법령을 만들며 불의한 말을 기록하며 가난한 자를 불공평하게 판결하여 가난한 내 백성의 권리를 박탈하며 과부에게 토색하고 고아의 것을 약탈하는 자는 화 있을진저"(사 10:1-2).

이렇듯 성경은 곳곳에서 정의가 타락하고 왜곡되는 것을 경고하고 있습니다. 특히 힘 있고 돈 있는 자들이 법과 정의를 굽게 하여 가난하고 연약한 이들을 괴롭히고 자신의 유익을 챙기는 것을 엄중히 경고하고 있습니다. 결국 아모스의 격렬한 외침은 근거 없이 떠들던 한 과격분자의 말이 아니었습니다. 당시 아모스의 예언을 들은 사람들은 아모스의 말을 부정할 수 없었을 겁니다. 오히려 다 맞는 말이라는 것을 알았기 때문에, 더 무서웠고 더 싫어했을 것입니다.

종교 지도자들의 타락

이제 한 걸음 더 나아가 근본적인 이스라엘 사회의 문제점을 아모스가 어떻게 진단했는지 보겠습니다. 당시 사회는 신정정치, 즉 종교가 정치이고 정치가 종교인 사회였습니다. 그렇기 때문에 종교 지도자들의 영향력은 대단히 컸습니다. 하나님의 뜻에 따라 정치를 해야 했기에, 종교 지도자들의 책임은 막중했으며 그들의 말과 행동이 이스라엘 사회의 가장 근본이었다 해도 과언이 아닙니다. 그렇기 때문에 아모스는 이스라엘의 종교적 영역도 신랄하게 비판했습니다. 아모스서 2장 8절은 이렇게 말하고 있습니다.

> "모든 제단 옆에서 전당 잡은 옷 위에 누우며 그들의 신전에서 벌금으로 얻은 포도주를 마심이니라."

이 구절은 종교 지도자들이 사람들에게 돈을 꾸어 주고 옷을 전당 잡아 놓고는 예배당 안에서 그걸 깔고 누워 게으르게 생활한다고 지적하고 있습니다. 더 나아가 이들은 성도들이 벌금 형식으로 내놓은 헌금을 가지고 마음대로 술을 사 마셨다고 말합니다. 한마디로 헌금 횡령을 한 것입니다. 신정정치를 하던 당시 사회에서 가장 중요한 위치에 있었던 지도자가 이런 망령된 행동을 하였으니, 이스라엘 사회가 타락한 것도 당연해 보입니다. 그래서 아모스는 조소적으로 다음과 같이 말했습니다.

> "너희는 벧엘에 가서 범죄하며 길갈에 가서 죄를 더하며 아침마다 너희 희생을, 삼일마다 너희 십일조를 드리며 누룩 넣은 것을 불살라 수은제로 드리며 낙헌제를 소리 내어 선포하려무나 이스라엘 자손들아 이것이 너희가 기뻐하는 바니라 주 여호와의 말씀이니라"(암 4:4-5).

잘못된 행동과 가르침을 일삼던 당시 종교 지도자들은 백성들에게 성소 즉 교회에 헌금과 헌물을 많이 하라고 강조했을 것입니다. 아모스는 그것이 바로 죄악이라고 말하면서 당시 종교 지도자들의 심기를 건드리고 있는 것입니다. 교회에 헌금하는 것 자체가 죄악일 수는 없습니다. 하지만 그것이 잘못된 동기와 목적으로 행해진다면 그것은 최악의 범죄가 될 수 있습니다. 아모스서 8장 5절은 이런 말도 합니다.

"너희가 이르기를 월삭이 언제 지나서 우리가 곡식을 팔며 안식일이 언제 지나서 우리가 밀을 내게 할꼬 에바를 작게 하고 세겔을 크게 하여 거짓 저울로 속이며."

이 말씀에 따르면 당시 종교 지도자들은 제사와 절기가 빨리 지나가기를 고대하였다고 합니다. 그 이유는 그래야만 성도들이 바친 헌물들을 시장에 내다팔 수 있기 때문이지요. 다시 한 번 헌금 횡령에 대하여 지적하고 있습니다. 심지어 하나님께 바친 헌물을 그냥 팔지 않고 저울을 속여 팔아 더 큰 이득을 남기려고 했다니, 참 가관입니다. 종교 지도자들이 헌금횡령에 이어 상거래 질서까지 파괴하고 있는 상황이죠.

사실 오늘날의 교회가 물질적 영향력이 커지면 주변 상거래 질서에도 쉽게 영향을 끼칠 수 있습니다. 그래서 교회는 주변의 상거래 질서까지도 면밀히 살펴보아야 합니다. 아모스는 양 떼를 몰고 뽕나무를 키우던 농사꾼이었기에 시장에서 벌어지던 일들을 소상히 알았습니다. 북이스라엘에 올라와 시장에 가 보니 무언가 이상한 일이 벌어지고 있음을 쉽게 발견한 것입니다. 시장에서 일하던 가난한 장사치들의 애환을 잘 알던 아모스였기에 하나도 숨김없이 적나라하게 폭로할 수 있었습니다. 그가 좀 과격하긴 했지만 그 누가 아모스를 비난할 수 있겠습니까?

이제 끝으로, 아모스를 가장 유명하게 만든 말씀을 보도록 하겠습니다. 아모스서 5장 21-24절입니다.

> "내가 너희 절기들을 미워하여 멸시하며 너희 성회들을 기뻐하지 아니하나니 너희가 내게 번제나 소제를 드릴지라도 내가 받지 아니할 것이요 너희의 살진 희생의 화목제도 내가 돌아보지 아니하리라 네 노랫소리를 내 앞에서 그칠지어다 네 비파 소리도 내가 듣지 아니하리라 오직 정의를 물같이, 공의를 마르지 않는 강같이 흐르게 할지어다."

하나님은 우리의 절기와 성회를 멸시하신다고 말씀하십니다. 즉 우리의 추수감사절 예배나, 부활절 예배, 성탄 예배를 싫어하신다는 것입니다. 번제나 소제, 화목제도 받지 않겠다고 하시니 우리가 바치는 감사헌금, 십일조를 거들떠보지도 않겠다는 말씀입니다. 노랫소리와 비파 소리를 그치라고 하시니 성가대도 집어치우라고 말씀하시는 것입니다. 하나님이 왜 그러실까요? 그 대답은 바로 맨 마지막 구절에 나와 있습니다. "오직 정의를 물같이, 공의를 마르지 않는 강같이 흐르게 할지어다."

교회에서 행하는 종교적 행위보다 더 중요한 것이 있습니다. 사회 속에서 이웃과 더불어 살아가는 하나님의 자녀들이, 사회의 정의와 공의를 마르지 않는 강처럼 흐르게 해야 한다는 사실입니다. 보이는 이웃을 사랑하지 못한다면 보이지 않는 하나님을 어떻게 사랑할 수 있겠느냐는 요한일서의 말씀과 상통하는 말씀입니다.

아모스의 이 말씀을 제일 꺼려할 사람은 아마도 당시의 제사장들, 지금 시대로 따지면 목사님들일 겁니다. 이 부류의 종교 지도자들은 성소와 교회가 자신들의 일터요, 삶의 터전입니다. 그러니 당연히 성소와 교회가 활기차고 부유해지며 물리적으로 성장하는 것을 바랄 겁니다. 하지만 자신들의 삶의 터전인 성소와 교회의 성장만을 위해 신앙의 핵심인 이웃 사랑을 뒷전에 놓아서는 큰 일 납니다.

신앙생활을 잘한다는 것은 교회에 열심히 들락거리는 것이 아니라 이웃을 사랑하는 것입니다. 그래서 하나님의 자녀와 그 이웃이 다 같이 정의와 공의가 흐르는 사회에서 살아가도록 하는 것이 교회의 올바른 행동양식인 것입니다. 아모스의 말처럼 거칠지는 않지만, 신약성경의 사도 바울도 이웃과의 관계 속에서 최고의 신앙적 가치를 찾는 말을 했습니다.

"피차 사랑의 빚 외에는 아무에게든지 아무 빚도 지지 말라 남을 사랑하는 자는 율법을 다 이루었느니라"(롬 13:8).

아름다운 말씀이죠? 바울은 사람들에게 사랑의 빚을 지라고 말합니다. 만약 우리가 어떤 사람에게 약간의 돈을 빚졌다고 가정해 봅시다. 이 다음에 그 사람을 보게 되면 어떤 생각이 들까요? '아, 돈을 갚아야 하는데… 빨리 갚아야 하는데…' 하는 생각을 하게 될 것입니다. 그런데 바울은 우리더러 마치 이웃에게 사랑을 빚지고 있는 것처럼 살라고 합니다. 그럼 어떤 일이 벌어질까요? 이웃을 볼 때마다 '아, 사랑을 갚아야 하는데… 빨리 사랑을 갚아야 하는 데…' 하며 스스로 이웃 사랑을 재촉하며 살지 않겠습니까? 참 아름답고 귀한 가르침입니다. 이 고귀한 신앙을 가슴 깊이 담아 이웃을 사랑하는 마음으로 사회에 정의와 공의가 흐르게 하는 우리가 되었으면 좋겠습니다.

chapter **06**

호세아의 바람난 아내와 이스라엘의 종교적 타락

12. 호세아의 삶은 어땠나?

예언자 호세아는 '사랑의 선지자'라는 매우 흥미로운 별명을 가지고 있습니다. '사랑의 선지자'라고 하니 왠지 아모스서와는 달리 다정한 분위기의 예언서일 것 같지요? 그런데 아쉽게도 이 별명은 호세아서의 예언 내용과는 거리가 멉니다. 오히려 아모스서 이상으로 무섭고 잔혹한 예언을 담고 있지요. 그런데 왜 호세아는 사랑의 선지자라는 애틋한 별명을 가지게 되었을까요? 그 이유는 그의 매우 독특한 결혼생활 때문이었습니다. 호세아 선지자의 결혼 생활을 들여다볼까요?

엽기적인 결혼생활

호세아는 아모스 선지자와 비슷한 시기인 기원전 8세기의 선지자입니다. 아모스가 남쪽 유다 출신으로서 북이스라엘에 가서 활약한 선지자라면, 호세아는 북이스라엘에서 태어나 북이스라엘에서 활동한 선지자입니다.

어느 날 하나님이 호세아에게 매우 이상한 명령을 내리셨습니다. 결혼을 하되 꼭 음란한 여자와 결혼하라는 겁니다. 앞장에서 예언자들이 말로만 하나님의 메시지를 선포한 것이 아니라 상징적 행동을 통해서도 메시지를 선포했다고 했습니다. 이사야가 3년간이나 발가벗고 다니고, 예레미야가 소의 멍에를 지고 다닌 것은 하나님의 메시지를 좀 더 강력하고 충격적으로 전달하기 위한 상징적 행동들이었습니다.

그런데 호세아는 평생을 지고 갈 결혼을 통해 상징적 메시지를 전달하라는 명령을 받았습니다. 결혼은 평생을 함께할 동반자를 얻는 일생일대의 매우 중요한 일입니다. 그만큼 신중해야 하고 조심스러운 것입니다. 그런데 이렇게 중요한 결혼을 음란한 여자와 하라니요. 아무리 하나님의 명령이라지만 호세아로서는 날벼락이 아닐 수 없었습니다.

음란한 여자란 어떤 여자를 말할까요? 보통 사랑하는 사람이 생기면 그 사람에게만 집중하는 것이 도리이고 의리입니다. 그런데 음란한 여자는 남편이 있음에도 다른 남자와 어울리고 심지어 잠자리까지 같이하는, 남편에게 의리도 도리도 지키지 않는 문란한 여자를 말합니다. 어떤 남자가 이런 음란한 여인과 결혼을 하고 싶겠습니까? 어떻게 자기 아내가 다른 남자들과 바람피우는 것을 평생 지켜보며 살 수 있겠습니까? 하나님이 해도 해도 너무하셨습니다.

상상해 보세요. 우리 교회 목사님이 결혼을 했는데 글쎄 그 사모님이 동네에서 소문난 바람둥이인 것입니다. 결혼 전에도 그랬지만 결혼 후에도 변함없이 다른 남자들을 만나고 다닌다면 얼마나 당혹스럽겠습니까? 그런데 이 바람난 사모님이 다름 아닌 호세아의 아내 고멜이었습니다.

아무리 하나님의 종이라지만 아내가 바람피우고 다니는데 얼마나 질투가 났겠으며 분노했겠으며 괴로웠겠습니까? 특히 당시는 매우 가부장적인 사회였기 때문에 남자라면 몰라도 여자가 음란하면 사회적으로 아주 매서운 질타를 받던 때입니다. 하나님은 이렇게 괴로운 일인 줄 잘 알면서 왜 호세아더러 음란한 여인과 결혼하라고 했을까요? 이 결혼을 통해 전달할 하나님의 메시지는 도대체 무엇이었을까요? 호세아서 1장 2절을 보겠습니다.

"여호와께서 처음 호세아에게 말씀하실 때 여호와께서 호세아에게 이르시되 너는 가서 음란한 여자를 맞이하여 음란한 자식들을 낳으라 이 나라가 여호와를 떠나 크게 음란함이니라 하시니."

하나님이 호세아로 하여금 음란한 여인과 결혼하라고 한 이유는 다름 아니라 북이스라엘이 하나님을 떠나 음란했기 때문이라고 말합니다. 이 구절은 호세아의 결혼이 무엇을 의미하는지 잘 알려 줍니다. 호세아의 아내 고멜이 남편을 떠나 다른 남자들과 놀아나는 것은, 남편인 하나님 곁을 떠나 다른 남자 즉 다른 신들과 바람피우는 아내 이스라엘의 행위를 상징적으로 나타내는 것입니다. 즉 하나님의 아내인 이스라엘 백성이 가나안 땅에 들어가 그 땅의 신들을 섬기고 있다고 질타하는 것이죠. 이스라엘 사람들은 가나안 땅에 들어가기 전에 절대로 이방의 풍속을 따라 이방신을 섬기지 않겠다고 하나님과 약속하였습니다.

"이스라엘아 들으라 우리 하나님 여호와는 오직 유일한 여호와이시니 너는 마음을 다하고 뜻을 다하고 힘을 다하여 네 하나님 여호와를 사랑하라"(신 6:4-5).

호세아서에서 말하는 비유대로 위 구절을 다시 구성하면 아마 아래와 같을 것입니다.

"이스라엘 여인아 들으라 우리 여호와는 오직 유일한 네 남편이니 너는 마음을 다하고 뜻을 다하고 힘을 다하여 네 남편 여호와를 사랑하라."

우리가 결혼하면 남편을 혹은 아내를 마음을 다해 사랑하는 것은 당연합니다. 그래서 하나님은 아래와 같이 경고했습니다.

"너희는 다른 신들 곧 네 사면에 있는 백성의 신들을 따르지 말라 너희 중에 계신 너희의 하나님 여호와는 질투하시는 하나님이신즉 너희의 하나님 여호와께서 네게 진노하사 너를 지면에서 멸절시키실까 두려워하노라"(신 6:14-15).

이 말씀도 호세아서 식으로 읽어 볼까요?

"너희는 다른 남자들 곧 네 이웃에 사는 다른 남자들을 따르지 말라 너희의 남편 여호와는 질투하는 남편이니 너희의 남편 하나님 여호와가 네게 진노하여 너를 집에서 쫓아낼까 두려워하라."

그러나 이스라엘은 이 약속을 지키지 않았고, 결국 가나안 땅에서 쫓겨나게 됩니다. 호세아의 결혼은 이 같은 상징적 의미를 담고 있었습니다.

호세아의 설교가 충격적일 수밖에 없는 이유

그럼에도 호세아의 결혼은 너무 가혹하게 느껴집니다. 호세아 1장 2절의 말씀을 보면 더 기이한 표현이 있는데, 호세아에게 음란한 여인과 결혼하여 음란한 자식을 낳으라는 말씀입니다. 음란한 아내를 만난 것도 모자라 음란한 자식까지 얻으라는 겁니다. 하나님은 호세아가 고멜 사이에서 낳은 자식의 이름을 지어 주셨는데 그 이름이 가관입니다. 첫째 아이의 이름은 '이스르엘'로 과거에 잔혹한 살육이 있었던 끔직한 장소의 이름입니다. 둘째는 '로루하마'로서 은혜가 없다는 뜻이며, 막내는 '로암미'로 내 백성이 아니라는 뜻입니다. 세상에 자기 자식의 이름을 이렇게 저주스럽게 짓는 부모가 어디 있습니까? 자기 자식 이름을 이렇게 황당하게 지으라고 명령하시는 하나님을 호세아는 얼마나 원망하였을까요? 하지만 호세아의 이런 기이한 결혼과 자식의 이름은 모두 하나님의 뜻을 효과적으로 전달하기 위한 상징이었습니다. 아마도 사람들이 호세아에게 자주 물어 보았을 겁니다.

"호세아 목사님, 도대체 왜 바람둥이 사모님과 계속 사십니까? 목사님이시면 집안 관리를 좀 하세요. 그리고 자식들 이름이 그게 뭡니까? 아이들이 불쌍하지도 않으세요?"

그때마다 호세아는 이렇게 대답했을 겁니다.

"이스라엘 백성이야말로 하나님을 저버리고 바람을 피우지 않았는가? 내 아내처럼 말이야. 정말 분노와 질투가 치밀어 올라 당장 아내를 찢어 죽이고 싶은 심정이라네. 지금 하나님의 마음이 그럴 거야. 난 하나님의 불타는 진노를 이해할 수 있다네. 바로 우리 자식들의 이름이 하나님의 심정이야. 하나님은 우리에게 은혜도 내리고 싶지 않으실 테고 더 이상 우리를 하나님의 백성으로도 삼고 싶지 않으실 걸세."

이렇게 호세아는 자신이 직접 겪은 체험을 바탕으로 하나님의 찢어지는 마음을 전달하였던 것입니다.

비록 호세아 자신의 운명은 비극적이었겠지만, 자신의 경험을 바탕으로 한 호세아의 충격적인 설교, "우리 사모 바람났네"는 당시 뜨거운 호응을 얻었을 것입니다. 하나님의 분노와 질투를 이처럼 절절하게 전달할 수 있는 사람은 오직 호세아밖에 없지 않겠습니까? 그 어떤 선지자가 이런 엽기적인 결혼을 통해 하나님의 울분을 토해 낼 수 있겠습니까.

호세아는 자신의 음란한 아내를 여호와 하나님을 버리고 다른 신을 섬기던 이스라엘과 비교하며 예언하였습니다. 그래서 그의 예언은 매우 정교한 상징과 비유가 공교히 어우러져 문학적으로 매우 뛰어난 문장을 구사하고 있습니다. 대표적인 예가 호세아서 2장입니다. 바람피우는 아내와 이에 분노하는 남편, 이스라엘 백성의 배교 즉 종교적 타락과 이방신 숭배 등이 서로 어우러져 표현되어 있습니다. 다음 구절은 바람난 아내 때문에 화가 치밀어 오른 남편이 자기 자녀에게 하소연하는 말입니다.

"너희 어머니와 논쟁하고 논쟁하라 그는 내 아내가 아니요 나는 그의 남편이 아니라 그가 그의 얼굴에서 음란을 제하게 하고 그 유방 사이에서 음행을 제하게 하라 그렇지 아니하면 내가 그를 벌거벗겨서 그 나던 날과 같게 할 것이요 그로 광야같이 되게 하며 마른 땅같이 되게 하여 목말라 죽게 할 것이며"(호 2:2-3).

화가 단단히 났죠? 오죽하면 너희들 엄마가 이젠 내 아내가 아니라고 자기 자식에게 소리지르겠습니까. 이뿐만 아니라 너희 엄마 옷을 다 벗겨 거리로 쫓아내 버리겠다고 아우성이네요. 아마 옆집에 바람난 아줌마가 산다면 이런 아우성을 밤이면 밤마다 듣게 될 것입니다. 바람난 아내에게 성이 난 남편의 이 화풀이는 그 상징하는 바가 곧 밝혀집니다. 호세아 2장 13절을 보겠습니다.

"그가 귀고리와 패물로 장식하고 그가 사랑하는 자를 따라가서 나를 잊어버리고 향을 살라 바알들을 섬긴 시일대로 내가 그에게 벌을 주리라 여호와의 말씀이니라."

이 구절을 보면 바람난 아내의 애인 이름이 나오는데, 바로 '미스터 바알'입니다. 이 여자는 예쁜 치장을 하고 애인을 쫓아가 남편을 잊고 바알과 바람피웠기 때문에 하나님이 벌을 내리겠다고 합니다. 이 구절은 아내가 남편을 버리고 다른 남자를 쫓아간 상황과 이스라엘 백성이 하나님을 버리고 이방 신 바알을 섬긴 두 이야기가 묘하게 겹쳐 문학적 묘미를 보여 줍니다. 이스라엘 백성이 가나안 땅에 들어가 하나님만 섬겨야 하는데, 하나님을 저버리고 가나안의 신인 바알을 섬긴 것에 대해 질타하고 있는 것이죠.

나중에 다시 보겠지만, 그의 예언에는 바람피우는 아내에 대한 배신감과 분노, 그리고 질투가 섞인 격앙된 표현들이 많이 나옵니다. 그래서 사실 그의 예언도 아모스서 못지않게 무섭습니다. 그렇다면 '사랑의 선지자'라는 별명은 호세아와 어울리지 않는 것 같습니다. 이것 역시 앞으로 살펴보겠습니다.

지금까지 살펴본 바에 의하면 호세아서의 가장 중요한 주제가 무엇인지 알 것 같습니다. 아모스서는 사회 정의가 그 주제였죠? 호세아서의 가장 중요한 주제는 '종교적 타락'입니다. 이스라엘 사람들은 가나안 땅에서 하나님이 아닌 바알 신을 열렬히 섬겼습니다. 그 섬기는 방법도 상당히 음란하여 성전에서 일하는 창기들과 예배 후 집단적으로 성적인 쾌락을 즐기는 난교를 행하기도 했답니다. 그렇기 때문에 '음란'이라는 용어는 호세아서에선 매우 적절한 상징이 됩니다. 다른 남자와 바람피운 아내 고멜과 다른 신을 쫓아간 이스라엘이 음란하였다는 표현은 실질적으로 이스라엘 남자들이 성전에서 행하던 성적인 음란을 상징하기 때문이지요. 이 종교적 몰락과 제의적 타락은 호세아서의 주요 주제입니다.

13. 호세아의 메시지는 무엇일까?

호세아가 남긴 이 예언서는 크게 두 부분으로 나눌 수 있습니다. 1장부터 3장까지에 이르는 호세아의 자서전적 결혼 이야기가 한 부분이라면, 그의 예언들이 연속적으로 나열된 4장부터 14장까지가 또 다른 부분을 이룹니다.

피가 피를 뒤이음이라!

호세아가 활약하던 당시의 북이스라엘은 종교적 제의적 타락이 심각하였지만, 이에 못지않게 정치적으로도 매우 불안정했습니다. 당시 북이스라엘은 멸망하기 직전 하락의 길로 치닫고 있었죠. 그 시기에 대한 기록은 열왕기하 15장에 잘 나옵니다. 남유다에 두 명의 왕, 아사랴와 요담이 다스리던 때(왕하 15:1-7, 32-38) 북이스라엘에는 무려 다섯 명의 왕이 교체됩니다.

먼저 여로보암의 아들 스가랴는 왕위에 오른 지 6개월 만에 살룸에 의해 암살당하고 맙니다(왕하 15:8-12). 이렇게 쿠데타를 일으켜 왕이 된 살룸은 고작 한 달 뒤 므나헴에게 자신도 암살당하고 말죠(왕하 15:13-16). 므나헴은 이후 10년 동안 왕 노릇을 하다가 아들 브가히야에게 왕권을 물려주는데, 불과 2년 만에 또다시 암살을 당하게 됩니다(왕하 15:17-26). 브가히야를 암살한 베가는 왕위에 오른 뒤 20년을 다스리나, 그 역시 호세아에게 암살을 당합니다(왕하 15:27-31). 물론 이 호세아는 선지자 호세아가 아니라 북이스라엘의 마지막 왕 호세아입니다.

나라의 정치적 상황이 이 지경이었으니 멸망할 만하지요? 참으로 난

폭하기 그지없었고, 오로지 왕권을 위해 싸움박질하기에 바빴으니, 나라와 백성들을 올바르게 다스릴 리 만무했습니다. 이렇게 혼탁한 나라의 정세는 호세아의 예언에도 잘 드러나 있습니다. 호세아의 예언이 본격적으로 열거되는 4장의 가장 첫 부분을 보겠습니다.

"이스라엘 자손들아 여호와의 말씀을 들으라 여호와께서 이 땅 주민과 논쟁하시나니 이 땅에는 진실도 없고 인애도 없고 하나님을 아는 지식도 없고 오직 저주와 속임과 살인과 도둑질과 간음뿐이요 포악하여 피가 피를 뒤이음이라 그러므로 이 땅이 슬퍼하며 거기 사는 자와 들짐승과 공중에 나는 새가 다 쇠잔할 것이요 바다의 고기도 없어지리라"(호 4:1-3).

나라를 잘 다스려야 할 정치 지도자들이 욕심에 따라 서로 죽고 죽이고 있으니, 위의 말씀처럼 이스라엘에는 진실도 인애도 하나님을 아는 지식도 없을 수밖에요. '피가 피를 뒤잇고 있다'는 표현은 바로 호세아 당시에 벌어진 왕들의 암살극을 의미합니다. 나라가 이 지경이 되고 보니 땅이 슬퍼하고 땅과 바다에 사는 모든 생명체들이 당연히 쇠잔해진 것입니다.

그래서 하나님은 이스라엘 백성을 마치 법정에 끌고 가 고발하듯 말씀하십니다. 그 적나라한 고발들을 살펴볼까요? 4장 12절을 보도록 하겠습니다.

"내 백성이 나무에게 묻고 그 막대기는 그들에게 고하나니 이는 그들이 음란한 마음에 미혹되어 하나님을 버리고 음행하였음이니라."

여기서 흥미로운 것은, 이스라엘의 정치적 타락이 전적으로 종교적 영역의 실패 때문인 것으로 말하고 있다는 점입니다. 나무와 막대기에 묻는다는 것은 이방 신들의 우상을 섬긴다는 것을 말합니다. 하나님을 저버린 이 배교 행위는 음란한 행동인 것으로 묘사되어 있습니다. 여기서도 우리는 종교적 배교와 음란이 문학적으로 결합되어 있는 것을 발견합니다. 그 다음 13-14절을 볼까요? 이 구절에는 좀 더 구체적으로 이스라엘 백성들의 우상숭배와 음란 행위가 묘사되어 있습니다.

"그들이 산꼭대기에서 제사를 드리며 작은 산 위에서 분향하되 참나무와 버드나무와 상수리나무 아래에서 하니 이는 그 나무 그늘이 좋음이라 이러므로 너희 딸들은 음행하며 너희 며느리들은 간음을 행하는도다 너희 딸들이 음행하며 너희 며느리들이 간음하여도 내가 벌하지 아니하리니 이는 남자들도 창기와 함께 나가며 음부와 함께 희생을 드림이니라 깨닫지 못하는 백성은 망하리라."

당시 이스라엘 사람들의 음란과 배교, 타락을 잘 드러내고 있습니다. 마지막 구절이 참 인상적이죠? "깨닫지 못하는 백성은 망하리라." 이외에도 많은 구절들이 이스라엘 백성의 종교적 타락을 질타하고 있으며 그로 인해 나라가 멸망할 것임을 경고하고 있습니다. 그 경고를 한 번 보도록 하겠습니다.

"그들은 번성할수록 내게 범죄하니 내가 그들의 영화를 변하여 욕이 되게 하리라 그들이 내 백성의 속죄제물을 먹고 그 마음을 그들의 죄악에 두는도다 장차는 백성이나 제사장이나 동일함이라 내가 그들의 행실대로 벌하며 그들의 행위대로 갚으리라 그들이 먹어도 배부르지 아니하며 음행하여도 수효가 늘지 못하니 이는 여호와를 버리고 따르지 아니하였음이니라"(호 4:7-10).

여기서도 이스라엘 백성의 종교적 타락과 음란이 멸망의 원인임을 지적하고 있습니다.

남편 하나님과 아내 이스라엘

호세아의 질타와 경고를 보면서 어떤 생각이 들었나요? 하나님과 우리의 관계를 결혼한 남녀로 비유하는 것은 매우 적절한 비유라 할 수 있습니다. 그만큼 서로 사랑하고 신뢰하는 관계인 것이지요. 하지만 이 비유는 동시에 하나님이 얼마나 분노에 차서 치를 떠시는지도 잘 알게 해 줍니다. 사랑하는 이의 배신을 경험했다면 하나님의 마음을 더 잘 알 것입니다.

이렇게 하나님과 그의 백성의 관계를 사랑하는 남자와 여자의 관계로 비유하는 것은 호세아 이후 다른 선지자들도 즐겨 사용하였습니다. 예레미야나 에스겔이 대표적인데, 아마도 호세아의 영향을 받은 것이 아닌가 생각됩니다. 신과 인간의 관계를 사랑하는 남녀로 비유하는 것이 어떤 이들에게는 부적절하게 보일지도 모릅니다. 초월적 존재인 하나님이 어떻게 인간과 희로애락을 나눌 수 있는가 하고 말입니다.

인간의 생각으로 하나님과 인간의 관계를 이해한다는 것 자체가 무리입니다. 그래서 성경은 인간이 하나님을 잘 이해할 수 있도록 여러 가지

방법을 동원하여 그 관계를 설명하고 있습니다. 대표적인 비유가 하나님을 아버지 혹은 어머니로, 우리는 그의 자녀로 비유하는 것입니다. 성경 곳곳에 우리는 하나님의 자녀로 묘사되어 있습니다. 부모로서의 하나님을 가장 잘 이해하기 위해선, 사실 우리가 직접 부모가 되어 보는 것입니다. 눈에 넣어도 아프지 않을 것 같은 자녀들을 생각해 보면, 하나님이 우리를 얼마나 사랑하시는지 잘 느낄 수 있습니다.

하나님과 인간의 관계를 묘사하는 또 다른 비유는 목자와 양입니다. 하나님은 우리의 목자, 우리는 그의 양이라는 거지요. 목자로서의 하나님을 이해하려면 마찬가지로 직접 목자가 되어 보아야겠지요. 옛날 이스라엘 남자들은 대부분 양 떼를 몰았으므로 이 비유를 누구보다 잘 이해했을 것입니다.

그리고 하나님과 인간을 사랑하는 남녀관계로 묘사하는 비유입니다. 주로 예언자들이 즐겨 사용하였죠. 가장 강렬하고 재미있으면서도 이해하기 쉬운 적절한 비유이지요. 동서고금을 막론하고 사랑에 빠져 본 사람이라면 이해할 수 있는 비유입니다. 아가서에 이런 구절이 나옵니다.

> "너는 나를 도장같이 마음에 품고 도장같이 팔에 두라 사랑은 죽음같이 강하고 질투는 스올같이 잔인하며 불길같이 일어나니 그 기세가 여호와의 불과 같으니라"(아 8:6).

사랑은 죽음 같이 강하고 질투는 스올 즉 지옥처럼 잔인하다고 합니다. 동의합니까? 대부분의 사람들은 사랑 때문에 누군가를 미치도록 그리워하고, 사랑 때문에 죽음 같고 지옥 같은 질투와 고통을 맛보았을 것입니다. 하나님은 신이시기에 인간의 속성과는 분명 다르겠지만, 그래도 성경은 여러 곳에서 하나님도 인간과 유사한 감성과 체질을 지니신 것으로 말하고 있습니다. 무엇보다도 하나님이 그 사랑으로 인간을 아끼고 사랑하신다고 말하고 있습니다. 그러므로 하나님을 섭섭하게 하지 말기 바랍니다. 사랑하는 애인 혹은 배우자가 다른 이성과 사랑에 빠진다면 기분이 어떻겠습니까? 죽을 것 같고 지옥에 빠진 것처럼 고통스럽지 않겠습니까? 당시 이스라엘 사람들처럼 다른 신을 찾아가지 않더라도, 우리가 하나님보다 더 사랑하는 것이 있다면 하나님은 크게 질투하시며 마음 아프고 섭섭해 하십니다.

끝으로 한 가지 더 재미있는 사실을 알려드리고 마치겠습니다. 사랑하는 사람이 바람피우게 되면 흔히 미치도록 화를 내다가 마침내 이런 생각을 하게 됩니다. '맞아, 저 사람은 옛날부터 바람기가 좀 있었어. 그때 알아봤어야 했는데. 옛날에 그 X하고도 잘 놀 더구만… 아니 그때도 그랬지….'

예전에 사랑에 흠뻑 취해 눈이 멀었을 때는 보이지 않던 것들이 하나씩 수면 위로 떠오르기 시작합니다. 하나님의 사랑을 배신한 이스라엘 백성에게 하나님이 과거 이스라엘의 패역한 일들을 속속들이 들추어내는 기록이 나옵니다.

"옛적에 내가 이스라엘을 만나기를 광야에서 포도를 만남같이 하였으며 너희 조상들을 보기를 무화과나무에서 처음 맺힌 첫 열매를 봄같이 하였거늘 그들이 바알브올에 가서 부끄러운 우상에게 몸을 드림으로 저희가 사랑하는 우상같이 가증하여졌도다"(호 9:10).

과거에도 이스라엘이 바람피운 적이 있습니다. 이스라엘 백성들은 시내 산에서 하나님과 서약을 맺어 결혼하였죠. 하지만 가나안 땅에 들어가기도 전에 바알브올에서 모압인들의 바알 축제에 참여하여 모압 여자들과 음행하였습니다. 이 사건은 민수기 25장에 잘 기록되어 있습니다. 사랑의 배신을 당하시니, 이스라엘의 과거 행적이 하나님 마음속에 쓰라리게 떠오르는가 봅니다. 이 사건뿐만 아니라 또 다른 일들도 말씀하십니다.

"이스라엘아 네가 기브아 시대로부터 범죄하더니 지금까지 죄를 짓는구나 그러니 범죄한 자손들에 대한 전쟁이 어찌 기브아에서 일어나지 않겠느냐"(호 10:9).

여기서 말씀하시는 기브아의 범죄란 사사기 19-20장에 기록된 그들의 비행을 가리킵니다. 기브아 주민들이 한 레위인의 첩을 밤새 윤간하여 죽인 적이 있습니다. 이 일로 인하여 베냐민 지파가 몰살당할 위기에 처했습니다. 과거 이스라엘 백성의 패역을 하나님은 총체적으로 쏘아붙이며 그 분노를 이렇게 말씀하십니다.

"그러나 애굽 땅에 있을 때부터 나는 네 하나님 여호와라 나밖에 네가 다른 신을 알지 말 것이라 나 외에는 구원자가 없느니라 내가 광야 마른 땅에서 너를 알았거늘 그들이 먹여 준 대로 배가 불렀고 배가 부르니 그들의 마음이 교만하여 이로 말미암아 나를 잊었느니라 그러므로 내가 그들에게 사자 같고 길가에서 기다리는 표범 같으니라 내가 새끼 잃은 곰같이 그들을 만나 그의 염통 꺼풀을 찢고 거기서 암사자같이 그들을 삼키리라 들짐승이 그들을 찢으리라"(호 13:4-8).

어떻게 하나님이 이스라엘 백성의 심장을 찢어 죽이겠다고 말씀하실 수 있는지 의아하지 않습니까? 하지만 아까 읽은 아가서의 구절을 떠올려 보세요. 사랑은 죽음처럼 강하고 질투는 지옥처럼 잔인하다고 했습니다. 그러나 안심하십시오. 하나님은 이런 격한 분노에도 불구하고 이스라엘을 사랑함으로 거두어 주시는, 그래서 우리가 신뢰할 만한 분입니다.

14. 바알은 왜 인기가 많았을까?

앞장에서 살펴본 두 선지자들에 대한 기억을 다시 떠올려 봅시다. 아모스와 호세아 둘 다 북이스라엘의 멸망을 경고한 심판의 선지자들이었죠? 그런데 이스라엘이 멸망할 수밖에 없는 이유에 대하여는 서로 다른 강조점을 두었습니다. 아모스는 사회 정의가 이루어지지 못한 것에 대하여, 호세아는 종교적 타락에 대하여 목소리를 높였습니다. 물론 아모스도 종교적 타락을, 호세아도 사회 정의를 언급하긴 했습니다. 그러므로 두 선지자는 근본적으로 다른 말을 한 것이 아니라 강조점이 달랐을 뿐입니다.

흥미롭게도 호세아 선지자는 자신의 불우한 결혼생활을 통하여 하나님의 진노를 표현하였습니다. 바람난 아내를 통해 겪는 고통은, 하나님을 배신하고 다른 신을 섬기던 이스라엘 백성에 대한 하나님의 고통을 대변했습니다. 여기서 '음란'이란 단어가 많은 것을 상징합니다. 호세아 아내의 바람, 하나님의 아내인 이스라엘 백성의 배교 모두 '음란'으로 표현될 수 있지요. 특히 이 음란은 이스라엘 백성이 가나안의 신인 바알을 섬기는 방법을 가리키기도 합니다. 그 방법이 매우 음란했거든요. 당시 북이스라엘의 이러한 종교적 타락 때문에, 호세아의 바람난 아내 비유는 매우 적절했을 뿐만 아니라 사람들의 주목을 끌기에도 충분했습니다. 물론 호세아 개인에겐 좀 미안한 일이긴 하지만요.

이 장에서는 당시 이스라엘 백성들의 종교적 타락에 대하여 좀 더 구체적으로 살펴보도록 하겠습니다. 바알이 도대체 누구이기에 이스라엘은 그토록 바알에 열광하였을까요? 이제부터 그 답을 찾아봅시다. 그러기 위하여 잠시 이스라엘 민족의 종교적 역사를 간단히 살펴볼 필요가 있습니다.

첫 번째 유혹: 먹고살고 보자!

알다시피 이스라엘 민족은 가나안 땅에 정착하기 전까지 광야에서 방랑 생활을 하던 유목민들이었습니다. 반면 가나안은 농경 생활을 하던 정착민들의 땅이었지요. 그렇다 보니 두 지역 사람들의 종교적 성향도 서로 달랐습니다. 가나안 사람들은 대개 한 지역에 머물러 농사를 지었고, 그들이 믿고 따르던 신도 대개 특정 '지역'의 신이었습니다. 자연히 농사와 목축의 다산을 기원하는 '번성'(fertility)과 관련이 깊었습니다.

반면 이스라엘 민족은 한 지역에 머물기보단 떠돌아다녔기 때문에 '지역'의 신이 아니라, 가족을 지켜 주고 보호하는 '가문'의 신을 염원하였죠. 농경과 다산의 신보다는 그들을 지켜 주는 '전쟁'의 신이 절대적으로 필요했습니다. 즉 이스라엘의 신 여호와 하나님은 가문의 신이었으며 호전적인 전쟁의 신이었답니다.

이러한 신관을 가지고 있던 이스라엘 백성이 전혀 다른 환경인 가나안에 들어오자, 많은 것이 혼란스러웠을 겁니다. 그들의 생활 습성을 크게 바꾸어 가나안 사람들처럼 정착하고 농사지으며 살아야 했는데, 그런 경험이 없다 보니 꽤나 힘들었겠죠. 특히 먹고 사는 것이 가장 중요하던 고대 사회에서 '농경'이라는 새로운 환경은 이스라엘 민족을 더욱 혼란스럽게 만들었습니다. 농사를 짓기 위해 그 땅에 오래 살던 가나안 사람들에게 많은 것을 배워야 했죠. 가나안 사람들은 자신들의 신 특히 바알을 열심히 섬기며 농사를 지었습니다. 왜냐하면 바알은 비를 내리는 신으로 알려졌기 때문입니다.

현대 사회는 농경에 필요한 조건들을 인위적으로 조절할 수 있기 때문에 자연에 덜 의존합니다. 하지만 농사에 필요한 물을 절대적으로 하늘에 의지해야만 하던 고대 사회에서 비가 오지 않는다면 어떻게 될까요? 현대 사회는 과학 기술을 이용하여 다른 곳에서 끌어다가 쓸 수도 있고, 심지어 하늘에서 비가 내리게도 할 수 있습니다. 하지만 고대 사회에서 비가 오지 않는다면, 곧 집단 아사가 닥칩니다. 농사를 짓지 못해 먹을 것을 얻지 못한다면 그것은 곧 어마어마한 환란을 의미합니다. 그래서 성경에는 가뭄 때문에 사람들이 먼 곳으로 이주하는 것을 자주 봅니다.

창세기에 나온 야곱의 가족들도 가뭄 때문에 이집트로 내려가 살게 되었고, 룻기에 나오는 나오미의 가족도 흉년 때문에 모압으로 이주하였지요. 농경에 서툰 이스라엘 사람들이 비가 오지 않아 초조해 하고 있을 때, 가나안 원주민이 이렇게 말합니다. "이봐요, 농사를 잘 지으려면 비를 내려 주시는 바알에게 절을 해야지, 왜 엉뚱한 신인 여호와한테 기도하는 거요? 아니, 여호와가 언제 농사를 지어 봤대? 만날 전투만 했잖아요." 듣고 보니 맞는 말 같습니다. 여호와는 그들을 지켜 주기 위해 창과 칼을 들고 싸우시던 신이기에, 농사는 전혀 모르실 것 같습니다. 절대적 유일신 사상이 아직 성숙하지 못하던 당시 이스라엘 사람들에겐 바알이 큰 유혹이 아닐 수 없었습니다. 혹시나 하고 바알을 찾아가 절하였더니 마침 다음날 비가 왔다면 그들의 신앙이 뿌리째 흔들렸을 것입니다. 이스라엘 사람들에게도 가나안 땅에서는 가나안 사람들의 생활과 종교 방식이 더 합당해 보였을 것입니다.

> "네가 만일 네 하나님 여호와를 잊어버리고 다른 신들을 따라 그들을 섬기며 그들에게 절하면 내가 너희에게 증거하노니 너희가 반드시 멸망할 것이라 여호와께서 너희 앞에서 멸망시키신 민족들같이 너희도 멸망하리니 이는 너희가 너희의 하나님 여호와의 소리를 청종하지 아니함이니라"(신 8:19-20).

하지만 신명기 말씀처럼 이스라엘은 가나안 땅에서도 오직 하나님만 사랑하라고 명령을 받았습니다. 만약 그렇지 않으면 부여 받은 땅에서 쫓겨나 망할 수도 있다고 하나님은 경고하셨습니다. 그럼에도 농사를 모르던 이스라엘 사람들 농경 사회인 가나안에 들어갔으니 가나안의 생활 방식을 따라야 살기 편했을 것입니다. 편한 정도가 아니라 그래야만 생존할 수 있을 것 같았겠지요. 사실 오늘날 우리가 처한 환경도 가나안 땅에 들어간 이스라엘 백성들과 다르지 않습니다. 이 세상의 법도와 하나님이 가르쳐 주신 법도가 너무 많이 다르기 때문입니다.

지금 우리는 '돈'이 최고인 세상에 살고 있습니다. 이 세상이 돌아가는 원리에는 항상 돈이 뒤에 있고, 심지어 인간관계에도 돈이 지배적일 때가 많습니다. 돈만 있으면 다 될 것 같은 세상에 우리는 살고 있습니다.

그런데 하나님의 가르침은 어떻습니까? 자기가 가진 것도 이웃과 나누면서 살라고 하십니다. 이 세상은 친구도 경쟁자가 되는 세상이지만, 하나님은 원수조차 사랑하며 살라고 말씀하십니다. 누구한테 뺨을 맞고서 참으면 바보가 되는 세상에서 하나님은 나머지 뺨도 돌려 맞으라고 말씀하십니다. 이렇게 세상 사람들의 상식과 우리 주님의 가르침은 너무나 다릅니다. 갈등 없이, 고통 없이 살려면 이 세상 법칙을 따라야 맞습니다. 그런데 과연 편안한 길 놔두고 하나님의 법칙을 따라 살아갈 자신이 있습니까?

그럼에도 가나안 땅에 들어간 이스라엘 백성들에게 그랬듯이 하나님은 세상의 법칙을 따라 살면 결국 망할 것이라고 경고하십니다. 그러므로 힘들지만 우리 그리스도인들은 이 세상의 법칙을 초월하여 하나님의 법을 따라 살아야 합니다. 쉽지는 않겠지만 노력은 해야지요.

두 번째 유혹: 즐겨 보자!

가나안의 첫 번째 유혹은 먹고사는 생존의 문제였지만, 두 번째 유혹은 매우 달콤한 것이었습니다. 바알을 섬기면 비가 올 뿐 아니라 성적인 쾌락도 누릴 수 있습니다. 앞장에서 살펴본 대로 가나안의 종교적 제의는 성적인 행위도 포함한 것 같습니다. 그래서 학자들은 아마도 성전에 매춘 행위를 하는 이들, 소위 성전 창기가 존재했다고 봅니다. 물론 그렇게 생각하지 않는 학자들도 있지만요.

고대 사회는 자손 번성이 곧 부의 번성을 의미했기 때문에 성행위는 곧 '다산'을 의미했습니다. 그래서 가나안 사람들은 그들의 종교적 제의 속에 다산을 비는 종교적 성행위를 했을 것으로 보입니다. 그러니 당시 이스라엘 남자들이 얼마나 좋아했겠습니까. 소위 예배드리러 가서 여자들과 마음껏 즐길 수 있으니 말입니다. 그래서 아모스서는 이렇게 고발하고 있습니다.

"아버지와 아들이 한 젊은 여인에게 다녀서 내 거룩한 이름을 더럽히며"(암 2:7).

아버지와 아들이 한 여인에게 다닌다는 말은 곧 그들이 성전의 한 창기와 같이 쾌락을 누린다는 것을 의미할 수 있습니다. 호세아서 4장에도 이를 암시하는 여러 구절들이 있습니다.

"그들이 먹어도 배부르지 아니하며 음행하여도 수효가 늘지 못하니 이는 여호와를 버리고 따르지 아니하였음이니라 음행과 묵은 포도주와 새 포도주가 마음을 빼앗느니라"(호 4:10-11).
"그들이 산꼭대기에서 제사를 드리며 작은 산 위에서 분향하되 참나무와 버드나무와 상수리나무 아래에서 하니 이는 그 나무 그늘이 좋음이라 이러므로 너희 딸들은 음행하며 너희 며느리들은 간음을 행하는도다 너희 딸들이 음행하며 너희 며느리들이 간음하여도 내가 벌하지 아니하리니 이는 남자들도 창기와 함께 나가며 음부와 함께 희생을 드림이니라 깨닫지 못하는 백성은 망하리라"(호 4:13-14).

"그들이 마시기를 다 하고는 이어서 음행하였으며 그들은 부끄러운 일을 좋아하느니라"(호 4:18).

이처럼 '음란'은 하나님을 배신한 행위를 가리키는 상징이기도 하고 '실제'이기도 합니다. 5장 3-4절을 보겠습니다.

"에브라임은 내가 알고 이스라엘은 내게 숨기지 못하나니 에브라임아 이제 네가 음행하였고 이스라엘이 더러워졌느니라 그들의 행위가 그들로 자기 하나님에게 돌아가지 못하게 하나니 이는 음란한 마음이 그 속에 있어 여호와를 알지 못하는 까닭이라."

9장 1절도 이스라엘 사람들이 이방의 풍습을 좇아 음란하여졌음을 말하고 있습니다.

"이스라엘아 너는 이방 사람처럼 기뻐 뛰놀지 말라 네가 음행하여 네 하나님을 떠나고 각 타작마당에서 음행의 값을 좋아하였느니라."

이제까지 살펴본 대로 가나안 땅에 이주하여 살게 된 이스라엘 사람들에게 가나안의 생활 방식과 풍습은 너무나 큰 유혹이었습니다. 그들처럼 바알을 섬겨야만 생존할 수 있을 것 같았고, 더불어 큰 쾌락도 뒤따랐습니다. 이러한 이스라엘 사람들의 환경은 사실 오늘을 살아가는 우리 그리스도인들의 환경이기도 합니다. 이 세상의 가치관은 너무나 달콤합니다.

가나안의 유혹이 이렇게 거부하기 어려울 만큼 강하고 달콤하였기에 하나님은 그토록 신신당부하신 것입니다. 결국 그 유혹을 이기지 못해 배교와 음란을 일삼던 북이스라엘은 아모스와 호세아의 예언처럼 기원전 8세기 말경 앗수르에게 멸망당했습니다.

15. 이스라엘은 하나님을 어떻게 배신했나?

가나안에는 어떤 종교가 있었을까?

가나안에는 여러 신들이 있었습니다. 바알뿐 아니라 '아세라'와 '몰렉' 등이 있었습니다. 아세라는 여신인데 고고학 발굴로 발견된 이 여신의 형상을 보면 큰 젖가슴을 가지고 있습니다. 젖가슴이 강조되었다는 것은 이 신이 많은 자식을 낳는 어머니라는 뜻입니다. 밭이 많은 것을 생산하고 가축이 많은 새끼를 낳기를 간절히 바라던 당시 농경민들에게는 이 아세라 신이 꽤 인기 있었을 것입니다. 그래서 구약성경에는 이스라엘 백성이 아세라 상을 세웠다는 기록이 많이 발견됩니다.

"네 하나님 여호와를 위하여 쌓은 제단 곁에 어떤 나무로든지 아세라 상을 세우지 말며"(신 16:21).

하나님을 위해 쌓은 제단 옆에 아세라 상을 세웠으니 하나님이 얼마나 싫어하셨을까요. 이렇게 이스라엘 사람들이 여호와 하나님과 다른 신들을 동시에 섬기는 것을 '종교적 혼합주의'라고 부릅니다. 하나님이 가장 싫어하신 일이지요.

고고학으로 발견된 이스라엘의 유물들 중 '쿤틸렛 아즈루드'(Kuntillet Ajrud , 기원전 8세기 초)와 '키르벳 엘 콤'(Khirbet el Qom, 약 기원전 700년) 문헌을 보면 이런 글귀가 적혀 있습니다. "사마리아의 여호와와 그의 아세라로 너를 축복하노라." 여호와와 그의 아세라, 이 글귀는 마치 아세라를 하나님의 배우자인 것처럼 묘사하고 있습니다. 이 정도면 당시 이스라엘의 종교적 상태가 얼마나 심란하였는지 짐작이 가지 않습니까?

또 다른 이방신 몰렉도 인기가 많았습니다. 몰렉은 그 섬기는 방법이 잔인하였습니다. 몰렉에게는 살아 있는 아들을 산 채로 드려야 하는데, 대개 불 가운데로 지나가게 합니다. 그래서 성경의 몇 구절들은 이런 잔혹한 이방 풍습을 강력하게 금지한다고 말하고 있습니다. 레위기 18장 21절을 봅시다.

"너는 결단코 자녀를 몰렉에게 주어 불로 통과하게 함으로 네 하나님의 이름을 욕되게 하지 말라 나는 여호와이니라."

레위기 20장 2-5절 그리고 신명기 18장 10절도 같은 경고를 하고 있습니다. 하지만 당시 이스라엘 사람들은 이 경고를 무시하였고, 그 적나라한 현실이 성경 곳곳에 기록되어 있습니다. 특히 열왕기하 16장 3절과 21장 6절을 보면 왕 아하스와 므낫세가 자기 아들들을 불 가운데로 지나가게 하였다고 보고합니다. 왕이 이 지경이었으니 일반 백성들은 보지 않아도 뻔합니다.

이처럼 가나안의 종교는 여호와 하나님만 알던 이스라엘 백성들에게 무척 매력적인 종교였나 봅니다. 옛적부터 학자들은 가나안의 종교에 큰 관심을 가지고 연구했으나 그 자료가 충분하지 않아 구약성경을 통해 짐작할 뿐이었습니다. 그런데 마침 20세기 초에, 지금의 시리아 해안 근접 지역인 '라스 샴라'(Ras Shamra)에서 고대 도시 '우가리트'(Ugarit)의 유물이 발견되었습니다. 이곳에서 글자가 새겨진 돌판들이 발견되었는데, 이 돌판의 글을 해석해 보니 바로 바알 신의 신화였습니다. 이 돌판의 발견으로 학자들은 비로소 바알에 대한 구체적인 정보를 알게 되었습니다.

이 신화에 따르면 가나안 최고의 신은 '엘'(El)입니다. 바알 신화에서 엘은 이미 노령의 신이었는데, 이 신은 농경 사회 최고의 신답게 늙어서도 왕성하게 성적 행위를 했습니다. 이 엘 신의 아내가 바로 '아세라'(Asherah)입니다. 이 두 신은 많은 자녀를 두었는데, 그중에는 '아나트'(Anat), '얌'(Yam), '모트'(Mot), '바알'(Baal) 등이 있었지요.

이제 엘 신이 너무 늙어 자신의 왕권을 후계자에게 넘겨주려 하였습니다. 그런데 소문에 의하면 그 후계자가 바로 바알이라는 겁니다. 이 소문을 들은 또 다른 신 얌은 기분이 좋지 않았습니다. 자기가 왕이 되고 싶었기 때문이지요. 약이 오른 얌은 이 문제를 따지러 자기 사신들을 엘의 집에 보냈습니다. 사신들이 엘의 집에 당도해 보니 아니나 다를까, 바알이 그 집에 엘과 함께 있었습니다. 얌의 사신들이 엘에게 거칠게 따지자 나이가 들어 총기를 잃은 엘이 주저하기 시작합니다. 이를 보고 화가 치민 바알은 얌과 승부를 벌입니다. 후에 이 갈등의 결과로 바알은 그만 죽음에 이르고 맙니다.

얌은 이렇게 바알을 물리치고 왕이 됩니다. 그런데 이 신화는 얌이 왕이 되기에는 좀 모자란 신으로 묘사합니다. 얌이 왕관을 썼는데 너무 커서 흔들거리고, 보좌에 앉았는데 다리가 짧아 발이 땅에 닿지 않았습니다. 바알이 죽었으니 이 신화는 끝이 나는 듯했으나 사실 이제부터 절정으로 치닫습니다.

바알이 죽었다는 소식을 그의 여동생이자 애인인 아나트(Anat)가 듣습니다. 아나트라는 여신은 젊고 매우 포악하기로 유명했습니다. 아나트는 울분을 참지 못하고 난동을 부리다가 많은 신들을 살육했습니다. 얼마나 많이 죽였는지, 이 신화는 죽은 신들의 피가 아나트의 허벅지까지 차올랐다고 묘사하고 있습니다. 결국 아나트의 도움으로 바알은 죽음에서 다시 살아납니다.

많은 학자들은 이 바알 신화를 농경 사회에서 중요하게 여기는 '계절'을 배경으로 해석합니다. 바알이 죽은 때가 겨울이고 다시 살아나는 때가 봄이라는 겁니다. 실제로 가나안 사람들은 봄이 되면 신년 축제를 하며 바알이 되살아나 비를 내려 주기를 기원했습니다. 이미 가나안 땅에는 이렇게 농경 사회를 위해 잘 구성된 신화가 있었으니, 이스라엘 사람들도 가나안의 종교에 큰 매력을 느꼈을 것입니다.

희망과 사랑의 하나님

하나님은 자신을 배신한 이스라엘 사람들을 용서하기 어려우셨을 겁니다. 그래서 결국 북이스라엘을 앗수르의 손에 넘기셨습니다. 하지만 하나님이 인간을 그렇게 벌주시고 그냥 내버려 두실까요? 무서운 형벌을 살벌하게 예고한 호세아서에는 형벌만 있는 것이 아닙니다. 곳곳에 희망의 말씀도 선포되었습니다.

"그러므로 보라 내가 그를 타일러 거친 들로 데리고 가서 말로 위로하고 거기서 비로소 그의 포도원을 그에게 주고 아골 골짜기로 소망의 문을 삼아 주리니 그가 거기서 응대하기를 어렸을 때와 애굽 땅에서 올라오던 날과 같이 하리라"(호 2:14-15).

하나님은 바람난 아내 이스라엘을 다시 거친 들로 데려가신다고 합니다. 거친 들이 어디일까요? 여기서 거친 들은 이스라엘 사람들이 애굽에서 탈출하여 가나안에 오기 전까지 방랑하던 광야를 의미합니다. 이 광야는 하나님과 이스라엘이 처음 시내 산에서 만나 그 첫사랑을 나누던 아주 낭만적인 장소입니다. 비록 이스라엘은 광야에서 하나님 속을 많이 썩였지만, 하나님은 그래도 이스라엘이 예뻐 보이나 봅니다. 필요한 것이 있으면 물이든 먹을 것이든 속속히 가져다주십니다. 늘 불기둥과 구름기둥이 되어 그 곁을 떠나지 못하셨답니다. 이런 애틋한 사랑을 나누던 곳이 바로 광야인 것입니다.

많은 연인들이 위기의 순간에 종종 처음 만나 연애하던 곳을 가보곤 하지요? 그곳에 가서 처음 사랑을 나누었을 때 느끼던 설렘과 두근거림을 추억하면서 다시 사랑을 충전 받아 위기를 넘기곤 합니다. 하나님도 이스라엘을 첫사랑의 장소로 데려가신다고 합니다. 비록 자신을 배신하고 다른 남자를 찾았지만, 그래도 용서하고 다시 서로의 사랑을 북돋워 보겠다고 말씀하십니다. 그러고 나서 하나님은 이스라엘이 완전히 그 애인을 잊어버리게 하겠다고 장담하십니다.

"여호와께서 이르시되 그날에 네가 나를 내 남편이라 일컫고 다시는 내 바알이라 일컫지 아니하리라 내가 바알들의 이름을 그의 입에서 제거하여 다시는 그의 이름을 기억하여 부르는 일이 없게 하리라"(호 2:16-17).

그런데 이 구절을 읽어 보니 참 기가 막히지 않습니까? "여호와께서 이르시되 그날에 네가 나를 내 남편이라 일컫고 다시는 내 바알이라 일컫지 아니하리라"는 말을 쉽게 풀어 쓴다면 다음과 같습니다. "이젠 네가 나를 여보라고 똑바로 부를 거야. 다신 날 보고 바알이라고 부르지 않을 거야." 그러니까 예전에 바람나서 정신을 못 차리던 이 여자가 자기 남편을 그만 딴 남자 이름 바알로 불렀다는 겁니다. 한번 상상해 보세요. 애인이나 배우자가 나를 부르는데 그 입에서 다른 남자 이름이 튀어나온 겁니다. 얼마나 큰 치욕이겠어요? 사실 이 구절은 한 남자가 아내로부터 겪을 수 있는 가장 큰 모욕을 표현하고 있답니다. 그래서 하나님은 그 입에서 바알이란 이름을 제거하여 다시는 부르는 일이 없게 하겠다고 다짐하십니다.

좀 더 진솔하신 하나님의 마음을 읽어 보겠습니다. 비록 무시무시한 형벌을 이스라엘에게 내리셨지만 진정한 하나님의 마음은 이렇습니다.

"에브라임이여 내가 어찌 너를 놓겠느냐 이스라엘이여 내가 어찌 너를 버리겠느냐 내가 어찌 너를 아드마같이 놓겠느냐 어찌 너를 스보임같이 두겠느냐 내 마음이 내 속에서 돌이키어 나의 긍휼이 온전히 불붙듯 하도다 내가 나의 맹렬한 진노를 나타내지 아니하며 내가 다시는 에브라임을 멸하지 아니하리니 이는 내가 하나님이요 사람이 아님이라 네 가운데 있는 거룩한 이니 진노함으로 네게 임하지 아니하리라"(호 11:8-9).

그렇습니다! 우리를 향하신 하나님의 마음은 이렇게 따뜻합니다. 그래서 14장 4-5절은 이렇게 이야기합니다.

"내가 그들의 반역을 고치고 기쁘게 그들을 사랑하리니 나의 진노가 그에게서 떠났음이니라 내가 이스라엘에게 이슬과 같으리니 그가 백합화같이 피겠고 레바논 백향목 같이 뿌리가 박힐 것이라."

멋진 표현이지요? 하나님은 이제 다시 그 사랑하는 아내에게 이슬처럼 되어 내릴 것이고 아내는 백합화처럼 피어난다고 하십니다.

아모스서와 호세아서에서 살펴보았듯이, 하나님은 우리의 잘못을 지적하고 고치기 위해 때로 무서운 형벌을 내리기도 합니다. 하지만 그 궁극적인 목적은 사랑하기 위해서입니다. 하나님의 속성이 사랑이기 때문에 우리를 무서운 형벌 속에 버려두실 수 없는 것입니다. 그러므로 우리가 잘못한 것이 많아 설사 벌을 내린다 할지라도, 하나님은 결국 우리를 회복시키고 사랑으로 돌보실 것입니다.

chapter 07

이사야의 사상과 이사야서

16. 이사야서의 핵심 주제는 무엇일까?

아모스와 호세아에 이어 이사야에 대해 살펴보도록 하겠습니다. 아마도 이사야는 예언자 중 가장 잘 알려진 선지자일 것입니다. 그 이유는 그의 예언들이 상당히 진취적이고 활력이 넘치기 때문이죠. 아모스와 호세아의 예언이 무섭고 잔혹하기까지 하다면, 이사야의 예언은 밝고 진취적인 내용이 많기 때문에 많은 독자들이 좋아합니다. 이사야의 예언이 역동적이고 진취적일 수 있었던 것은 그의 배경과도 관계가 있습니다. 사회의 불의에 분노한 농사꾼 아모스나 아내의 불륜 때문에 피눈물을 쏟던 호세아와 달리, 그는 왕궁에서 왕을 보좌하는 귀족적인 선지자였습니다.

귀족 예언자 '거룩한' 하나님을 강조하다

이사야는 아모스나 호세아보다 조금 늦은 기원전 8세기 후반의 예언자입니다. 아모스와 호세아가 북이스라엘에서 활약한 반면, 이사야는 남쪽 유다에서 활동하였습니다. 이사야는 아모스나 호세아와는 무척 다른 배경을 지닌 예언자입니다. 우선 그의 아내는 여선지자였습니다. 한글성경 중 일부는 이사야 8장 3절에 이사야가 그의 '아내'와 동침하였다고 기록하는데 원어를 보면 아내가 아니라 여선지자와 동침한 것으로 되어 있습니다. 이로 미루어보아 그의 아내는 여선지자임을 알 수 있습니다. 호세아의 아내와는 무척 대조적이죠? 호세아에게는 하나님이 음란한 여인을 아내로 주셨는데, 이사야에게는 자신과 같은 신분의 여선지자를 아내로 주신 것입니다.

호세아의 가정과 대조적인 것이 또 있는데 바로 자녀들의 이름입니다. 앞장에서 보았듯이 호세아 자녀들의 이름은 '은혜가 없다', '내 백성이 아니다' 같은 기괴한 뜻을 가졌습니다. 모두 하나님이 주신 이름들이지요. 그런데 이사야 자녀의 이름을 하나님이 어떻게 주셨는지 한번 보세요. 한 아이는 '마헬살랄하스바스'라 하여 '급히 노략하다'라는 뜻이 있습니다(사 8:3). 이는 북이스라엘이 앗수르의 침략으로 노략당할 것을 의미합니다. 썩 달가운 의미는 아니지만 호세아 자녀들의 이름보다는 덜 저주스럽습니다. 또 다른 아이의 이름은 '스알야숩'인데 그 의미는 '남은 자는 돌아오리라'는 뜻으로서 비록 심판은 있지만 궁극적으로는 하나님이 구원하실 것이라는 매우 복스러운 이름입니다.

왠지 이사야는 다른 선지자들과 격이 달라 보이지요? 그의 예언도 사뭇 다를 것으로 기대됩니다. 앞으로 살펴보겠지만 그의 예언도 심판에 관한 내용을 많이 담고 있습니다. 하지만 매우 진취적이고 은혜로운 예언이 이사야의 장기이지요. 특히 그의 예언을 이해하는 데 기억해야 할 단어가 있다면 바로 '거룩'입니다. 아모스와 호세아가 정의의 하나님, 질투의 하나님을 전하면서 매우 무서운 예언을 남긴 반면 이사야는 장엄하신 하나님, 거룩하신 하나님을 드러냈습니다.

"웃시야 왕이 죽던 해에 내가 본즉 주께서 높이 들린 보좌에 앉으셨는데 그의 옷자락은 성전에 가득하였고"(사 6:1).

예언자들 가운데 처음으로 하나님을 왕처럼 묘사한 이가 바로 이사야입니다. 이 구절을 보면 하나님이 높은 보좌 위에 있다고 묘사합니다. 높은 보좌 위에 앉으신 왕 같은 하나님은 범상한 우리가 근접할 수 없는 저 높은 곳에 올라가 계신 듯합니다. 즉 세속과 부정한 것들로부터 분리되어 높이 계시는 거룩한 하나님이 묘사되어 있지요. 이 구절은 하나님의 옷자락이 너무나 크고 장엄하여 성전을 가득 채웠다고 묘사합니다. 이 묘사도 범상치 않은 거룩한 하나님의 모습을 그리고 있습니다. 다음 2절을 볼까요?

"스랍들이 모시고 섰는데 각기 여섯 날개가 있어 그 둘로는 자기의 얼굴을 가리었고 그 둘로는 자기의 발을 가리었고 그 둘로는 날며."

거룩하신 하나님에 대한 묘사 후 바로 뒤따라오는 이 구절은 스랍이라는 천상의 존재를 보여 줍니다. 스랍은 매우 기괴한 모습을 하고 있습니다. 사람 같은 모습일 것 같으나 날개가 3쌍이나 있습니다. 한 쌍으로는 새처럼 날며, 다른 한 쌍으로는 얼굴을 가리고 있습니다. 그리고 또 다른 한 쌍으로는 발을 가리고 있습니다. 모습이 좀 우스꽝스럽지 않나요? 거룩하신 하나님에 대한 묘사 후, 하나님의 피조물 중 인간이나 천사도 아닌 아주 해괴한 모습의 미물을 곧바로 그리고 있으니 무척 대조적이죠? 이 극단적 대조는 다시 한 번 하나님의 거룩하심을 강조하게 됩니다. 검은색 바로 옆에 노란색이 있으면 검은색은 더 어둡게, 노란색은 더 밝게 보이는 것처럼 높이 들리신 하나님 옆에 우스꽝스러운 스랍들을 묘사함으로써 하나님의 거룩하심을 더 부각하는 것이지요.

더욱이 스랍들의 행동은 장엄하고 거룩하신 하나님과 대조되어 이 둘의 양극화는 더욱 심화됩니다. 하나님은 높은 곳에서 점잖게 보좌에 앉으셨습니다. 하지만 스랍들은 높은 곳에 떠 있기 위하여 열심히 날개를 팔락거릴 수밖에 없지요. 스랍들이 날개 한 쌍으로 얼굴을 가렸다는 것은 누구든 하나님의 얼굴을 보게 되면 그 거룩함 때문에 죽게 되기에 얼굴을 가려야 한다는 전승을 기억나게 합니다. 하나님이 모세에게 하신 말씀을 볼까요?

> "또 이르시되 네가 내 얼굴을 보지 못하리니 나를 보고 살 자가 없음이니라"(출 33:20).

그래서 얼굴을 가렸다는 것도 결국은 하나님의 거룩하심을 다시 한 번 강조하는 것입니다. 또 다른 한 쌍으론 발을 가렸다고 하지요? 구약성경에서 발은 남자의 성기를 가리키는 완곡한 표현으로 쓰이기도 합니다. 자신의 부끄러운 곳을 가리는 스랍의 모습은 거룩하신 하나님과 극단적으로 대비되기 때문에 역시 하나님의 거룩하심이 도드라집니다. 이처럼 이사야 6장은 문학적 양극화를 통해 하나님의 거룩하심을 빼어나게 묘사합니다. 다음 3절을 읽어 볼까요?

"서로 불러 이르되 거룩하다 거룩하다 거룩하다 만군의 여호와여 그의 영광이 온 땅에 충만하도다 하더라."

이 스랍들이 모여서 한 일은 바로 거룩하신 하나님을 찬송하는 것입니다. 여기서 스랍들은 거룩을 세 번이나 외치고 있습니다. 구약성경에서 같은 말이 세 번 반복되는 것은 그 표현의 최상급을 말합니다. 그리고 스랍들은 하나님의 영광이 온 땅에 충만하다고 말하면서 장엄하고 거룩하신 하나님을 찬미합니다. 다음 4절을 볼까요?

"이같이 화답하는 자의 소리로 말미암아 문지방의 터가 요동하며 성전에 연기가 충만한지라."

거룩을 외치는 스랍들의 소리로 문지방이 떨리며 연기가 성전에 가득 찼다고 합니다. 이 모습은 이스라엘이 광야를 방랑할 때 있었던 일을 기억나게 하는데, 하나님이 이 땅에 내려오실 때 나타나는 현상과 유사합니다. 하나님이 임하시면 지진과 같은 요동이 일어나고 하나님의 거룩하심 때문에 구름 같은 것이 나타납니다.

"모세가 하나님을 맞으려고 백성을 거느리고 진에서 나오매 그들이 산기슭에 서 있는데 시내 산에 연기가 자욱하니 여호와께서 불 가운데서 거기 강림하심이라 그 연기가 옹기 가마 연기같이 떠오르고 온 산이 크게 진동하며"(출 19:17-18).

하나님은 거룩하기 때문에 그의 영광이 이 땅에 임하시면 땅이 진동하고 연기가 뒤덮이게 됩니다. 이처럼 이사야 6장의 문학적 표현은 의식적으로 하나님의 거룩하심을 강조하고 있습니다.

이사야서의 주요 주제가 '거룩'이라는 것은 이외에도 많은 증거가 있습니다. 이사야는 하나님을 부를 때 "이스라엘의 거룩한 이"라고 자기만의 독특한 호칭으로 부릅니다. 이 표현은 구약성경에서 거의 이사야서에만 나오는 특별한 호칭이지요.

"우리의 구원자는 그의 이름이 만군의 여호와 이스라엘의 거룩한 이시니라"(사 47:4).

이 특별한 호칭에서도 알 수 있듯이 이사야는 하나님의 거룩하심을 매우 강조하고 있습니다. 한마디로 이사야가 우리에게 전해 주는 하나님은 왕 같은 분이시고 왕처럼 장엄하시며, 거룩하고 위엄이 있으신 분입니다.

왕궁에서 일하는 이사야야말로 왕 같은 하나님을 묘사할 수 있는 적임자입니다. 질투의 하나님을 묘사하기 위해 바람난 아내를 둔 호세아가 적격이었던 것처럼 말입니다.

이사야는 왜 인기가 많을까?

내용이 이렇게 진취적이다 보니 이사야의 예언은 누구에게든지 인기가 많습니다. 특히 그의 예언은 후대에 이스라엘의 구원자인 메시아를 예표하거나 신약성경의 예수 그리스도를 상징하는 것으로 자주 인용되었습니다. 가장 대표적인 것이 '임마누엘'입니다.

"그러므로 주께서 친히 징조를 너희에게 주실 것이라 보라 처녀가 잉태하여 아들을 낳을 것이요 그의 이름을 임마누엘이라 하리라"(사 7:14).

이 말씀은 이사야가 두려움에 떨고 있는 아하스 왕을 위로하기 위해 전한 예언입니다. 한 여인을 통해 한 아이가 태어날 것을 예견하며, 이것이 하나님께서 그를 돌보고 계신다는 증거가 될 것이라고 말합니다. 그 아이의 이름은 임마누엘인데 히브리어로 '하나님이 우리와 함께하신다'는 뜻입니다. 이 임마누엘은 먼 훗날 예수 그리스도를 예표하는 것으로 사용된 유명한 예언이지요. 마태복음 1장 20-23절을 보겠습니다.

"이 일을 생각할 때에 주의 사자가 현몽하여 이르되 다윗의 자손 요셉아 네 아내 마리아 데려오기를 무서워하지 말라 그에게 잉태된 자는 성령으로 된 것이라 아들을 낳으리니 이름을 예수라 하라 이는 그가 자기 백성을 그들의 죄에서 구원할 자이심이라 하니라 이 모든 일이 된 것은 주께서 선지자로 하신 말씀을 이루려 하심이니 이르시되 보라 처녀가 잉태하여 아들을 낳을 것이요 그의 이름은 임마누엘이라 하리라 하셨으니 이를 번역한즉 하나님이 우리와 함께 계시다 함이라."

이렇듯 이사야의 예언은 희망적이고 진취적인 미래를 말하는 아주 기분 좋은 예언입니다. 이사야서 2장 2-5절도 볼까요.

"말일에 여호와의 전의 산이 모든 산꼭대기에 굳게 설 것이요 모든 작은 산 위에 뛰어나리니 만방이 그리로 모여들 것이라 많은 백성이 가며 이르기를 오라 우리가 여호와의 산에 오르며 야곱의 하나님의 전에 이르자 그가 그의 길을 우리에게 가르치실 것이라 우리가 그 길로 행하리라 하리니 이는 율법이 시온에서부터 나올 것이요 여호와의 말씀이 예루살렘에서부터 나올 것임이니라 그가 열방 사이에 판단하시며 많은 백성을 판결하시리니 무리가 그들의 칼을 쳐서 보습을 만들고 그들의 창을 쳐서 낫을 만들 것이며 이 나라와 저 나라가 다시는 칼을 들고 서로 치지 아니하며 다시는 전쟁을 연습하지 아니하리라 야곱 족속아 오라 우리가 여호와의 빛에 행하자."

어떻습니까? 이사야의 이 기운찬 예언을 들으니 힘과 용기가 솟구치지 않습니까? 이스라엘과 유다가 망한다 하여도 결국에는 하나님께서 약속하신 대로 예루살렘에 다시 한 번 말씀으로 임하시리라는 예언입니다. 이사야도 심판과 징계의 말씀을 전하였지만 이와 같이 궁극적인 구원과 희망의 예언이 이사야서의 큰 특징입니다. 큰 위로가 아닐 수 없습니다. 멸망하고 부서져도 하나님의 은혜가 있기에 그의 백성은 절대 전멸하지 않겠다는 것입니다. 이사야서 1장 7-9절도 보겠습니다.

"너희의 땅은 황폐하였고 너희의 성읍들은 불에 탔고 너희의 토지는 너희

목전에서 이방인에게 삼켜졌으며 이방인에게 파괴됨같이 황폐하였고 딸 시온은 포도원의 망대같이, 참외밭의 원두막같이, 에워싸인 성읍같이 겨우 남았도다 만군의 여호와께서 우리를 위하여 생존자를 조금 남겨 두지 아니하셨더면 우리가 소돔 같고 고모라 같았으리로다."

참 감사하고 은혜로운 예언이지요? 이처럼 이사야서는 밝고 긍정적인 예언을 많이 전해 주고 있습니다.

17. 이사야서의 문학적 특징은 무엇일까?

이사야가 3권?

이사야서는 매우 긴 예언서입니다. 앞에서 살펴본 아모스서는 모두 9장으로 구성되었고, 호세아서는 모두 14장입니다. 그런데 이사야서는 무려 66장이나 됩니다. 이 긴 책은 전통적으로 모두 위대한 선지자 이사야가 쓴 것으로 여겨졌습니다. 그런데 이사야서에 대한 전문적인 서적이나 구약성경 개론 같은 학문적인 책을 보면, 제1이사야, 제2이사야, 제3이사야 같은 용어를 발견하게 됩니다. 왜 이렇게 분류해 놓았을까요?

이 용어는 독일의 성경학자 '둠'(Duhm)이 1892년에 저술한 그의 이사야 연구 논문에서 본격적으로 사용하기 시작했습니다. 둠은 이사야서를 세 부분으로 나누었는데, 1장부터 39장까지가 제1이사야로 기원전 8세기경 이사야가 대부분 썼다고 보았습니다. 그리고 40장부터 55장까지는 제2이사야로 이사야가 살던 때가 아닌 유다 민족의 포로기 때 즉 기원전

6세기(주전 587-538년)의 작품이라고 주장했습니다. 당연히 저자도 이사야가 아닌 그의 제자나 그의 학파가 스승의 예언을 새롭게 해석하고 보완한 것이라고 둠은 피력했습니다. 마지막으로 제3이사야는 56장부터 마지막 66장까지로 포로기 이후 예루살렘으로 귀환하여 쓴 저작물로 보았습니다. 역시 저자는 이사야가 아닌 그의 제자나 학파였을 것으로 추정했습니다.

한마디로 이사야서는 이사야 한 개인이 한때에 저작한 것이 아니라, 긴 시간에 걸쳐 형성된 예언집이라는 것입니다. 8세기 말에 활동하던 이사야의 예언이 기록된 부분도 있지만, 그의 사후에 제자나 그의 학파가 새롭게 해석하여 첨부된 부분도 있다는 것입니다. 이 이론은 대체로 학계에서 받아들여지고 있지만, 보수적인 성향의 교회는 매우 싫어합니다. 이사야서는 반드시 이사야 단독으로 씌어져야 하나님의 영감 어린 말씀이라고 믿기 때문입니다.

그런데 분명한 것은, 이사야가 이사야서 전체를 혼자서 기록했다고 하더라도, 이 책은 시대적인 배경이 서로 다른 세 부분으로 나뉘어 있습니다. 즉 1-39장은 이사야가 살던 8세기를 배경으로 한 예언이고, 40-55장은 포로기를 배경으로 하며, 56-66장은 포로 후기를 배경으로 하고 있습니다. 누구든 이사야서를 읽을 때 이 시대적 구분만큼은 반드시 염두에 두고 읽어야 합니다.

한편 이사야서의 일부가 그의 제자나 학파가 스승의 예언을 보완한 것이라고 믿어도 아무 문제가 없습니다. 이사야가 다 썼든지 아니면 그의 제자들이 보완하였든지간에, 이사야서 형성 배후에는 하나님의 역사가 있었다고 믿으면 아무 문제가 없는 것입니다. 이사야서뿐만 아니라 다른 예언서 역시 그의 제자들에 의해 기록되고 보존되었다는 것이 학계의 일반적인 생각입니다.

앞에서 이미 이사야 8장 16절과 예레미야 36장 4절이 이 같은 사실을 뒷받침한다고 설명한 바 있습니다.

"이에 예레미야가 네리야의 아들 바룩을 부르매 바룩이 예레미야가 불러 주는 대로 여호와께서 그에게 이르신 모든 말씀을 두루마리 책에 기록하니라"(렘 36:4).

세 권의 책? 한 권의 책!

둠의 이론 이후 오랫동안 이사야서는 세 권의 책으로 나뉘어 개별적으로 연구되어 왔습니다. 각 부분의 특징과 개별적인 신학이 주로 연구되었죠. 그러나 근간에 이르러서는 개별적인 연구보다 세 권이면서도 한 권인 이사야서를 이해하려는 통합적인 연구가 많이 시도되고 있습니다. 사실 이사야서는 세 부분으로 나누어지긴 했어도 한 권의 책으로 볼 수 밖에 없는 일관성이 많이 발견됩니다. 즉 이사야의 제자들 혹은 그의 학파가 후대에 제2, 제3이사야서를 썼다 하더라도, 자기 마음대로 쓴 것이 아니라 스승의 예언에 영감을 받아 스승의 예언을 재해석하고 새로운 시대에 맞게 다시 적용한 것으로 보입니다. 그래서 제1, 제2, 제3이사야는 세 권으로 구분되어 있지만, 세 권 모두에 일관적으로 나타나는 주제나 소재가 발견됩니다. 예를 들어 제1이사야서인 6장 9-10절을 보면 '장님과 귀머거리' 소재가 발견됩니다. 그런데 포로기 때 씌어진 제2이사야서 42장 18-19절에도 똑같은 소재를 이용한 예언이 발견됩니다.

이 맹인과 귀머거리 소재 말고도 세 부분의 이사야를 하나의 일관된 책으로 볼 수 있는 요소들이 많습니다. 이사야만 즐겨 부르는 하나님의 호칭 '이스라엘의 거룩한 이'가 대표적입니다. 이 특별한 호칭은 제1, 제2, 제3이사야서에서 모두 발견됩니다. 이런 여러 가지 점에서 이사야서는 '세 권이면서도 한 권이다'고 말할 수 있습니다.

성경학을 연구하다 보면 정말 복잡하고 생소한 각종 이론들이 있다는 것을 알게 됩니다. 그런 이론들은 별로 재미없어 보이지만 하나님의 말씀을 더 깊이 연구하고 신앙의 세계를 넓히는 데 큰 도움을 주기도 하지요.

하지만 이런 이론들은 '믿기' 위하여 배우는 것은 아닙니다. 이론은 시대가 지나고 학문적 성숙이 깊어짐에 따라 변할 수 있는 것이기 때문이지요. 이런 이론들은 성경을 이성적으로 파악해 보고자 할 때 유용한 것이기 때문에 믿음이 아닌 '이해'를 위한 도구입니다. 그렇기 때문에 이런 이론들을 무조건 절대적인 것으로 여길 필요도 없고, 더불어 지나치게 거부감을 가질 필요도 없습니다. 중요한 것은, 우리의 과학과 이성으로 성경의 성격을 파헤쳐 본다 하더라도 성경이 변함없는 하나님의 말씀이라는 믿음을 가지는 것입니다. 그러므로 이사야서의 저자가 세 사람이건 한 사람이건 우리 신앙관과는 아무 상관이 없습니다.

18. 이사야의 예언에는 어떤 내용이 있을까?

앞장에서 예언자 이사야의 개인적인 배경과 그에 어울리는 거룩하고 장엄한 예언을 읽어 보았고, 이사야서 문헌에 대한 학문적인 이론도 관찰했습니다. 이번 장에서도 이사야의 다양한 예언을 살펴보고, 그가 강조하려는 신학적인 사상을 알아보겠습니다.

구원과 희망의 메시지

이번 장에서는 우선 제1이사야서라고 불리는 1장부터 39장까지를 살펴볼 것입니다. 그중 1-12장은 유다와 이스라엘에 대한 말씀이 기록되어 있는데, 많은 학자들은 이 부분을 제1이사야서의 가장 핵심적인 내용으로 봅니다. 상당 부분이 심판에 대한 예언이며 그 심판에도 불구하고 하나님이 펼치실 구원의 예고도 곳곳에 등장합니다. 우선 이사야의 희망적인 예언을 하나 볼까요?

> "여호와께서 말씀하시되 오라 우리가 서로 변론하자 너희의 죄가 주홍 같을지라도 눈과 같이 희어질 것이요 진홍같이 붉을지라도 양털같이 희게 되리라 너희가 즐겨 순종하면 땅의 아름다운 소산을 먹을 것이요 너희가 거절하여 배반하면 칼에 삼켜지리라 여호와의 입의 말씀이니라"(사 1:18-20).

죄악을 강렬한 색깔인 빨간색으로 표현하고 있습니다. 웬만해서는 잘 지워지지 않을 것 같은 색이지요. 사실 이스라엘 백성이 가나안 땅에서 저지른 숱한 반역과 배신을 생각하면 죄악과 붉은빛은 무척 잘 어울립니다. 하나님은 그 죄악도 용서하실 것인데, 그 표현이 매우 인상적입니다. 눈과 같은 하얀색으로, 양털 같은 하얀색으로 만들겠다고 하십니다. 빨간색과 극적인 대비를 이룸으로써 하나님의 구원과 용서의 은혜가 얼마나 지극한 것인지를 표현하고 있습니다.

이 용서의 조건은 "너희가 즐겨 순종하면 땅의 아름다운 소산을 먹을 것이요"라고 한 것처럼 '순종'입니다. 짙은 주홍빛 같은 우리 죄를 하얀 눈같이 씻어 주시겠다는 이 표현은 많은 기독교인들이 사랑하는 대표적인 구절입니다.

이사야서를 읽을 때, 아니 예언서를 읽을 때 염두에 두어야 할 것이 있습니다. 선지자가 활동한 시대적 배경을 이해하는 것입니다. 주변 정세나 당시에 일어난 역사적 사건을 알면 예언서를 훨씬 역동적으로 읽을 수 있습니다. 뿐만 아니라 선지자의 개인적인 배경도 알면 좋습니다. 아모스가 남유다의 농사꾼으로서, 호세아가 음란한 여인과의 결혼생활을 통해, 이사야가 왕궁에서 왕을 보좌하는 가운데 예언을 하지 않았습니까? 그럼으로써 예언의 내용은 비슷해도 강조점이나 주제가 달랐던 것을 이미 살펴보았습니다. 이제 이사야 7장의 내용을 가지고 성경을 읽을 때 왜 시대적 배경과 상황을 아는 것이 필요한지를 살펴보겠습니다.

때는 유다 왕 아하스 시절입니다. 이사야는 아하스 왕을 보좌하던 왕궁 선지자였습니다. 주전 740년경 디글랏빌레셋 3세가 앗수르를 치리하던 당시, 이 왕국은 아주 무자비한 강국이었습니다. 이스라엘과 유다 그리고 주변 국가들은 앗수르의 속국으로 그 횡포에 시달리고 있었지요.

이때 일부 세력들이 규합하여 연합세력을 형성하였고, 그중에는 아람(시리아)의 르신과 에브라임이라 불리는 북이스라엘의 베게 왕이 있었습니다. 그들은 당대에 유일하게 앗수르를 견제할 수 있는 이집트의 도움을 필요로 했는데, 이때 지리적으로 유다 왕국이 가로막고 있어 유다를 동맹국에 끌어들여야 했습니다. 그래서 시리아-에브라임 연맹은 유다 왕 아하스에게 압박을 가하였고, 유다의 아하스가 앗수르를 추종하는 정책을 따르자 두 동맹국은 무력을 동원하여 유다를 침공합니다. 바로 이 사건을 시리아-에브라임 전쟁이라고 부릅니다. 이때 유다 백성과 그들의 왕 아하스가 얼마나 두려워하였는지, 이사야 7장 2절은 이렇게 기록하고 있습니다.

> "어떤 사람이 다윗의 집에 알려 이르되 아람이 에브라임과 동맹하였다 하였으므로 왕의 마음과 그의 백성의 마음이 숲이 바람에 흔들림같이 흔들렸더라."

적국이 쳐들어온다니 얼마나 무서웠겠습니까. 살육을 일삼는 전쟁은 참으로 악하고 무자비합니다. 이사야가 모시고 있던 아하스 왕이 이렇게 무서워 벌벌 떨자 하나님은 이사야를 통하여 왕에게 이렇게 위로합니다.

> "그에게 이르기를 너는 삼가며 조용하라 르신과 아람과 르말리야의 아들이 심히 노할지라도 이들은 연기 나는 두 부지깽이 그루터기에 불과하니 두려워하지 말며 낙심하지 말라 아람과 에브라임과 르말리야의 아들이 악한 꾀로 너를 대적하여 이르기를 우리가 올라가 유다를 쳐서 그것을 쓰러뜨리고 우리를 위하여 그것을 무너뜨리고 다브엘의 아들을 그중에 세워 왕으로 삼자 하였으나 주 여호와의 말씀이 그 일은 서지 못하며 이루어지지 못하리라"(사 7:4-7).

그래도 확신이 없어 떨고 있는 아하스 왕이 하나님은 꽤나 측은하셨나 봅니다. 확신을 주기 위해 하나님은 왕에게 직접 징조를 구하라고 하십니다. 그런데 이 바보 같은 아하스 왕이 얼토당토않는 알량한 말을 합니다.

"아하스가 이르되 나는 구하지 아니하겠나이다 나는 여호와를 시험하지 아니하겠나이다 한지라"(사 7:12).

자신은 그런 방식으로 하나님을 시험하지 않겠다고 합니다. 하나님에 대한 절대적인 신뢰가 있었다면 왜 그토록 두려워 떤 것입니까? 하나님이 아하스에게 구하라고 한 것은 안타까워 확신을 주기 위함인데, 아하스는 끝까지 허세를 부리며 답답하게 굽니다. 보다 못한 이사야가 나섭니다.

"이사야가 이르되 다윗의 집이여 원하건대 들을지어다 너희가 사람을 괴롭히고서 그것을 작은 일로 여겨 또 나의 하나님을 괴롭히려 하느냐"(사 7:13).

믿음이 없는 왕 때문에 주변 사람들까지 근심에 싸여 있는데, 이젠 하나님마저 근심케 한다고 이사야가 혼을 냅니다. 그러면서 이사야가 내친 김에 그 징조에 대한 예언을 합니다.

"그러므로 주께서 친히 징조를 너희에게 주실 것이라 보라 처녀가 잉태하여 아들을 낳을 것이요 그의 이름을 임마누엘이라 하리라 그가 악을 버리며 선을 택할 줄 알 때가 되면 엉긴 젖과 꿀을 먹을 것이라 대저 이 아이가 악을 버리며 선을 택할 줄 알기 전에 네가 미워하는 두 왕의 땅이 황폐하게 되리라"(사 7:14-16).

결국 이사야의 예언대로 시리아-에브라임의 반 앗수르 동맹은 실패하고 맙니다. 이사야 7장의 유명한 임마누엘 예언을 뒤이어 9장에서 또 다른 유명한 예언이 나옵니다. 역시 이사야답게 밝고 진취적이며 희망과 영광이 충만한 예언입니다. 특히 크리스마스 때 교회에서 많이 읽혀지는 구절입니다.

"전에 고통 받던 자들에게는 흑암이 없으리로다 옛적에는 여호와께서 스불론 땅과 납달리 땅이 멸시를 당하게 하셨더니 후에는 해변 길과 요단 저쪽 이방의 갈릴리를 영화롭게 하셨느니라 흑암에 행하던 백성이 큰 빛을 보고 사망의 그늘진 땅에 거주하던 자에게 빛이 비치도다 주께서 이 나라를 창성하게 하시며 그 즐거움을 더하게 하셨으므로 추수하는 즐거움과 탈취물을 나눌 때의 즐거움같이 그들이 주 앞에서 즐거워하오니 이는 그들이 무겁게 멘 멍에와 그들의 어깨의 채찍과 그 압제자의 막대기를 주께서 꺾으시되 미디안의 날과 같이 하셨음이니이다 어지러이 싸우는 군인들의 신과 피 묻은 겉옷이 불에 섶같이 살라지리니 이는 한 아기가 우리에게 났고 한 아들을 우리에게 주신 바 되었는데 그의 어깨에는 정사를 메었고 그의 이름은 기묘자라, 모사라, 전능하신 하나님이라, 영존하시는 아버지라, 평강의 왕이라 할 것임이라 그 정사와 평강의 더함이 무궁하며 또 다윗의 왕좌와 그의 나라에 군림하여 그 나라를 굳게 세우고 지금 이 후로 영원히 정의와 공의로 그것을 보존하실 것이라 만군의 여호와의 열심이 이를 이루시리라"(사 9:1-7).

잘 알려진 구절이죠? 6절에 보면 한 아이의 탄생에 대한 예언이 나옵니다. 역사적으로 이 아이는 히스기야 왕일 것으로 추정됩니다. 그러나 이 예언은 더 멀리 예수 그리스도의 탄생을 묘사하는 유명한 예언이지요. 이처럼 이사야의 화려하고 영광스러운 예언은 미래에 도래할 메시아를 예표하는 것으로 자주 인용되었습니다.

또 다른 영광스러운 구절을 볼까요? 이 구절들을 읽는 것만으로도 구원의 감격이 넘쳐날 것입니다. 다윗 가문에서 한 구원자가 나와 그 백성을 구원하리라는 예언입니다. 이 예언도 미래의 메시아, 즉 구원자의 도래를 암시하는 것으로 많이 읽혀집니다.

"이새의 줄기에서 한 싹이 나며 그 뿌리에서 한 가지가 나서 결실할 것이요 그의 위에 여호와의 영 곧 지혜와 총명의 영이요 모략과 재능의 영이요 지식과 여호와를 경외하는 영이 강림하시리니 그가 여호와를 경외함으로 즐거움을 삼을 것이며 그의 눈에 보이는 대로 심판하지 아니하며 그의 귀에 들리는 대로 판단하지 아니하며 공의로 가난한 자를 심판하며 정직으로 세상의 겸손한 자를 판단할 것이며 그의 입의 막대기로 세상을 치며 그의 입술의 기운으로 악인을 죽일 것이며 공의로 그의 허리띠를 삼으며 성실로 그의 몸의 띠를 삼으리라 그때에 이리가 어린 양과 함께 살며 표범이 어린 염소와 함께 누우며 송아지와 어린 사자와 살진 짐승이 함께 있어 어린아이에게 끌리며 암소와 곰이 함께 먹으며 그것들의 새끼가 함께 엎드리며 사자가 소처럼 풀을 먹을 것이며 젖 먹는 아이가 독사의 구멍에서 장난하며 젖 뗀 어린아이가 독사의 굴에 손을 넣을 것이라 내 거룩한 산 모든 곳에서 해됨도 없고 상함도 없을 것이니 이는 물이 바다를 덮음같이 여호와를 아는 지식이 세상에 충만할 것임이니라"(사 11:1-9).

우리가 즐겨 읽고 묵상하는 표현들이 이곳에 집결되어 있죠? 그만큼 이사야의 예언은 많은 이들에게 기쁨과 희망을 전해 줍니다. 하나님이 역사하셔서 구원하실 세상은 이리가 어린 양과 함께 살며 표범이 어린 염소와 함께 눕는 곳이라고 합니다. 암소와 곰이 함께 먹으며 그것들의 새끼가 함께 엎드려 자는 평화로운 곳이고, 젖 먹는 아이가 독사의 구멍에서 장난치며 젖 뗀 어린아이가 독사의 굴에 손을 넣어도 상하지 않는 고통과 비극이 없는 세상을 그리고 있습니다. 상상만 해도 가슴 푸근한 아름다운 세상이죠?

하나님의 구원은 이처럼 아름다운 것입니다. 그저 어려움과 죄악의 고통에서 우리를 건져 주시는 것으로 그치는 것이 아니라 아담과 이브가 상실한 그 태초의 낙원을 다시 돌이키는 것이 구원이랍니다. 그래서 하나님의 구원하심은 감격이요, 기쁨인 것입니다. 1-12장은 심판의 구절도 많지만, 이렇듯 구원의 희망과 감격을 예고하는 아름다운 구절들로 채워져 있습니다. 하나님의 심판은 정말 무섭지만, 심판의 마지막에는 꼭 희망과 소망의 예언이 뒤따릅니다. 궁극적으로 하나님은 우리의 구원자이시며 사랑 그 자체이십니다.

19. 이사야서의 특징은 무엇일까?

12장에 이어 13장부터 23장까지는 전반적으로 이방 여러 국가들에 대한 심판의 말씀들이 나옵니다. 바벨론, 앗수르, 블레셋, 모압, 다메섹, 구스, 이집트, 에돔, 두로, 그리고 북이스라엘과 남유다도 포함됩니다.

이것은 결국 모든 나라와 전 역사를 주관하시는 분이 오직 하나님 한 분뿐임을 암시합니다. 하나님은 단지 이스라엘의 하나님이 아니요 전 세계 온 역사의 주관자이시라는 것입니다.

굳게 믿으라

선지자 이사야의 독특한 신학 사상을 살펴보도록 하겠습니다. 우선 이사야가 말하는 하나님은 정의의 하나님이십니다. 정의라는 단어가 나오니 아모스 선지자가 떠오르죠? 이사야서에는 아모스 선지자가 하던 예언과 매우 유사한 정의의 예언이 등장합니다.

> "아침에 일찍이 일어나 독주를 마시며 밤이 깊도록 포도주에 취하는 자들은 화 있을진저 그들이 연회에는 수금과 비파와 소고와 피리와 포도주를 갖추었어도 여호와께서 행하시는 일에 관심을 두지 아니하며 그의 손으로 하신 일을 보지 아니하는도다 그러므로 내 백성이 무지함으로 말미암아 사로잡힐 것이요 그들의 귀한 자는 굶주릴 것이요 무리는 목마를 것이라"(사 5:11-13).

이 예언은 특히 아모스서 6장 1-7절의 말씀과 많이 비슷합니다. 그래서 학자들은 이사야가 아모스로부터 영향을 받았을 것으로 생각하지만, 꼭 그랬을 것 같지는 않습니다. 그저 두 예언자의 공통된 사상일 수도 있겠지요. 앞장에서 언급한 것처럼 이사야는 하나님의 '거룩함'을 남달리 부각시킨 선지자입니다.

이사야의 또 다른 사상적 특징은, 바로 '신뢰'입니다. 정의의 하나님 그리고 거룩하신 하나님에 대한 인간의 반응은 절대적인 신뢰여야 합니다. 어떤 상황에 있든지 인간은 이에 휘둘리지 말고 하나님만 신뢰하라고 이사야는 강조합니다. 그래서 시리아-에브라임 전쟁의 위기를 맞은 아하스 왕에게 이사야는 이렇게 예언하였습니다.

"에브라임의 머리는 사마리아요 사마리아의 머리는 르말리야의 아들이니라 만일 너희가 굳게 믿지 아니하면 너희는 굳게 서지 못하리라 하시니라"(사 7:9).

굳게 믿지 아니하면 절대 굳게 설 수 없다고 말씀하십니다. 하나님에 대한 우리의 신뢰는 굳게 믿는 것입니다. 시리아와 에브라임의 연합 세력이 무섭고 떨리더라도 하나님이 바라시는 인간의 반응은 하나님을 절대적으로 신뢰하는 것입니다. 그래서 이사야는 30장 15절에서 이렇게 말했습니다.

"주 여호와 이스라엘의 거룩하신 이가 이같이 말씀하시되 너희가 돌이켜 조용히 있어야 구원을 얻을 것이요 잠잠하고 신뢰하여야 힘을 얻을 것이거늘 너희가 원하지 아니하고."

참 재미있는 표현이지요? 자신에게 어려움과 위기가 닥쳤다고 소란 피우거나 너무 까불지 말고 조용히 있어야, 잠잠하고 신뢰하여야 구원을 얻는다고 말합니다. 왕궁에서 점잖고 위엄 있게 일하는 이사야다운 예언이지요? 시련이 있을 때 하나님의 자녀로서 지켜야 할 품위를 잃어버리고 너무 호들갑을 떨면 하나님에 대한 신뢰가 전혀 없는 것처럼 보인답니다. 그래서 우리 그리스도인들은 시련과 위기 속에서도 의연하게 대처하여 하나님의 자녀다운 믿음직한 모습을 보여야 합니다.

이사야는 나라에 위기가 있을 때마다 하나님을 신뢰하지 못하고 이 나라 저 나라의 힘을 빌리려는 유다 왕들에게 자중하라는 뜻으로 이 같은 예언을 했습니다. 위기가 있어도 하나님만 신뢰한다는 믿음의 표시를 하라고 권고한 것입니다. 하지만 유다의 왕들은 하나님만 의지하기보다 강국 이집트를 의지하려고 했습니다. 당시 패권국인 앗수르를 대적할 유일한 대항마가 이집트밖에는 없다고 생각해서였습니다. 그러니까 인간적인 정치외교술로 나라의 난국을 해결하려 한 것입니다. 이런 왕들에게 이사야는 이렇게 따끔하게 혼을 냅니다.

"애굽의 도움은 헛되고 무익하니라 그러므로 내가 애굽을 가만히 앉은 라합이라 일컬었느니라"(사 30:7).

더 구체적으로 31장 1-3절은 이렇게 말합니다.

"도움을 구하러 애굽으로 내려가는 자들은 화 있을진저 그들은 말을 의지하며 병거의 많음과 마병의 심히 강함을 의지하고 이스라엘의 거룩하신 이를 앙모하지 아니하며 여호와를 구하지 아니하나니 여호와께서도 지혜로우신즉 재앙을 내리실 것이라 그의 말씀들을 변하게 하지 아니하시고 일어나사 악행하는 자들의 집을 치시며 행악을 돕는 자들을 치시리니 애굽은 사람이요 신이 아니며 그들의 말들은 육체요 영이 아니라 여호와께서 그의 손을 펴시면 돕는 자도 넘어지며 도움을 받는 자도 엎드러져서 다 함께 멸망하리라."

이사야가 하나님에 대한 절대적인 신뢰를 얼마나 강조하는지 알 수 있지 않습니까? 하나님보다 인간의 말과 병거를 의지하지 말라는 것입니다. 이집트는 신도 아니고 육체일 뿐인데 어떻게 하나님보다 더 신뢰할 수 있습니까?

사실 우리도 이 세상을 살다 보면 보이지 않는 하나님보다 당장 눈앞에 보이는 세상의 도움을 의지할 때가 많습니다. 그러나 왕 같은 하나님의 능력과 권위, 그 고귀하고 높으심을 잘 아는 이사야에겐 이건 그야말로 수치가 아닐 수 없었지요. 나의 백성 나의 자녀가 왕이며 아버지인 나를 믿고 신뢰하지 못한다면 이 얼마나 수치스러운 일이겠습니까. 그래서 하나님은 자신이 이 세상의 역사를 전적으로 주관하심을 알리기 위하여 이사야를 통해 이렇게 말씀하셨습니다.

"앗수르 사람은 화 있을진저 그는 내 진노의 막대기요 그 손의 몽둥이는 내 분노라 내가 그를 보내어 경건하지 아니한 나라를 치게 하며 내가 그에게 명령하여 나를 노하게 한 백성을 쳐서 탈취하며 노략하게 하며 또 그들을 길거리의 진흙같이 짓밟게 하려 하거니와"(사 10:5-6).

당시 그 큰 힘을 자랑하며 횡포를 부리는 앗수르도 하나님의 계획과 주관하심 아래 있다고 선언하십니다. 즉 말씀처럼 앗수르는 하나님의 진노의 막대기요, 그 손의 몽둥이는 하나님의 분노였던 것입니다.

'남은 자' 사상

또 다른 중요한 이사야의 사상이 있다면 바로 '남은 자' 사상입니다. 이사야는 나라의 참담한 죄악과 그에 따른 심판을 생각하면 마음이 어두웠지만 소수의 남은 자들이 있어 하나님께 돌아와 새 출발할 것이라고 믿었습니다. 역시 이사야다운 희망과 소망의 사상이지요? 이사야서 10장 20-21절을 보겠습니다.

"그날에 이스라엘의 남은 자와 야곱 족속의 피난한 자들이 다시는 자기를 친 자를 의지하지 아니하고 이스라엘의 거룩하신 이 여호와를 진실하게 의지하리니 남은 자 곧 야곱의 남은 자가 능하신 하나님께로 돌아올 것이라."

이사야서 6장 13절 말씀도 보겠습니다.

"그중에 십분의 일이 아직 남아 있을지라도 이것도 황폐하게 될 것이나 밤나무와 상수리나무가 베임을 당하여도 그 그루터기는 남아 있는 것같이 거룩한 씨가 이 땅의 그루터기니라 하시더라."

참으로 눈물겨운 희망의 말씀입니다. 비록 그 몸이 베임을 당하여 쓰러진다 하더라도 나무에는 그루터기가 남아 있게 마련이랍니다. 그 그루터기가 바로 남은 자들입니다. 하나님은 반드시 남겨진 자들을 희망의 싹으로 만드십니다.

나무의 밑동이 잘려 나가 베임을 당한 상태는 더 이상 나무로 여겨질 수 없는 최악의 상황입니다. 이스라엘과 유다가 그랬듯이 우리 역시 이

같은 절망적인 상황에 처할 수 있습니다. 여지없이 쓰러져 버린 나무를 보며 하나님은 또 얼마나 슬펐겠습니까? 하나님은 비록 심판하셨지만 쓰러져 버린 우리가 혹 모든 것을 포기해 버릴까봐 손가락으로 한 곳을 가리키며 땅 위에 조금이나마 남아 있는 나무 밑동을 보라고 하십니다. 그러면서 절대로 완전히 포기하지는 말라고, 덩그러니 남겨진 거친 그루터기를 통해 다시 일으킬 것이라고 약속하시는 것입니다.

"… 밤나무와 상수리나무가 베임을 당하여도 그 그루터기는 남아 있는 것 같이 거룩한 씨가 이 땅의 그루터기니라 하시더라"(사 6:13).

잘려 나가 상처만 남은 그루터기를 희망의 씨앗이라고 말씀하시며 희망을 잃지 말라고 당부하십니다. 어떤 어려운 일이 있어도 그루터기가 남아 있기 때문에 절대 좌절하지 말아야 합니다. 그 남은 그루터기가 희망의 씨앗이 될 것이기 때문입니다. 어떤 상황에 있든 이사야의 예언을 기억하며 절대 자신을 포기하지 마시기 바랍니다.

chapter **08**

예레미야의 소명과 우울증

20. 예레미야는 어떤 사람인가?

예레미야는 이사야와 마찬가지로 남유다에서 활약하던 선지자입니다. 기원전 7세기 중반부터 6세기 초반에 활동했기 때문에, 시기적으로는 8세기의 이사야보다 훨씬 후대의 선지자입니다. 그리고 예레미야는 남유다가 바벨론 제국에 의해 함락당하는 마지막 시기를 지켜본 불운한 예언자였습니다.

예레미야서를 읽다 보면 많은 사람들이 예레미야의 일기를 보는 것 같다고 말합니다. 그만큼 예레미야 자신의 이야기와 정보가 많이 담겨 있지요. 그래서 과거 학자들 가운데 스키너(John Skinner)는 예레미야서를 근거로 그의 전기를 쓰는 것이 가능하다고까지 말했습니다(Prophecy and Religion, 1922).

예언자의 이름을 딴 예언서는 대개 예언자 개인의 정보를 많이 얻을 수 있을 것으로 기대하지만, 사실 예언자의 신상 기록은 그렇게 많지 않습니다. 그런 점에서 예레미야서는 다른 예언서와 차별되는 면이 있습니다.

하지만 근간의 구약성서 학자들은 예레미야서가 실제 선지자 예레미야에 대해 얼마나 알려 줄 수 있는지에 대해 매우 회의적입니다. 심지어 예레미야가 실제로 존재한 인물인지조차 의심합니다. 캐롤(Robert P. Carroll)이라는 학자가 대표적입니다.

이처럼 선지자 예레미야에 대한 견해가 매우 극단적인데, 두 가지 모두 지나친 해석이라고 생각합니다. 예레미야서를 가지고 예레미야의 전기까지 쓸 수 있다고 보는 견해도 너무 낙관적이고, 반대로 그의 실존조차 의심하는 견해도 지나치게 부정적입니다.

여하간 예레미야 개인에 관심이 집중된 만큼 예레미야서에서는 선지자의 개인적 문제와 정보를 주의 깊게 살펴볼 필요가 있습니다. 앞에서 살펴본 아모스, 호세아, 이사야는 모두 그들 개인의 삶과 사역의 성격이 매우 밀접한 관계에 있었습니다. 마찬가지로, 예레미야의 개인적 배경은 그의 사역을 이해하는 데 매우 중요합니다.

우울증 환자 예레미야

아모스는 사회 정의, 호세아는 종교적 타락, 그리고 이사야는 거룩이라는 주제가 도드라진다고 앞에서 말했습니다. 그렇다면 예레미야는 어떤 특징을 가지고 있을까요?

일반적으로 예레미야 하면 떠올리는 단어가 있는데, 바로 '눈물'입니다. 예레미야는 '눈물의 선지자'라 불린답니다. 하지만 좀 미안한 얘기지만, 그보다 더 적합한 말은 '우울증 환자'인 것 같습니다.

그런데 왜 '눈물의 선지자'이며 '우울증 환자'일까요? 그는 다른 선지자들과는 다르게 무척 겁이 많고 소심한 사람이었습니다. 게다가 자신이 하나님의 소명을 받은 선지자라는 사실을 썩 달가워하지 않는 비관적 선지자였습니다. 특히 이사야와 비교해 보면 그의 성격이 어떠했는지 금방 알 수 있답니다.

이사야는 공부도 잘했고 집안도 좋았고 진취적이며 자신감이 넘치는, 게다가 호세아와 다르게 아내 역시 여선지자였으며, 왕궁에서 왕을 보좌하며 살던 엘리트였습니다. 한마디로 잘난 사람이었습니다. 그의 자신감은 어찌 보면 당돌하기까지 합니다. 이사야서 6장을 보면 이사야가 하나님으로부터 사명을 받는 장면이 나오는데, 하나님께서 '누가 우리를 위하여 갈꼬?' 하자 서슴없이 '나를 보내 달라'고 말합니다. 위대한 선지자이자 지도자인 모세조차 하나님의 부르심에 자신은 말을 잘 못한다며 몇 번을 고사했습니다. 고대 서아시아의 다른 문헌을 봐도 신의 부름을 받은 사람들이 선뜻 나서는 경우는 매우 드뭅니다. 그런데 이사야는 망설이거나 주저함이 없습니다.

이런 이사야와는 전혀 다른 성격의 소유자가 예레미야입니다. 늘 소극적이고 불평불만이 많은 사람이었죠. 예레미야서 1장을 보면 하나님이 예레미야를 대단히 영광스럽게 부르십니다.

"내가 너를 모태에 짓기 전에 너를 알았고 네가 배에서 나오기 전에 너를 성별하였고 너를 여러 나라의 선지자로 세웠노라 하시기로"(렘 1:5).

아마 성경의 어떤 인물도 이렇게 영광스럽게 하나님의 부름을 받지는 못했을 것입니다. 하나님은 그가 태어나기도 전에 세상의 선지자로 세웠다고 말씀하십니다. 하나님은 두 팔을 활짝 벌려 예레미야를 부르시는데, 하나님께 대답하는 그의 첫마디가 가관입니다.

"내가 이르되 슬프도소이다 주 여호와여 보소서 나는 아이라 말할 줄을 알지 못하나이다 하니"(렘 1:6).

예레미야는 하나님의 부르심에 '슬프도소이다'라고 한탄을 한 것입니다. 이 말은 히브리어로 슬픔이나 공포를 표하기도 하는 감탄사 '아하'('ahah) 입니다. 이 반응이 믿겨집니까? 겸손하게 사양을 하는 것도 아니고, 어떻게 하나님께 '슬프다'는 한탄을 첫마디로 드릴 수 있습니까? 그 우울함이 정말 심합니다. 뒤이어 예레미야는 어쭙잖게 모세를 흉내 내며 이렇게 말합니다. "주 여호와여 보소서 나는 아이라 말할 줄을 알지 못하나이다."

자신의 부름에 한탄을 하는 이 허무한 반응에, 두 팔을 벌리고 환영하려던 하나님은 좀 머쓱하셨지만, 예레미야를 달래고 격려하여 그를 예언자로 부르십니다. 7-10절 말씀을 보도록 하겠습니다.

"여호와께서 내게 이르시되 너는 아이라 말하지 말고 내가 너를 누구에게 보내든지 너는 가며 내가 네게 무엇을 명령하든지 너는 말할지니라 너는 그들 때문에 두려워하지 말라 내가 너와 함께하여 너를 구원하리라 나 여호와의 말이니라 하시고 여호와께서 그의 손을 내밀어 내 입에 대시며 여호와께서 내게 이르시되 보라 내가 내 말을 네 입에 두었노라 보라 내가 오늘 너를 여러 나라와 여러 왕국 위에 세워 네가 그것들을 뽑고 파괴하며 파멸하고 넘어뜨리며 건설하고 심게 하였느니라 하시니라"(렘 1:7-10).

바람난 아내에 음란한 자식들까지 주어 호세아 가정을 콩가루로 만들어 버리시던 하나님이 예레미야에겐 어찌 이리도 친절한지요. 하지만 예레미야는 이렇게 위로 받지 않고선 하나님의 사역을 감당할 수 없는 사람이었습니다.

예레미야의 눈물겨운 고백

예레미야서에는 소위 예레미야의 '고백'이라고 불리는 시적 구절들이 있습니다. 다른 예언서에 비해 아주 두드러진 특징이지요. 먼저 11장 19절에 나와 있는 예레미야의 고백을 들어 보겠습니다.

"나는 끌려서 도살당하러 가는 순한 어린 양과 같으므로 그들이 나를 해하려고 꾀하기를 우리가 그 나무와 열매를 함께 박멸하자 그를 살아 있는 자의 땅에서 끊어서 그의 이름이 다시 기억되지 못하게 하자 함을 내가 알지 못하였나이다."

이 구절을 보면 예레미야가 사람들로부터 미움을 많이 받았음을 알 수 있습니다. 미움 정도가 아니라 목숨의 위협까지도 받은 것 같아요. 그래서 자신이 도살당하는 어린 양 같고, 그들이 자신을 산 자의 땅에서 끊어 버리려 했다고 고백합니다. 이렇게 예레미야는 자신이 당한 어려움을 하나님 앞에 숨김없이 다 고백하고 울어 댑니다. 아모스나 호세아는 어했을까요? 그들 내면에 대한 기록이 많지 않아 자세히 알 수는 없지만, 그들도 예레미야 못지않게 어려움이 많았습니다. 하지만 그들은 예레미야처럼 이렇게 소상히 자신의 어려움을 토로하지는 않은 것 같습니다. 그런 점에서 사람들은 예레미야를 '눈물의 선지자'라고 부르는 모양입니다. 하지만 하나님은 늘 예레미야를 달래십니다. 어려움이 있다고 눈물을 흘릴 때마다 달래서 다시 일을 하게 하셨답니다.

더 나아가 예레미야는 자신의 사역이 너무 고달프고 힘들어 자기 어머니마저도 원망합니다. 왜 자신을 낳아 이렇게 고생하게 하느냐고 울부짖습니다. 15장 10절을 볼까요?

"내게 재앙이로다 나의 어머니여 어머니께서 나를 온 세계에 다투는 자와 싸우는 자를 만날 자로 낳으셨도다 내가 꾸어 주지도 아니하였고 사람이 내게 꾸이지도 아니하였건마는 다 나를 저주하는도다."

'다 나를 저주하는도다'고 할 만큼 예레미야는 정말 힘들었는가봅니다. 이렇게 울어대는 예레미야를 하나님은 또 위로하십니다.

"내가 너로 이 백성 앞에 견고한 놋 성벽이 되게 하리니 그들이 너를 칠지라도 이기지 못할 것은 내가 너와 함께하여 너를 구하여 건짐이라 여호와의 말씀이니라 내가 너를 악한 자의 손에서 건지며 무서운 자의 손에서 구원하리라"(렘 15:20-21).

예레미야서를 보면 하나님이 참 바쁘십니다. 이스라엘과 여러 민족들을 향한 예언도 하셔야 하고, 이렇게 징징대며 울어대는 예레미야도 달래고 위로하셔야 하니 말입니다. 예레미야가 좀 너무했다 싶은가요? 그러나 예레미야 입장에서 보면 정말 우울증이 걸릴 만도 합니다. 17장 15절을 보면 예레미야의 어려움을 이해할 수 있을 것입니다.

"보라 그들이 내게 이르기를 여호와의 말씀이 어디 있느냐 이제 임하게 할지어다 하나이다."

사역자로서 예레미야가 겪은 어려움 중 하나는 당당히 하나님의 말씀을 선포했는데, 그게 이루어지지 않는 것입니다. 사람들은 예레미야에게 이제 네가 말한 하나님의 말씀이 어서 이루어지게 해보라고 놀려 댑니다. 어떤 축구팀이 공격수 하나를 데려왔는데, 그 선수가 골을 넣지 못하면 어떻게 될까요? 아마 쓸모없는 선수라고 멸시당할 겁니다. 마찬가지로 사람들이 예언자에게 기대하는 것은 무엇일까요? 바로 예언이지요. 예언을 잘해야만 합니다. 그런데 위 구절을 읽어 보니, 예레미야는 하나님의 말씀이라 믿고 당당히 예언했는데 그게 이루어지질 않아 종종 곤란을 겪곤 했다는 겁니다. 이 얼마나 황당하고 기가 막힌 일입니까. 아마 누구라도 당장 하나님께 따지고 울고불고 했을 겁니다. 다시는 하나님의 이름으로 예언하지 않겠다고 떼를 쓰기도 할 것입니다. 기가 막힌 예레미야가 하나님께 이렇게 고백합니다.

"주는 내게 두려움이 되지 마옵소서 재앙의 날에 주는 나의 피난처시니이다"(렘 15:17).

오죽 힘들었으면 하나님을 자신의 '두려움'이라고 표현했겠습니까. 하나님이 요구하시는 사역이 너무 힘들거나 황당하다면 누구나 도망치고 싶을 것입니다. 예레미야가 바로 그런 입장인 것입니다. 소명을 받고 열심히 일했는데, 하나님의 영광이 드러나지도 않고 오히려 사람들의 조롱거리가 되었으니, 예레미야로선 하나님의 말씀이 두려운 것입니다.

이렇게 살펴보니 예레미야의 성격이 소심하기도 했겠지만, 하나님의 섭리가 너무하다 싶지 않습니까? 왜 굳이 이렇게 유약한 사람을 사용하려는지 이해도 안 되고요. 하나님의 깊은 뜻을 살펴보려면 아무래도 예레미야서를 좀 더 보아야 할 것 같습니다.

21. 예레미야의 소명은 무엇일까?

예레미야의 딜레마

예레미야와 하나님, 둘 중 누구 편을 들고 싶은가요? 질문이 좀 적절치 못한가요? 하지만 우리는 모두 연약한 인간이기에 왠지 예레미야의 우울한 심정에 동정이 갑니다. 어느 날 예레미야가 또 하나님 앞에 와서 이렇게 고백합니다.

"그들이 말하기를 오라 우리가 꾀를 내어 예레미야를 치자 제사장에게서 율법이, 지혜로운 자에게서 책략이, 선지자에게서 말씀이 끊어지지 아니할 것이니 오라 우리가 혀로 그를 치고 그의 어떤 말에도 주의하지 말자 하나이다"(렘 18:18).

사람들이 모여 예레미야를 해하기로 작당하였습니다. 예레미야 말고도 다른 제사장, 다른 현인, 다른 선지자들이 많으니 예레미야쯤은 없애버려도 될 것 같다는 무시무시한 악행을 계획한 것입니다. 이에 대해 예레미야가 분노하여 하나님께 기도하는데 그 내용이 참 심란합니다.

"그러하온즉 그들의 자녀를 기근에 내어 주시며 그들을 칼의 세력에 넘기시며 그들의 아내들은 자녀를 잃고 과부가 되며 그 장정은 죽음을 당하며 그 청년은 전장에서 칼을 맞게 하시며 주께서 군대로 갑자기 그들에게 이르게 하사 그들의 집에서 부르짖음이 들리게 하옵소서 이는 그들이 나를 잡으려고 구덩이를 팠고 내 발을 빠뜨리려고 올무를 놓았음이니이다 여호와여 그들이 나를 죽이려 하는 계략을 주께서 다 아시오니 그 악을 사하지 마옵시며 그들의 죄를 주의 목전에서 지우지 마시고 그들을 주 앞에 넘어지게 하시되 주께서 노하시는 때에 이같이 그들에게 행하옵소서 하니라"(렘 18:21-23).

예레미야가 단단히 화가 난 모양입니다. 웬만해서는 개인적인 원한 때문에 이렇게까지 하지 않을 텐데 자신을 처단하려는 무리들을 하나님이 저주해 달라고 기도하고 있습니다. 예레미야의 우울한 성격 속에는 이렇게 욱한 감정까지도 내재되어 있는 모양입니다. 좀 더 살펴보겠습니다.

"여호와여 주께서 나를 권유하시므로 내가 그 권유를 받았사오며 주께서 나보다 강하사 이기셨으므로 내가 조롱거리가 되니 사람마다 종일토록 나를 조롱하나이다"(렘 20:7).

이 구절을 보면 여호와께서 예레미야를 '권유'하여 주의 일을 할 수 밖에 없도록 만들었다고 합니다. 여기서 '권유'의 본래 뜻은 '꼬드기다'는 말과 유사합니다. 하나님이 예레미야를 거의 꾀다시피 하여 하나님의 사역자가 되도록 해놓고는, 사람들의 조롱거리가 되도록 만드셨다는 겁니다. 여기서 예레미야의 성격을 짐작해 볼 수 있습니다. 1장에서 하나님께 처음 소명 받았을 때 보인 그의 반응을 통해 짐작할 수 있듯이, 그는 무척이나 내성적인 성격이었던 듯싶습니다. 더욱이 지금 살펴본 구절에서도 나타나듯, 그는 자신이 하나님의 사역자가 된 것이 하나님만의 의지요, 하나님만의 고집이었던 것처럼 표현하고 있습니다. 그래서 그가 사람들로부터 조롱당할 때 하나님을 적잖이 원망했던 것입니다. 그리고 그 비통한 마음을 숨기지 않고 하나님께 토로한 '찌질이'가 바로 예레미야입니다.

그런데 왜 예레미야는 그토록 사람들로부터 조롱을 받아야만 했을까요? 그 다음 8절에 보면 이와 같은 말이 나옵니다.

"내가 말할 때마다 외치며 파멸과 멸망을 선포하므로 여호와의 말씀으로 말미암아 내가 종일토록 치욕과 모욕거리가 됨이니이다."

예레미야는 항상 사람들에게 파멸과 멸망만 예언했다고 했습니다. 예레미야서의 다른 구절들을 보면 그는 왕이 사는 왕궁에 가서 "이 나라가 파멸당할 것이다"라고 외쳐야 했고, 성소에 가서는 "이곳은 하나님이 계시지 아니하고 곧 멸망할 것이다"라고 예언해야 했습니다. 그러니 그 나라 사람들이 예레미야를 정상인으로 생각했겠습니까? 만약 하나님께서 여러분에게 청와대 앞에 가서 "이 나라가 곧 망할 것이다"라고 외치라 하신다면, 그 일을 선뜻 할 수 있겠습니까. 어느 교회에 가서 성도들에게 "이 교회는 거짓된 교회요, 곧 망할 것이다"라고 선포하라 하신다면 할 수 있겠습니까? 과장이 될지 모르지만 만일 하나님이 종로 한복판에 가서 "독도 는 일본 땅이다"라고 외치라 하신다면 할 수 있겠습니까? 이 같은 황당한 반사회적, 매국노적 행동을 예레미야는 해야 했습니다. 가뜩이나 우울한 예레미야가 더 우울해지지 않겠습니까?

예레미야는 결국 결심합니다. 다시는 내가 하나님의 이름으로 예언을 하지 않겠다고 말입니다. 그랬더니 어떤 일이 벌어졌는지 한번 봅시다.

"내가 다시는 여호와를 선포하지 아니하며 그의 이름으로 말하지 아니하리라 하면 나의 마음이 불붙는 것 같아서 골수에 사무치니 답답하여 견딜 수 없나이다"(렘 20:9).

입을 닫고 예언을 하지 않았더니, 하나님의 소명을 받은 예레미야의 마음이 그 사명감 때문에 불이 붙어 사무치고 답답해서 견딜 수가 없다고 합니다. 그야말로 진퇴양난이지요? 입을 열자니 사람들에게 맞아 죽을 것 같고, 그렇다고 입을 닫자니 마음이 터져 죽을 것만 같습니다. 하나님의 사역자로서 감당해야 할 내적 갈등이 잘 드러나 있습니다. 오늘날의 우리도 다르지 않습니다. 하나님의 사역을 하며 말씀대로 살자니 고난이 극심하고, 그렇다고 하나님을 떠나 멀리 있자니 내면의 영이 하나님을 찾고, 하나님의 사역을 하는 것이 참 쉽지 않습니다.

이제 그의 갈등이 극에 달했는지, 예레미야는 급기야 이상 행동을 보입니다. 하나님께 그렇게 울고불고 하다가 갑자기 하나님께 찬양을 드립니다.

"여호와께 노래하라 너희는 여호와를 찬양하라 가난한 자의 생명을 행악자의 손에서 구원하셨음이니라"(렘 20:13).

이렇게 하나님을 찬양하다가 바로 다음에서는 돌변하여 자기가 태어난 것을 저주하기 시작합니다.

"내 생일이 저주를 받았더면, 나의 어머니가 나를 낳던 날이 복이 없었더면, 나의 아버지에게 소식을 전하여 이르기를 당신이 득남하였다 하여 아버지를 즐겁게 하던 자가 저주를 받았더면"(렘 20:14-15).

이렇게 예레미야는 하나님 앞에서 울다가 웃다가 또 울다가 웃습니다. 이런 증상을 흔히 우울증 혹은 조울증이라고 부릅니다. 주로 마음이 극심하게 어둡고 병든 사람들에게 나타나는 현상입니다. 예레미야는 이후에도 여러 번 하나님께 자신의 사역에 대한 불만을 토로합니다. 사실 위 13절과 같은 찬양이 느닷없이 본문에 끼어들어 있는 양식은 이 본문이 형성되어 갈 때 성전 예배의 교독문처럼 구성되게 되었음을 추정하게 합니다. 13절은 청중의 화답 같은 것이지요. 그러나 본문을 있는 그대로 볼 수밖에 없는 현대의 독자들에게는 그야말로 심란한 예레미야 내면의 발현인 것입니다.

하나님은 더 나아가 예레미야에게 기이한 행동을 요구하십니다. 소들이 메는 멍에를 어깨에 메고 있으라는 겁니다. 가뜩이나 밉보인 예레미야가 그러고 다니니 미쳤다는 소리도 들었을 것입니다. 사람들이 왜 멍에를 지고 다니느냐고 물으면 그는 말하길, '우리가 다 포로로 잡혀 이렇게 바벨론의 멍에를 멜 것이다'(렘 27장)라고 대답합니다. 그러니 한 대 맞을 것도 두 대 맞을 수밖에 없습니다.

지금까지 우리는 소심한 성격임에도 불구하고 하나님으로부터 어마어마한 소명을 받아 내적으로 극심하게 갈등하는 한 불쌍한 사역자의 모습을 목격했습니다.

하나님은 왜 예레미야를 부르셨을까?

그런데 하나님은 왜 이렇게 소심하고 연약한 예레미야를 택한 것일까요? 놀랍게도 하나님은 그의 입을 통하여 장장 52장이나 되는 긴 예언을 남기십니다. 더 놀라운 것은 이 우울한 예레미야를 통해 기독교 신학에 있어 너무나도 중요한 예언을 말씀하십니다. 이는 구약성경의 분기점이 될 만한 위대한 예언이지요. 예레미야 31장 31절부터 34절을 보면, 예레미야를 통해 하나님의 새로운 약속이 선포됩니다.

"여호와의 말씀이니라 보라 날이 이르리니 내가 이스라엘 집과 유다 집에 새 언약을 맺으리라 이 언약은 내가 그들의 조상들의 손을 잡고 애굽 땅에서 인도하여 내던 날에 맺은 것과 같지 아니할 것은 내가 그들의 남편이 되었어도 그들이 내 언약을 깨뜨렸음이라 여호와의 말씀이니라 그러나 그날 후에 내가 이스라엘 집과 맺을 언약은 이러하니 곧 내가 나의 법을 그들의 속에 두며 그들의 마음에 기록하여 나는 그들의 하나님이 되고 그들은 내 백성이 될 것이라 여호와의 말씀이니라 그들이 다시는 각기 이웃과 형제를 가리켜 이르기를 너는 여호와를 알라 하지 아니하리니 이는 작은 자로부터 큰 자까지 다 나를 알기 때문이라 내가 그들의 악행을 사하고 다시는 그 죄를 기억하지 아니하리라 여호와의 말씀이니라."

이 말씀은 시내 산에서 모세를 통해 주어졌던 돌판에 새긴 그 옛 법을 뛰어넘어, 이제 그의 백성에게 마음에 새긴 새로운 법을 주시겠다는 신학적으로 대단히 중요한 선언입니다. 옛 언약의 '돌판' 즉 율법의 시대가 지나가고, 새 언약의 '마음' 즉 성령의 시대가 올 것이라는 매우 의미심장한 암시가 담겨 있는 것입니다. 이 새 언약은 기독교에서 예수 그리스도의 사랑과 은혜를 예표하는 것으로 받아들여지는 대단히 중요한 말씀이지요. 이렇게 중요한 말씀이 우울증 환자의 입을 통해 예언된 것입니다.

예레미야 본인은 자기 자신이 얼마나 한심하고 미웠을까요. 하나님께 원망을 쏟아붓긴 하지만, 자기 자신을 결코 구제받을 수 없는 찌질이로 자학했을 것입니다. 그런데 예레미야의 이런 성격은 하나님이 주신 약속의 땅을 잃어버릴 위기에 처한 이스라엘 백성과도 같았습니다. 하나님이 모세를 통해 주신 율법대로 살아 의로운 백성이 되길 원했지만 그 어떤 인간도 율법대로 살 수 없었고, 오히려 율법의 정죄 속에 죄인이 되고 말았습니다. 이를 후에 사도 바울이 이렇게 설명합니다.

"그러므로 율법의 행위로 그의 앞에 의롭다 하심을 얻을 육체가 없나니 율법으로는 죄를 깨달음이니라"(롬 3:20).

하나님 뜻대로 살고자 하였으나 쉽지 않았습니다. 예레미야도 마찬가지였습니다. 하나님의 종으로서 당당히 살고 싶었으나 그에게 맡겨진 사명이 너무나 가혹해서 이스라엘 백성처럼 때로 하나님을 원망하고 좌절하곤 했습니다. 이런 예레미야였기에 자기 자신을 획기적으로 변화시켜 줄 뭔가 새로운 하나님의 역사를 간절히 바랐을 것입니다. 그 간절함과 소망이 어느 누구보다 강력했기에 하나님은 그를 통하여 자학과 좌절 가운데 있는 이스라엘에게 새로운 약속의 소식을 전하신 것입니다. 이를 바울의 설명과 함께 이해해 볼까요?

"이제는 율법 외에 하나님의 한 의가 나타났으니 율법과 선지자들에게 증거를 받은 것이라 곧 예수 그리스도를 믿음으로 말미암아 모든 믿는 자에게 미치는 하나님의 의니 차별이 없느니라 모든 사람이 죄를 범하였으매 하나님의 영광에 이르지 못하더니 그리스도 예수 안에 있는 속량으로 말미암아 하나님의 은혜로 값없이 의롭다 하심을 얻은 자 되었느니라"(롬 3:21-24).

이 새로운 약속의 기쁨을 가장 잘 아는 예레미야가 이 소식을 전할 자격이 있었던 것입니다. 그는 우울한 자였으므로 누구보다 희망과 소망의 맛을 잘 전할 수 있었습니다. 즉 못난 찌질이 예레미야의 우울은 바로 못나게 살다가 나라를 잃은 이스라엘의 우울을 대표합니다. 그래서 우울하던 바로 그 시기에 우울증 환자 예레미야가 하나님의 예언자로서 활약한 것이 아닐까요.

하나님의 역사가 참 놀랍지요? 우울증 환자의 삶마저도 하나님에게는 목적과 뜻이 있는 것입니다. 그러니 우리도 자신의 과거 삶이나 연약한 부분을 너무 비관적으로 볼 필요가 없습니다. 그 모든 것이 우리를 하나님의 일꾼으로 쓰시기 위한 하나님의 섭리이기 때문입니다.

22. 예레미야의 예언은 어떤 내용을 담고 있나?

앞장에서 선지자 예레미야가 하나님 앞에서 왜 그렇게 많이 울었는지, 그리고 왜 그렇게 울 수밖에 없었는지를 알아보았습니다. 더 나아가 예레미야의 그 우울함도 모두 하나님의 섭리임을 보았습니다. 예레미야의 우울은 나라를 잃고 자신을 자책하던 이스라엘의 우울을 가리킵니다. 이처럼 예레미야의 특이한 성격과 경험은 그의 사역과 밀접한 관련이 있는 매우 의미 있는 하나님의 섭리였답니다. 이제 예레미야의 다른 면도 살펴보겠습니다.

호세아와 아모스 그리고 예레미야

우선 예레미야는 자신보다 훨씬 선배였던 호세아 선지자를 많이 좋아한 것 같습니다. 예레미야 예언의 일부를 보면 호세아의 목소리가 들리는 듯합니다. 호세아는 하나님과 그의 백성을 남편과 아내로 비유한 것으로 유명하지요? 그것을 염두에 두고 다음 예레미야의 예언을 봅시다. 예레미야서 2장 1-2절 말씀입니다.

> "여호와의 말씀이 내게 임하니라 이르시되 가서 예루살렘의 귀에 외칠지니라 여호와께서 이와 같이 말씀하시기를 내가 너를 위하여 네 청년 때의 인애와 네 신혼 때의 사랑을 기억하노니 곧 씨 뿌리지 못하는 땅, 그 광야에서 나를 따랐음이니라."

이 말씀은 예루살렘, 즉 하나님의 백성을 향한 말씀인데 하나님은 그들이 젊었을 때 그리고 신혼 때의 사랑을 기억한다고 말씀하십니다. 특히 그 신혼의 때가 바로 그들이 광야에서 하나님을 따랐던 때라고 합니다. 이러한 표현은 호세아의 예언에 잘 담겨져 있지요. 호세아가 예레미야보다 훨씬 이전에 활약한 선지자였으니, 호세아는 후대 선지자들에게 큰 영향을 주었을 만큼 유명하였나 봅니다.

선지자 호세아의 영향을 받은 듯한 또 다른 예언이 있다면 예레미야서 3장 1-3절의 말씀일 것입니다. 이 부분은 호세아서처럼 이스라엘 백성을 음란하여 바람난 여인으로, 그리고 하나님을 질투와 분노에 가득 찬 그 남편으로 묘사하고 있습니다.

> "그들이 말하기를 가령 사람이 그의 아내를 버리므로 그가 그에게서 떠나 타인의 아내가 된다 하자 남편이 그를 다시 받겠느냐 그리하면 그 땅이 크게 더러워지지 아니하겠느냐 하느니라 네가 많은 무리와 행음하고서도 내게로 돌아오려느냐 여호와의 말씀이니라 네 눈을 들어 헐벗은 산을 보라 네가 행음하지 아니한 곳이 어디 있느냐 네가 길가에 앉아 사람들을 기다린 것이 광야에 있는 아라바 사람 같아서 음란과 행악으로 이 땅을 더럽혔도다 그러므로 단비가 그쳤고 늦은 비가 없어졌느니라 그럴지라도

네가 창녀의 낯을 가졌으므로 수치를 알지 못하느니라."

호세아서에 나온 비유적 표현들이 여기에도 그대로 담겨 있습니다. 이스라엘 백성이 가나안 땅에서 하나님 외에 다른 신들을 섬긴 것을 여인의 음란으로 표현하고, 그런 여자를 남편이 다시 받아들이는 일이 쉽지 않음을 말하고 있습니다.

이처럼 예레미야는 자기보다 먼저 활약한 선진 예언자들의 말씀을 잘 공부한 학생이었나 봅니다. 예레미야가 우울하기는 했어도 선배 예언자들의 예언을 잘 연구했기에, 하나님이 그의 그런 지식을 잘 활용하시는 것 같습니다.

예레미야는 아모스의 영향도 받은 듯합니다. 다음 예레미야의 매우 중요한 가르침을 보면 아모스 선지자의 말씀이 떠오릅니다.

"여호와께로부터 예레미야에게 말씀이 임하니라 이르시되 너는 여호와의 집 문에 서서 이 말을 선포하여 이르기를 여호와께 예배하러 이 문으로 들어가는 유다 사람들아 여호와의 말씀을 들으라 만군의 여호와 이스라엘의 하나님께서 이와 같이 말씀하시되 너희 길과 행위를 바르게 하라 그리하면 내가 너희로 이곳에 살게 하리라 너희는 이것이 여호와의 성전이라, 여호와의 성전이라, 여호와의 성전이라 하는 거짓말을 믿지 말라"(렘 7:1-4).

지금으로 따지면 어떤 교회 앞에 서서 예배드리러 가는 성도들에게 "이 교회가 하나님의 성전이라는 거짓말을 믿지 말라"고 떠드는 것과 같습니다. 이렇게 행동하였으니 예레미야가 사람들로부터 미움과 위협을 받을 만하였지요? 그런데 이 성전이 거짓된 곳이라고 말하는 이유는 다름 아닌 그들이 그 행위를 바르게 하지 못했기 때문입니다. 다시 말하면 하나님에 대한 신앙의 본질은 제사가 아닌 바로 일상에서 '올바르게 사는 것'이라고 말하고 있습니다. 어쩐지 아모스의 냄새가 나는 것 같지 않습니까? 뒤따르는 5-8절을 보면 더 확실히 아모스의 목소리가 들립니다.

> "너희가 만일 길과 행위를 참으로 바르게 하여 이웃들 사이에 정의를 행하며 이방인과 고아와 과부를 압제하지 아니하며 무죄한 자의 피를 이곳에서 흘리지 아니하며 다른 신들 뒤를 따라 화를 자초하지 아니하면 내가 너희를 이곳에 살게 하리니 곧 너희 조상에게 영원무궁토록 준 땅에니라 보라 너희가 무익한 거짓말을 의존하는도다."

행위를 바르게 하며, 이웃에게 정의를 행하고, 이방인과 과부와 고아를 압제하지 말라는 이 말씀은 아모스처럼 사회 정의를 이루고 가난한 자를 긍휼히 여기는 것이 신앙의 핵심임을 말해 주고 있습니다. 아모스를 이어 예레미야도 이런 말씀을 전하는 것을 보면 종교적 행위보다는 정의와 공의를 삶 속에서 행하는 것이 얼마나 중요한 것인지 다시 한 번 생각해 보게 됩니다.

예레미야서 26장에도 유사한 말씀이 등장합니다. 이날도 예레미야는 여호와의 성전에 서서 그곳에 들어가는 이들에게 곧 이곳이 망할 것이라고 폭언을 하였답니다. 그랬더니 그곳의 제사장과 선지자 즉 지금의 전도사와 목사님이 예레미야를 붙잡아 죽여 버리겠다고 윽박질렀습니다. 그러자 예레미야는 이렇게 말합니다.

"예레미야가 모든 고관과 백성에게 말하여 이르되 여호와께서 나를 보내사 너희가 들은 바 모든 말로 이 성전과 이 성을 향하여 예언하게 하셨느니라 그런즉 너희는 너희 길과 행위를 고치고 너희 하나님 여호와의 목소리를 청종하라 그리하면 여호와께서 너희에게 선언하신 재앙에 대하여 뜻을 돌이키시리라"(렘 26:12-13).

예레미야는 자신의 예언이 그저 폭언이 아니라 하나님이 전하시는 말씀이라고 못 박은 후, 종교 행위를 하러 성전에 온 이들에게 '길과 행위'를 고치라고 합니다. 한마디로 교회만 열심히 다니지 말고 똑바로 살라는 거지요. 교회에 그저 왔다갔다 하는 것보다 정말로 생활 속에서 하나님의 뜻을 실천하며 살라는 겁니다. 6장 19-20절을 보면 더 적나라합니다.

"땅이여 들으라 내가 이 백성에게 재앙을 내리리니 이것이 그들의 생각의 결과라 그들이 내 말을 듣지 아니하며 내 율법을 거절하였음이니라 시바에서 유향과 먼 곳에서 향품을 내게로 가져옴은 어찌함이냐 나는 그들의 번제를 받지 아니하며 그들의 희생제물을 달게 여기지 않노라."

이스라엘 백성이 번제와 희생제물을 드린 이유는 율법을 잘 지키기 위해서일 텐데, 반대로 이 말씀은 그들이 율법을 거절하였고 그래서 번제나 제물을 드린 것이라 합니다. 어떻습니까? 아모스의 목소리가 들리는 것 같지 않나요?

예레미야는 그의 믿음의 선진인 호세아나 아모스의 예언을 무척 사랑하고 마음속 깊이 두었던 것 같습니다. 그래서 호세아나 아모스의 가르침이 그의 예언에서 활용된 것으로 보입니다. 예레미야에게 주어졌던 예언은 어느 날 하늘에서 뚝 떨어진 게 아니랍니다. 하나님의 계시는 하늘에서 번개 떨어지듯 주어질 것이라고 생각하기 쉽지만, 사실 그런 일은 성경에도 별로 없습니다. 그런 예는 모세에게 내린 십계명 정도에서 찾을 수 있지요. 대개는 하나님의 사람이 그의 삶과 일생 속에서 배우고 깨닫고 겪은 바가 예언으로 드러납니다.

신약성경의 다이아몬드라 할 수 있는 로마서를 왜 베드로가 아닌 본래 제자도 아닌 바울이 썼을까요? 전적인 하나님의 계시이고 예언이지만, 로마서를 통해 드러낼 고차원적인 신학적 섭리는 천재적으로 공부를 잘한 바울의 몫이었던 겁니다. 구약성경 자체도 하나의 계시이고 예언이지만, 어느 날 하늘에서 떨어져 내려 온 것이 아니라 몇 백 년에 걸친 이스라엘 민족의 경험과 역사를 거쳐 우러나오게 된 것이지요.

이렇게 본다면 우리가 어떤 하나님의 계시와 예언을 체험할지는 평소에 우리가 어떤 경험과 준비를 하고 살아가느냐에 따라 그 성격이 달라진다고도 볼 수 있습니다. 그러니 삶의 경험 하나하나를 소중하게 여기고 훌륭한 영적 성장과 사역을 위해 열심히 준비해야겠지요. 특히 예언서를 좋아하고 많이 읽으면 미래에 예언자처럼 살게 되겠죠?

그러니까 하나님의 은혜는 공짜다!

우울한 성격의 예레미야는 아마도 자신의 내면에 대한 관찰을 많이 하였을 것입니다. 특히 예레미야는 '죄'를 인간의 본성과 깊이 연관하여 성찰했습니다. 인간의 죄는 개인의 의식적인 행동이며 본성의 깊은 일부라고 표현합니다.

"내 백성은 나를 알지 못하는 어리석은 자요 지각이 없는 미련한 자식이라 악을 행하기에는 지각이 있으나 선을 행하기에는 무지하도다"(렘 4:22).

인간은 지각이 없고, 있어도 악을 행하는 지각뿐이라고 말하고 있습니다. 선을 행하기에는 무지하다는 겁니다. 무척 암울한 진단이지요? 더 나아가 그는 인간의 속성이 무지함을 지나 거의 무감각하다고 이해하고 있습니다. 5장 3절을 봅시다.

"여호와여 주의 눈이 진리를 찾지 아니하시나이까 주께서 그들을 치셨을지라도 그들이 아픈 줄을 알지 못하며 그들을 멸하셨을지라도 그들이 징계를 받지 아니하고 그들의 얼굴을 바위보다 굳게 하여 돌아오기를 싫어하므로."

이스라엘 백성이 하나님으로부터 맞았는데도 아픈 줄을 모르고, 혼이 났는데도 뉘우치기는커녕 도리어 얼굴을 바위처럼 굳게 하였다고 말합니다. 무감각한 상태는 사실 심각한 것입니다. 몸이 고통을 느끼는 것은 우리 신체가 고맙게도(?) 우리 자신에게 몸에 이상이 있으니 살펴보아야 한다고 경고를 보내는 것이지요. 손가락이 뜨거운 냄비에 닿았는데도 아무 고통을 느끼지 못한다면 그 손가락은 이내 큰 상처를 입고 말 것입니다. 고맙게도 우리는 그 고통을 느낌으로 말미암아 몸을 보호할 필요성을 자각하고 돌볼 수 있습니다. 하나님이 주시는 아픔도 사실 이와 같은 자각을 통해 자신을 돌아보라는 하나님의 뜻인 겁니다. 그런데 아픔을 느끼지도 못하고 무감각하다는 것은 거의 구제불능이라는 뜻입니다. 즉 예레미야가 말하는 인간의 본성은 구제불능입니다. 13장 23절은 이를 재미있게 표현하고 있습니다.

"구스인이 그의 피부를, 표범이 그의 반점을 변하게 할 수 있느냐 할 수 있을진대 악에 익숙한 너희도 선을 행할 수 있으리라."

여기서 구스인은 지금의 아프리카 에티오피아 사람들을 의미하는데, 그들이 자신의 검은 피부를 바꿀 수 있겠느냐고 질문합니다. 그리고 표범은 몸에 점이 있는 짐승인데, 표범이 그 점을 없앨 수 있겠느냐고 질문합니다. 만일 사람이 그 피부색을, 짐승이 그 가죽무늬를 바꿀 수 있다면 "악에 익숙한 너희도 선을 행할 수 있으리라"고 조소적으로 말합니다. 다시 말해 인간의 악한 속성은 영원히 버릴 수 없다는 뜻입니다.

그런데 이런 인간의 악한 본성은 어떻게 해결될 수 있을까요? 그 대답은 앞장에서 살펴본 예레미야의 위대한 예언에 나와 있습니다. 결국 예레미야는 인간의 힘과 노력이 아닌 전적인 하나님의 역사와 은혜로, 하나님이 인간에게 '새로운 마음'을 불어넣어 주셔야만 인간 본성이 새로워질 수 있다고 봅니다.

"여호와의 말씀이니라 보라 날이 이르리니 내가 이스라엘 집과 유다 집에 새 언약을 맺으리라 이 언약은 내가 그들의 조상들의 손을 잡고 애굽 땅에서 인도하여 내던 날에 맺은 것과 같지 아니할 것은 내가 그들의 남편이 되었어도 그들이 내 언약을 깨뜨렸음이라 여호와의 말씀이니라 그러나 그 날 후에 내가 이스라엘 집과 맺을 언약은 이러하니 곧 내가 나의 법을 그들의 속에 두며 그들의 마음에 기록하여 나는 그들의 하나님이 되고 그들은 내 백성이 될 것이라 여호와의 말씀이니라 그들이 다시는 각기 이웃과 형제를 가리켜 이르기를 너는 여호와를 알라 하지 아니하리니 이는 작은 자로부터 큰 자까지 다 나를 알기 때문이라 내가 그들의 악행을 사하고 다시는 그 죄를 기억하지 아니하리라 여호와의 말씀이니라"(렘 31:31-34).

하나님이 그의 법을 우리 마음에 기록하여 주실 때에 우리는 비로소 하나님의 백성으로 살아갈 수 있으며, 그때에야 우리의 악행이 용서받을 수 있다는 것입니다. 이스라엘 백성이 하나님의 신부가 되어 시내 산에서 맺었던 언약은 결국 지켜지지 못했습니다. 그 신부가 가나안 땅에 가서는 하나님을 버리고 이방신을 더 흠모하였기 때문입니다. 결국 이 옛 언약 율법은 이스라엘로 하여금 그들이 얼마나 악한 자들인지를 알려 준 무섭고도 부담스런 것일 뿐이었습니다. 그들이 근본적으로 죄인임을 알려 주는 선고문인 것이지요. 그래서 갈라디아서 3장 10-11절은 이렇게 말합니다.

"무릇 율법 행위에 속한 자들은 저주 아래에 있나니 기록된 바 누구든지 율법 책에 기록된 대로 모든 일을 항상 행하지 아니하는 자는 저주 아래에 있는 자라 하였음이라 또 하나님 앞에서 아무도 율법으로 말미암아 의롭게 되지 못할 것이 분명하니 이는 의인은 믿음으로 살리라 하였음이라."

이 저주 아래 있는 죄인을 살리기 위하여 하나님은 새롭게 언약을 맺는다 하십니다. 우리를 좌절시키고 '죄인'이란 주홍글씨를 얼굴에 새겨 넣을 십계명 같은 법조문이 아니라, 우리 '마음'에 새겨 넣을 법이라고 합니다.

예레미야가 꽤나 부정적으로 여긴 것이 인간의 내면이었는데, 이곳에 하나님이 직접적으로 작업을 하신다는 겁니다. 이 새로운 법이 오면 하나님도 쉽게 알 수 있다고 합니다. 우리가 다시 죄를 짓는지 안 짓는지에 대하여는 말하지도 않습니다. 그저 우리가 하나님을 잘 알게 되고, 그러면 하나님이 우리의 악을 사하고 기억하지도 않는다고 합니다.

앞장에서 언급한 대로 이 새로운 법, 마음에 새기는 새 언약을 기독교는 예수님의 구속의 은혜와 성령님의 도래를 암시하는 것으로 해석합니다. 그래서 그리스도인들은 하나님이 옛적에 적어준 법률대로 살아가는 사람들이 아니라 예수님의 사랑과 희생의 은혜에 감격하여 살아가는 사람들입니다. 그리고 우리에게 이 감격을 늘 충만하게 해주시는 성령님의 감동으로 살아가는 사람들입니다.

예레미야는 이리저리 돌아다니며 하나님의 예언을 소리쳐야 했지만, 예수님이 오시고 성령님이 오신 후로는 바람같이 자유롭고 불처럼 강력한 성령님이 우리의 목소리와 함께하셔서 기적처럼 하나님을 알려 줍니다. 그래서 예수님이 오신 후 2000년, 어느덧 우리 인류는 '작은 자로부터 큰 자에까지' 하나님을 잘 알게 되었습니다. 우리의 죄를 사해 줄뿐더러 기억조차 하지 않겠다니 정말 은혜가 아닐 수 없습니다. 은혜는 쉽게 말해 '공짜'라는 말입니다. 우리 마음에 가득 차게 될 하나님의 새 법은 부담이 없고 쉬운 공짜랍니다.

이처럼 귀한 은혜는 먼저 인간이 구제불능의 죄인임을 알아야만 제대로 깨달을 수가 있습니다. 나라를 잃어 망연자실한 이스라엘처럼, 하나님의 사역에 고달파 우울증에 빠진 예레미야처럼 말입니다. 그래서 하나님의 은혜를 제대로 알기 위해선 먼저 우리가 얼마나 깊은 죄인인지를 아는 것이 중요합니다. 기독교가 제일 먼저 가르치는 것 중 하나가 바로 인간이 죄인이라는 겁니다. 어느 누구든 이것부터 받아들여야 기독교 구원 교리의 다음 단계로 넘어갈 수 있습니다. 신약성경 로마서에 잘 나와 있는 것처럼 말입니다.

구약성경의 첫 책인 창세기도 인간이 죄인임을 먼저 가르칩니다. 처음 창조의 이야기는 잠깐뿐입니다. 아브라함이 등장하기 전인 1장부터 11장까지에서 창조 이야기 세 장을 뺀 나머지가 인간이 어떻게 낙원에서 쫓겨났는지, 그 죄의 결과로 인간이 어떻게 분열되고 고통당했는지를 설명하고 있습니다. 성경의 첫 책이 이렇게 시작하는 것은 누구든지 성경을 읽는 자는 자신이 죄인인 것부터 알고 읽으라는 뜻으로 볼 수 있습니다.

이후 이스라엘이 겪은 나라 잃은 좌절과 자책은 그들이 얼마나 큰 죄인인지 깨닫게 해주었습니다. 그들이 얼마나 큰 죄인인지를 회고하면서 기록한 역사서가 바로 여호수아서, 사사기, 사무엘서, 열왕기서입니다. 소위 '신명기적 역사'라 불리는 책들이지요. 이 책들은 가나안 땅에서 그들이 얼마나 크게 하나님을 배반하고 행악하였는지를 잘 기록하고 있습니다. 이 좌절의 이스라엘을 상징하는 것이 곧 절망과 우울의 예레미야였답니다. 죄악을 인간 본성으로 여겼던 예레미야를 통하여 비로소, 그리고 제대로 '은혜'의 하나님이 계시된 것입니다.

누구나 우울할 때도 있고 좌절할 때가 있습니다. 그런데 그때가 바로 은혜와 사랑의 하나님을 제대로 알 수 있는 최고의 때입니다. 누군가 하나님을 만나게 된 간증을 하면 눈물겨운 신파극 같아서 싫습니까? 삶이 어렵고 힘들어지니까 절대자를 구하는 연약한 인간의 빤한 이야기 같습니까? 사실 망하고 힘들어서 좌절 속에서 하나님을 만나는 것이 아니라 멋지게 하나님을 만나면 더 좋겠다 싶습니다.

하지만 반드시 알아야 할 것은, 잘나고 똑똑한 사람으로서 하나님을 만나면 거저 주시는 '공짜' 은혜에 감격할 수가 없습니다. 하나님의 참 사랑, 즉 받을 자격도 없는데 아무 값없이 거저 주시는 그 은혜를 알 수가 없습니다. 도도한 영웅처럼 하나님 앞에 서는 것이 아니라, 정말 '쪽팔리게' 그 앞에 무릎 꿇어 봐야 제대로 하나님을 만날 수 있습니다. 고매한 신앙보다 더 앞서야 하는 것은 바로 하나님 앞에서 고개도 들지 못하고 조아려 보는 것입니다. 교양과 체면이 절대자 앞에서 다 무너지는 경험을 해야 하나님이 정말 이 모든 것을 죄인에게 값없이 주신다는 것을 잘 알게 됩니다.

그래서 우울한 예레미야는 하나님 최고의 선물인 '은혜'를 사람들에게 선포할 수 있는 적임자입니다. 이제 왜 그렇게 우울한 예레미야가 하나님의 예언자로서 선택 받았는지 이해할 수 있겠습니까? 이를 통해 이스라엘 민족이 율법을 지키지 못하고 좌절하게 된 역사적 의의를 하나님의 섭리 가운데 음미해 보기 바랍니다.

잠깐!! _ 나는 예언자와 어떤 관계가 있을까?

나와 예언자

지금까지 살펴본 네 명의 예언자들에 대한 중간점검을 해보겠습니다. 예언자들의 인생 경험은 그것이 긍정적이든 부정적이든 모두 합하여 하나님 안에서 선을 이루었습니다. 그렇다면 우리의 인생도 마찬가지일 것입니다.

어떤 사람은 아모스처럼 가난 때문에 한이 맺히고 가슴속에 서슬 퍼런 칼을 갈고 있을지도 모릅니다. 그렇다면 그 칼 버리지 말고 잘 갈아두세요. 언젠가 이 사회 기득권자의 불의와 타락을 한 칼에 날릴 수 있도록 하나님이 쓰실지도 모릅니다.

혹 바람피우는 애인을 두어 밤잠을 못 이룹니까? 호세아처럼 그 고통을 통하여 질투하시는 하나님의 심정을 잘 헤아릴 수 있을 겁니다. 실연의 고통이 있나요? 하나님의 깨어진 아픈 마음을 그 누구보다 잘 깨달을 수 있을 겁니다.

너무 잘나고 자신감이 넘쳐 주위의 따가운 눈초리를 받습니까? 자신감이 넘치니 이사야처럼 하나님의 일도 진취적으로 잘할 겁니다. 나는 성격적 결함이 있어서 하나님의 사역을 하기엔 부적합하다고 말씀하지 마십시오. 예레미야를 두 번 죽이는 일입니다.

자신의 과거를 찬찬히 돌이켜 보기 바랍니다. 좋은 경험과 장점만 기억하지 말고 어둡고 잊고 싶은 일들도 떠올려 보세요. 하나님께서 이 모든 일을 미래의 밑거름으로 승화시키실 것입니다. 눈물과 기쁨, 좌절과 희망을 모두 합하여 하나님은 선을 이뤄 가십니다.

지나치게 자기 자신을 개조하려 할 필요도 없습니다. 우리는 모두 지금의 모습 그대로도 하나님의 일을 하기에 부족함이 없으니까요. 이제까지 보았듯이 우울한 예레미야, 당돌한 이사야, 콩가루 집안의 호세아, 가난의 콤플렉스가 있던 아모스가 모두 있는 그대로 하나님께 쓰임을 받았습니다. 그러므로 주변 사람들의 개성을 비웃거나 비난할 필요가 없습니다. 각 사람은 각기 난 그대로 하나님께서 사용하시기 때문입니다.

창세기의 요셉은 타고난 '꿈쟁이'였습니다. 하지만 한때 그는 꿈 때문에 망한 자였습니다. 자신이 형들을 다스릴 것이라는 꿈을 철없이 떠벌렸다가 형들에게 미움을 샀고, 결국 머나먼 땅 애굽으로 팔려 갔습니다. 얼마나 자신의 꿈을 원망하였을까요. 그러나 그는 애굽에서 다시 꿈을 해석하는 능력을 발휘하여 인생역전에 성공합니다. 그의 꿈꾸는 버릇은 하나님의 역사를 드러내는 중요한 도구였던 것입니다. 한때 자신을 멸망시킬 뻔하던 그 꿈이 후에 자신을 살릴 줄은 요셉도 처음엔 잘 몰랐을 겁니다.

바울은 한때 예수 믿는 이들을 극도로 혐오하여 잡아 죽이려던 자였습니다. 한마디로 그는 예수가 그리스도이심을 전혀 모르는 자였지요. 후에 그는 한때의 자신처럼 예수님을 전혀 모르는 이방인들에게 그분을 가장 효과적으로 전하는 인물이 되었습니다. 바울 자신이 예수 모르는 자들의 생리를 누구보다도 잘 알았기 때문이지요. 그는 예수님을 믿고 자신이 쌓아 온 학문적 지식을 배설물처럼 여긴다 하였습니다. 그러나 하나님은 그의 지식을 버리지 않으시고, 오히려 그의 탁월한 학문성을 이용하여 예수님이 바로 우리의 구원자이시라는 신학적 원리를 빼어나게 설명하도록 하였고, 그 설명이 담긴 글이 바로 신약성경의 다이아몬드라고 불리는 로마서가 되었습니다. 이 로마서는 기독교 신학의 구원론에 뼈대를 이루는 이론을 담고 있지요. 이와 같은 그의 인생 경험이 그의 고백 속에 잘 담겨 있습니다. 로마서 8장 28절을 볼까요?

> "우리가 알거니와 하나님을 사랑하는 자 곧 그의 뜻대로 부르심을 입은 자들에게는 모든 것이 합력하여 선을 이루느니라."

하나님을 사랑하고 그 뜻대로 부르심을 입은 자들에겐 모든 것이 합하여 선을 이룬다는 것입니다. 마치 아모스와 호세아, 이사야, 예레미야의 인생처럼 말입니다.

과거는 묻지 마십시오. 그러나 과거를 묻을 필요도 없습니다. 나는 지금만의 내가 아닙니다. 태어나서부터 지금까지의 내가 바로 지금의 나인 것입니다. 미래에 내가 어떻게 하나님의 일을 할지는 과거를 분석해 보면 알 수 있을 겁니다. 과거나 지금의 자기 모습에 좌절해서는 결코 안 됩니다. 지금의 내가 만들어지도록 하나님께서 인도하신 겁니다. 우리의 삶 어느 정점에 바울과 같은 고백이 있길 바랍니다. 하나님께서는 우리 모든 인생의 굴곡을 합하여 선을 이루십니다. 이런 고백을 할 수 있는 자는 진정 행복한 사람입니다.

PART 3

예언자의 프로파일 II

_포로기와 귀환 이후

chapter 09

묵시의 아버지이자 이민 목회자 에스겔의 희망

23. 에스겔서는 어떤 특징이 있나?

앞장에서 살펴본 예레미야가 남유다가 바벨론에 함락당한 시기 이전과 이후에 활약하던 선지자라면, 에스겔은 이스라엘이 망한 뒤 바벨론으로 잡혀가 그곳에서 하나님의 소명을 받고 활동한 선지자입니다. 대략 기원전 593(혹은 592)년부터 571년까지로 추정합니다(겔 1:1-3, 29:17-21).

어려운 책 vs. 쉬운 책

"내가 그 생물들을 보니 그 생물들 곁에 있는 땅 위에는 바퀴가 있는데 그 네 얼굴을 따라 하나씩 있고 그 바퀴의 모양과 그 구조는 황옥같이 보이는데 그 넷은 똑같은 모양을 가지고 있으며 그들의 모양과 구조는 바퀴 안에 바퀴가 있는 것 같으며 그들이 갈 때에는 사방으로 향한 대로 돌이키지 아니하고 가며 그 둘레는 높고 무서우며 그 네 둘레로 돌아가면서 눈이 가득하며 그 생물들이 갈 때에 바퀴들도 그 곁에서 가고 그 생물들이 땅에서 들릴 때에 바퀴들도 들려서 영이 어떤 쪽으로 가면 생물들도 영이 가려 하는 곳으로 가고 바퀴들도 그 곁에서 들리니 이는 생물의 영이 그 바퀴들 가운데에 있음이니라"(겔 1:15-20).

어떻습니까? 이 환상을 머릿속으로 상상할 수 있겠습니까? 컴퓨터로 3D 입체 영상을 만든다면 표현할 수 있을지도 모르겠습니다.

이렇게 혼잡하고 난해한 환상이 처음부터 등장하니 많은 이들이 에스겔서를 어렵게 느낍니다. 하지만 읽어 나가다 보면 에스겔서가 다른 예언서들에 비해 그다지 어렵지 않음을 발견하게 됩니다. 문학적으로 보았을 때 에스겔서는 자료가 무척 동질적이고 섬세하게 배열되어 있지요. 뿐만 아니라 화자가 1인칭으로 변함이 없어서 읽기가 수월합니다. 다른 예언서들은 종종 화자가 '나'인지 '그'인지 헛갈릴 때가 많거든요.

또 다른 문학적 특징은 "여호와의 말씀이 내게 임하여"로 문장이 시작된다는 것입니다. 예를 들어 12장 1, 8, 17, 21, 26절은 모두 "또 여호와의 말씀이 내게 임하여 이르시되"로 시작됩니다. 에스겔 선지자는 뭔가가 자기에게 임하는 것을 좋아합니다. 말씀이 임하는 것, 그리고 나중에 살펴보겠지만 하나님의 영이 임하는 것을 자주 언급하지요. 근본적으로 에스겔은 그의 예언 활동과 사역이 모두 전적으로 위로부터, 즉 하나님으로부터 내려오는 능력과 계시에 힘입은 것이라고 고백하고 있습니다. 물론 다른 선지자들도 하나님의 말씀과 영이 임해서 활동했지만, 특히 에스겔은 하나님의 능력과 계시가 내려오심을 강조했습니다.

이러한 에스겔의 강조는 하나님의 사람들이 가져야 할 소명의식을 일깨웁니다. 신약시대에 예수의 제자들이 하나님의 성령이 임하고 나서 새사람이 되었고 본격적으로 사역을 감당할 수 있었던 것처럼 우리 역시 하나님의 능력과 계시를 받아야 하나님의 일을 할 수 있습니다. 그러므로 무슨 일을 하든지 먼저 하나님의 말씀과 영이 임하기를 기도해야겠습니다.

에스겔서의 처음 1-24장은 이스라엘을 향한 심판의 예언을, 25-32장은 이외 여러 나라들에 대한 심판을, 그리고 마지막 33-48장은 이스라엘을 향한 구원의 예언을 담고 있습니다. 무척 긴 책이지만, 이렇게 비교적 잘 정돈된 구조를 지니고 있어서 읽기가 수월합니다. 뿐만 아니라 항상 정확한 연대를 친절하게 밝혀 주고 있어 배경을 이해할 수 있게 해줍니다.

에스겔의 향수병과 파수꾼 소명 의식

에스겔은 반드시 연대를 밝혀 그 배경을 설명하고 있는데, 재밌게도 유다의 실직적인 마지막 왕 여호야긴의 유배 연수를 따라 날을 매겼습니다. 예를 들면 다음과 같습니다.

> "서른째 해 넷째 달 초닷새에 내가 그발 강가 사로잡힌 자 중에 있을 때에 하늘이 열리며 하나님의 모습이 내게 보이니 여호야긴 왕이 사로잡힌 지 오 년 그 달 초닷새라"(겔 1:1-2).

이 구절은 에스겔이 하나님으로부터 부름을 받은 매우 뜻 깊은 사건을 가리킵니다. 이때 에스겔은 유다 왕으로서 바벨론에 잡혀 온 여호야긴의 유배 연수에 따라 날짜를 밝히고 있습니다. 에스겔은 비록 이방 땅에 잡혀왔지만 마음은 여전히 고국 땅 유다에 있는 모양입니다. 고향에서 연수를 계수하던 방식을 그대로 사용하고, 망해서 잡혀온 왕을 아직도 왕으로 부르고 있으니 말입니다.

아마 고향땅을 떠나 외국에서 살아 본 경험이 있는 사람들은 에스겔의 심정이 이해될 것입니다. 저도 공부할 때 영국에서 오랜 기간 살았는데 처음 얼마 동안은 한국이 얼마나 그리웠는지 모릅니다. 비록 몸은 영국에 있어도 마음은 늘 한국에 있어서 시계를 볼 때마다 '지금 한국에서는 점심밥을 먹을 때로구나', '지금쯤 예배를 드리겠구나' 하며 한국의 시간을 계수하곤 했습니다.

에스겔은 지금 외국에 이민 온 사람들의 환경과 다르지 않습니다. 아니 그보다 못한 처지지요. 자유 의지로 외국에 간 것이 아니라 강제로 끌려왔으니까요. 미국에는 이민 온 사람들을 위로하고 신앙심을 고취하기 위해 이민 목회를 하는 목사님들이 많습니다. 마찬가지로 에스겔은 바벨론으로 끌려온 백성들을 위로하는 선지자였습니다. 당시 바벨론 포로 시기를 묘사한 시가 있습니다.

"우리가 바벨론의 여러 강변 거기에 앉아서 시온을 기억하며 울었도다 그 중의 버드나무에 우리가 우리의 수금을 걸었나니 이는 우리를 사로잡은 자가 거기서 우리에게 노래를 청하며 우리를 황폐하게 한 자가 기쁨을 청하고 자기들을 위하여 시온의 노래 중 하나를 노래하라 함이로다 우리가 이방 땅에서 어찌 여호와의 노래를 부를까"(시 137:1-4).

이렇게 나라를 잃고 실의에 빠진 백성들에게 용기와 희망을 불어넣는 임무를 에스겔이 수행한 것입니다. 바벨론으로 유배 가서도 유대 식으로 연도를 계산한 에스겔의 모습은 곧 고향땅을 그리워하던 유대인들의 모습이었습니다.

상황이 그래서인지 에스겔의 예언에는 포로기 이전의 예언과 달리 희망과 구원의 메시지가 많습니다. 33장부터 48장까지에 이르는 무려 16장을 희망과 구원의 메시지에 할애하고 있거든요.

에스겔의 사역과 예언이 포로기의 특수한 상황을 배경으로 하고 있음을 잘 보여 주는 본문이 있습니다. 소위 파수꾼 비유라 불리는 구절들입니다.

> "인자야 내가 너를 이스라엘 족속의 파수꾼으로 삼음이 이와 같으니라 그런즉 너는 내 입의 말을 듣고 나를 대신하여 그들에게 경고할지어다 가령 내가 악인에게 이르기를 악인아 너는 반드시 죽으리라 하였다 하자 네가 그 악인에게 말로 경고하여 그의 길에서 떠나게 하지 아니하면 그 악인은 자기 죄악으로 말미암아 죽으려니와 내가 그의 피를 네 손에서 찾으리라 그러나 너는 악인에게 경고하여 돌이켜 그의 길에서 떠나라고 하되 그가 돌이켜 그의 길에서 떠나지 아니하면 그는 자기 죄악으로 말미암아 죽으려니와 너는 네 생명을 보전하리라"(겔 33:7-9).

이 구절은 에스겔 자신이 왜 유대 민족에게 하나님의 말씀을 선포해야 하는지 그 당위성을 밝히고 있습니다. 자신은 반드시 하나님의 말씀을 전달해야지 그렇지 않으면 자기도 큰일 나고 말씀을 제대로 전달 받지 못한 유대 민족도 큰일 나기 때문입니다. 그 다음에 이런 말이 나옵니다.

> "너는 그들에게 말하라 주 여호와의 말씀이니라 나의 삶을 두고 맹세하노니 나는 악인이 죽는 것을 기뻐하지 아니하고 악인이 그의 길에서 돌이켜 떠나 사는 것을 기뻐하노라 이스라엘 족속아 돌이키고 돌이키라 너희 악한 길에서 떠나라 어찌 죽고자 하느냐 하셨다 하라 인자야 너는 네 민족에게 이르기를 의인이 범죄하는 날에는 그 공의가 구원하지 못할 것이요 악인이 돌이켜 그 악에서 떠나는 날에는 그 악이 그를 엎드러뜨리지 못할 것인즉 의인이 범죄하는 날에는 그 의로 말미암아 살지 못하리라"(겔 33:11-12).

에스겔이 반드시 전해야 하는 말씀 중에는 이처럼 의인이든 악인이든 그들의 과거와는 상관없이 지금 그들이 다시 죄를 범하면 죽는 것이고, 악인이었다 하더라도 다시 돌이키면 반드시 살 수 있다는 말씀이 있습니다. 그래서 18-19절은 다시 한 번 이렇게 말합니다.

> "만일 의인이 돌이켜 그 공의에서 떠나 죄악을 범하면 그가 그 가운데에서 죽을 것이고 만일 악인이 돌이켜 그 악에서 떠나 정의와 공의대로 행하면 그가 그로 말미암아 살리라"(겔 33:18-19).

과거는 상관없습니다! 한 개인의 흥망은 과거의 행적 때문이 아니라 앞으로 어떻게 사느냐에 달린 것입니다.

왜 에스겔은 파수꾼 비유라는 절대적 소명의식 아래 이 이야기를 전달했을까요? 이 예언의 배경은 바로 포로기입니다. 나라가 망해 포로로 사로잡혀 온 유대인들을 가장 크게 괴롭힌 것이 있다면 그것은 바로 '절망'일 겁니다. 희망이 없다는 것입니다. 그 절망의 큰 이유 중 하나는 그들의 신앙 전승 속에 다음과 같은 사상이 있기 때문입니다.

"여호와는 노하기를 더디하시고 인자가 많아 죄악과 허물을 사하시나 형벌 받을 자는 결단코 사하지 아니하시고 아버지의 죄악을 자식에게 갚아 삼사 대까지 이르게 하리라 하셨나이다"(민 14:18).

이 같은 말씀은 신명기와 출애굽기에도 나옵니다. 아버지의 죄악을 삼사 대에까지 책임을 물으신다는 말씀 때문에 희망이 없는 것입니다.

'희망이 없다'는 것은 무엇을 의미할까요? 자살이라는 극단적인 선택을 하는 사람들은 희망이 보이지 않아서 자살을 한다고 합니다. 그러니까 희망이 없다는 것은 거의 죽음과 같습니다. 살아도 사는 것이 아닙니다. 포로기 이전 이스라엘 민족이 올바르게 살도록 하기 위해 내려진 이 말씀은 이제 나라가 망하고 포로로 잡혀간 그들에겐 죽음 같은 저주일 뿐입니다. 그래서 바벨론에서 이민 목회를 하는 에스겔을 통해 하나님은 신학적인 수정을 일으키십니다. 한 개인의 흥망은 더 이상 그의 조상 때문이 아니라 현재 자신의 처신에 전적으로 달려 있다고 말하는 것입니다. 그러므로 조상이 잘못했기 때문에, 혹은 내가 과거에 악행을 저질렀기 때문에 희망이 없다 하지 말고, 다시 희망을 찾아 용기를 얻으라는 것입니다. 그러면서 에스겔은 이렇게 선포합니다.

"너희가 이스라엘 땅에 관한 속담에 이르기를 아버지가 신 포도를 먹었으므로 그의 아들의 이가 시다고 함은 어찌됨이냐 주 여호와의 말씀이니라 내가 나의 삶을 두고 맹세하노니 너희가 이스라엘 가운데에서 다시는 이 속담을 쓰지 못하게 되리라"(겔 18:2-3).

이스라엘 속담에 아버지가 신 포도를 먹으면 그의 아들의 이가 시리다는 속담이 있다고 합니다. 즉 아버지의 행위가 그의 아들에게 미친다는 뜻이지요. 그런데 이제 다시는 그런 속담을 쓰지 못하게 될 것이라고, 그 속담이 이젠 옳지 않다는 것을 하나님이 보여 주시겠다고 에스겔은 선포합니다. 과거의 어두움으로부터 해방과 자유, 평안이 선포된 것입니다.

이처럼 에스겔의 예언은 바벨론 포로기라는 특수 상황에서 이해해야 합니다. 그럼에도 민수기 말씀만 알고 조상의 죄 때문에 절망하는 사람들도 있습니다. 그 말씀은 이미 하나님께서 무효화시켰는데도 말입니다. 그러므로 성경은 어느 한 부분만 편향적으로 이해해서는 안 됩니다. 균형 있게 골고루 보아야 합니다. 특히 구약성경은 신약성경에 나타난 예수 그리스도의 사랑과 희생에 비추어 해석해야만 하죠. 구약에서 원수는 죽여야만 하지만 예수님은 원수도 사랑하라고 하십니다. 구약에선 절대로 보증 서지 말라고 하지만(잠 6:1-2, 11:15, 22:26, 27:13), 예수님은 친구가 겉옷을 빌려 달라고 하면 속옷까지 주라고 하십니다(눅 6:29).

이왕에 하나님의 자녀가 되었으면 성경을 제대로 알아서 신앙생활을 잘해야 합니다. 그러려면 구약도 보고 신약도 함께 잘 봐야 합니다.

24. 묵시문학의 특징은 무엇일까?

환상으로 희망을 길러 내다

눈에 가장 먼저 들어오는 에스겔서의 문학적 특징이 있다면 많은 자료들이 환상으로 제시되어 있다는 것입니다. 그가 소명 받을 때의 기록이나(1:1-3:15), 환상적인 예루살렘 여행(8:1-11:25), 마른뼈 계곡 환상(37:1-14), 새 예루살렘 환상(40-48장) 등 주요 기록들이 환상으로 제시되어 있지요. 그래서 에스겔을 '묵시의 아버지'라고 부릅니다. 묵시는 헬라어로 '아포칼륍시스'(Apokalypsis)라 부르며 '베일을 벗기는 것' 혹은 흔히 '계시'라고 번역됩니다. 주로 이 세상과 역사의 마지막 날에 일어날 하나님의 심판과 이에 대한 여러 계시를 환상과 상징, 암호로 제시하는 문학을 묵시문학이라고 부르지요. 성경에는 다니엘서와 요한계시록이 대표적입니다.

묵시문학은 이 두 책 외에도 포로기 이후 여러 유대 문헌 속에서 많이 발견됩니다. 그중 가장 대표적인 책이 아마 에녹서일 것입니다. 묵시문학은 여러 가지 특징이 있지만 그중에서도 가장 두드러진 것이 바로 '환상'입니다. 많은 예언과 계시가 환상의 형태로 전달되지요.

이 세상과 역사의 끝을 이야기하는 '종말론'도 묵시문학의 특징입니다. 그리고 하나님과 묵시가 사이에 매개자 역할을 하는 천상의 존재가 등장하는 것도 한 특징이지요. 이외에도 하늘의 신비와 암호, 묵시가의 천상 여행 등이 특징으로 나타납니다.

그런 점에서 엄밀히 말하면 에스겔서는 묵시문학으로 분류하기 어렵습니다. 그럼에도 불구하고 에스겔이 묵시의 아버지라 불리는 이유는 에스겔서에서 발견되는 많은 문학적 소재들이 이후에 발달한 묵시문학 속에 많이 등장하기 때문이지요.

그런데 왜 묵시문학은 많은 것들을 환상 속에 담아 제시하는 것일까요? 이것은 묵시문학이 성행하게 된 시기와 관련이 깊다고 볼 수 있습니다. 현실의 세계를 넘어 하늘의 영적인 세계를 꿈꾸는 묵시문학은 사람들이 극심한 고통 속에 신음하던 시기에 주로 발생했습니다. 예를 들어 구약성경의 다니엘서의 경우, 유대 민족이 여러 이방 국가들의 압제와 극심한 종교적 탄압으로 인해 목숨을 잃어 가는 상황에서 선포된 메시지입니다. 당시 고통받던 사람들의 '현실'은 어느 것으로도 위로받기 힘들었습니다. 그들을 죽이기 위한 칼날이 바로 목 앞에 날아오는 듯한 상황에서 그들은 현실을 초월하는 '상상'에 힘입게 되었습니다. 바로 '그날'에 대한 상상이지요.

'그날'에 대한 상상은 예언자들로부터 시작되었습니다. 사회에 부조리가 만연하고 정의가 희롱당할 때 예언자들은 언젠가 올 '그날'에 하나님이 뒤집어엎을 것이라고 선언했습니다. 사회 기득권자들의 횡포에 신음하던 이들은 그날을 '상상'하며 현실의 고통을 잊을 수 있었죠. 묵시가들도 예언자들의 사상을 이어 받아 '그날'을 말하였는데, 이들은 그날에 대한 묘사를 대개 암호화하고 숨겼으며 주로 상징으로만 나타냈습니다. 그날에 패배하게 될 원수들을 너무 직설적으로 표현하면 그 원수들이 가만히 있지 않겠지요. 그래서 묵시문학에는 기상천외한 상징이 가득합니다. 황당한 눈 달린 바퀴나(겔 1-3장), 섬뜩한 인조인간 무쇠철인(단 2장) 그리고 〈쥬라기공원〉을 떠올리게 하는 요한계시록의 용가리들, 앙드레 김이 디자인을 했는지 몽땅 다 하얗기만 한 천국의 패션, 그리고 종국적으로 맞이할 그 거룩하고 장엄한 하나님 나라의 찬양과 희락 등이 그것입니다. 이국의 종교적 탄압과 압제 속에서 목숨마저 잃어 가는 순교자들은 이러한 '상상' 속에서 칼날의 쓰라림을 잊을 수 있었습니다.

'그날'에 대한 상상이 단지 유희가 아니라 힘이 되기 위해선 한 가지 조건이 있습니다. 그것은 그 상상이 정말로 도래할 것이라는 당돌한 '믿음'입니다. 사실 '그날'은 수십 세기가 지난 오늘에도 아직 오지 않았습니다. 그래도 '믿음'은 '상상'으로 하여금 '힘'을 잉태하게 만듭니다. 어떤 이들은 이런 상상을 '현실 도피'라고 말합니다. 하지만 영화 〈오아시스〉에서 장애를 가진 여주인공의 상상을 떠올려 보세요. 휠체어에서 일어나 남자 친구와 춤을 추는 상상을 어떻게 현실 도피라고 할 수 있겠습니까? '그날'이 오면 휠체어도 걷어차고 뛰어다닐 것이며, 신앙을 꿋꿋이 지켰다고 하나님이 위로하실 것이며, 그토록 보고 싶던 예수님을 만나 회복되고 가르침을 받을 것입니다. 그래서 압제와 핍박의 산물인 묵시문학은 현실보다는 저 너머 초월적인 세계를 그리기에 '환상'으로 채색되어 있습니다. 그래서 묵시문학의 참 맛은 편안하게 신앙생활을 하는 환경에서는 맛보기 힘든 것입니다.

역설적이게도 인간은 가장 큰 절망 속에 있을 때 가장 큰 희망도 보게 됩니다. 이처럼 에스겔의 환상은 이스라엘 백성의 암울하던 역사적인 배경과 깊은 관계가 있습니다.

묵시문학의 기원

과연 묵시문학의 기원은 무엇일까요? 묵시의 기원에 대하여 상반된 이론들이 있지만 그중 가장 대표적인 것이 예언자의 전통이 발달하여 묵시문학에 이르렀다고 보는 견해입니다. 예언자들의 사상에는 마지막 '그날'에 대한 종말론이 있는데, 그날이 오면 하나님이 친히 이 땅에 오셔서 이방 원수들을 물리치고 이스라엘을 구원하여 주신다는 믿음이었습니다. 예를 들어 스바냐 1장 14-18절을 보겠습니다.

"여호와의 큰 날이 가깝도다 가깝고도 빠르도다 여호와의 날의 소리로다 용사가 거기서 심히 슬피 우는도다 그날은 분노의 날이요 환난과 고통의 날이요 황폐와 패망의 날이요 캄캄하고 어두운 날이요 구름과 흑암의 날이요 나팔을 불어 경고하며 견고한 성읍들을 치며 높은 망대를 치는 날이로다 내가 사람들에게 고난을 내려 맹인같이 행하게 하리니 이는 그들이 나 여호와께 범죄하였음이라 또 그들의 피는 쏟아져서 티끌같이 되며 그들의 살은 분토같이 될지라 그들의 은과 금이 여호와의 분노의 날에 능히 그들을 건지지 못할 것이며 이 온 땅이 여호와의 질투의 불에 삼켜지리니 이는 여호와가 이 땅 모든 주민을 멸절하되 놀랍게 멸절할 것임이라."

요엘서 1장 15절도 보실까요?

"슬프다 그날이여 여호와의 날이 가까웠나니 곧 멸망 같이 전능자에게로부터 이르리로다."

이처럼 예언자들은 언젠가 여호와의 날, 그날이 와서 행악하는 이들을 멸절하는 큰 심판이 있을 것이라고 말해 왔습니다. 이것을 예언자적 종말론이라고 부르지요. 그런데 다니엘서나 요한계시록 그리고 수많은 묵시문학의 특징 중 하나가 바로 종말론입니다. 예를 들어 다니엘서 7장에 나온 몇 가지 표현들을 보실까요?

"옛적부터 항상 계신 이가 와서 지극히 높으신 이의 성도들을 위하여 원한을 풀어 주셨고 때가 이르매 성도들이 나라를 얻었더라"(단 7:22).

'옛적부터 계신 이'는 하나님을 가리킵니다. 하나님이 종말에 오셔서 성도들의 원한을 풀어 주고 나라를 회복시켜 준다는 것입니다.

"나라와 권세와 온 천하 나라들의 위세가 지극히 높으신 이의 거룩한 백성에게 붙인 바 되리니 그의 나라는 영원한 나라이라 모든 권세 있는 자들이 다 그를 섬기며 복종하리라"(단 7:27).

이렇게 묵시문학의 종말론적 성격은 묵시가들 이전 선배인 예언자들의 전통으로부터 물려받은 것처럼 여겨집니다. 그런데 묵시문학이 전적으로 예언자들의 전통과 관련 있는 것은 아닙니다. 독일의 유명한 구약성경 학자인 폰 라트(G. von Rad)는 20세기 중반에 저술한 그의 명저 《구약성서 신학》에서 묵시는 예언 전통과 전혀 무관하며 지혜 전승과 관련 있다고 주장했습니다.

예언과 묵시가 전혀 무관하다는 그의 주장이 무리가 없는 것은 아니지만, 묵시와 지혜 전통을 연결한 시도는 이후 묵시문학 연구에 큰 영향을 주었습니다. 묵시문학에 드러난 강한 종말론 때문에 주로 예언 전승과 연결 지어 연구되었는데, 이제는 묵시 속에 있는 여러 지혜 요소들,

예를 들어 하늘의 신비한 지식, 암호, 상징, 징조, 해석 등을 중심으로 묵시문학을 연구하게 되었답니다. 지혜와 묵시를 연계한 연구들은 지금도 활발하게 이루어지고 있으며, 이제는 묵시를 예언과 지혜의 균형 잡힌 상관관계 속에서 연구하고 있습니다. 그 대표적인 저서는 롤랜드(C. Rowland)의 《The Open Heaven》인데, 특히 묵시와 지혜 전승 간의 관계를 잘 제시해 주었습니다.

이번 장에서는 묵시가 무엇인지, 그 발생 배경과 기원에 대한 학문적 견해들을 살펴보았는데, 좀 재미가 없었을 것입니다. 하지만 우리의 신앙생활을 위해 영적인 양식을 먹이는 목사님의 설교는 모두 이렇게 재미없고 딱딱한 이론서들을 배경으로 만들어진 맛난 양식이랍니다. 맛있는 설교는 목사님이 성경을 해석한 주석서도 보고, 때로 어려운 헬라어와 히브리어 사전도 참고하고, 필요에 따라선 어려운 철학서나 인문과학서, 글씨가 빽빽한 신문들을 찾아 읽은 뒤 잘 요리해서 맛있게, 먹음직스럽게 만든 것입니다. 언뜻 보기에는 우리 신앙과 아무 관계가 없는 것 같지만, 사실 그 모두가 우리에게 전달될 메시지를 구성하는 영양 줄기랍니다. 어떻게 보면 무미건조하고 텁텁하지만 누군가는 이런 작업을 해야 목사님들이 참고할 책들이 풍성해지고 설교의 방향을 올바르게 잡아 주는 것입니다.

앞에서 언급한 폰 라트나 롤랜드는 사실 지금 눈에 보일 정도로 현대 그리스도인들의 신앙 형성에 지대한 영향을 준 학자들입니다. 그들이 이렇게 영향력 있는 학자가 되고 저서를 남긴 이유는 무엇일까요? 그들은 누구보다 진지하게, 그리고 열심히 성경을 공부하고 연구한 사람들입니다. 성경을 진심으로 사랑한 사람들입니다. 그러므로 여러분도 성경을 진심으로 사랑하여 지금까지 아무도 보지 못한 천국의 비밀을 여는 주인공이 되기 바랍니다.

25. 에스겔의 예언은 어떤 특징이 있나?

이스라엘 백성의 포로기 때 그들과 함께 바벨론에서 유배 생활을 하며 활동한 에스겔 선지자. 대략의 시대적 배경과 에스겔 예언의 묵시적 특징은 앞장에서 살펴보았고, 여기선 그의 예언을 좀 더 구체적으로 살펴보겠습니다.

'영'을 총망라하다

에스겔서에는 하나님의 영에 관한 언급이 매우 자주 등장합니다. 앞장에서 에스겔은 하나님의 말씀이 임한다는 표현을 자주 쓴다고 했는데, 에스겔은 말씀 말고도 하나님의 영이 임한다는 표현을 자주 했습니다.

"그가 내게 말씀하실 때에 그 영이 내게 임하사 나를 일으켜 내 발로 세우시기로 내가 그 말씀하시는 자의 소리를 들으니"(겔 2:2).
"주의 영이 내게 임하사 나를 일으켜 내 발로 세우시고 내게 말씀하여 이르시되 너는 가서 네 집에 들어가 문을 닫으라"(겔 3:24).

에스겔의 이 표현은 앞장에서 살펴본 대로 그의 소명의식을 잘 나타냅니다. 즉 자기 자신의 사역은 전적으로 하나님께서 내려 주시는 힘과 능력으로 한다는 것입니다. 하나님께 완전히 사로잡혀 주의 일을 하겠다는 그의 철저한 소명의식이 잘 반영되어 있습니다. 그의 표현들을 더 보면 영은 단지 임하는 것뿐만 아니라, 그를 움직이게 하는 원동력이며 안내자이기도 합니다.

"그가 손 같은 것을 펴서 내 머리털 한 모숨을 잡으며 주의 영이 나를 들어 천지 사이로 올리시고 하나님의 환상 가운데에 나를 이끌어 예루살렘으로 가서"(겔 8:3).

주의 영이 에스겔의 머리카락을 잡아끌어 올리니 그의 영혼이 빠져나와 예루살렘까지 이끌렸다고 말합니다. 이는 소위 유체 이탈, 즉 자신의 영혼이 몸에서 빠져나오는 경험을 말하고 있습니다. 이 구절에서 보듯 하나님의 영은 에스겔을 움직이고 인도하는 역할을 합니다. 11장 24절에서도 똑같은 표현을 볼 수 있습니다.

"주의 영이 나를 들어 하나님의 영의 환상 중에 데리고 갈대아에 있는 사로잡힌 자 중에 이르시더니 내가 본 환상이 나를 떠나 올라간지라."

그가 경험하는 주의 영, 그리고 인도하심은 전적으로 하나님으로부터 비롯된 것입니다. 그의 초월적인 경험이 일반 무속인들의 것과 다른 것은, 그 영의 근원이 바로 하나님이라는 겁니다. 다음 구절은 그것을 구체적으로 표현하고 있답니다.

"여호와께서 권능으로 내게 임재하시고 그의 영으로 나를 데리고 가서 골짜기 가운데 두셨는데 거기 뼈가 가득하더라"(겔 37:1).

여호와께서 권능으로 임재하시니 그의 영이 에스겔을 데리고 갔다고 표현합니다. 즉 에스겔을 움직이고 인도하는 그 영은 바로 하나님의 권능이 임하였기 때문입니다. 마치 신약성경 사도행전에 나오는 성령님의 생생한 역사를 표현하는 것 같지요? 하지만 다른 구절들을 보면 영이 다소 독립적인 모습으로 활동하는 것도 보입니다. 매우 독특한 표현들이지요.

"영이 어떤 쪽으로 가면 그 생물들도 그대로 가되 돌이키지 아니하고 일제히 앞으로 곧게 행하며"(겔 1:12).

에스겔이 보았던 환상 속의 영상입니다. 여기서도 영은 환상 속의 생물들을 움직이게 하는 안내자 같습니다. 이 영은 일종의 생명력처럼 묘사되기도 했습니다. 37장 9-10절을 보면 '생기'라고 표현되었는데 생명을 불러일으키는 역할을 합니다.

"또 내게 이르시되 인자야 너는 생기를 향하여 대언하라 생기에게 대언하여 이르기를 주 여호와께서 이같이 말씀하시기를 생기야 사방에서부터 와서 이 죽음을 당한 자에게 불어서 살아나게 하라 하셨다 하라 이에 내가 그 명령대로 대언하였더니 생기가 그들에게 들어가매 그들이 곧 살아나서 일어나 서는데 극히 큰 군대더라."

이 생기 곧 하나님의 영은 구약시대에 일반적으로 찾아보기 어려운 새로운 영임에 분명합니다. 지난번 예레미야의 예언에서 보았던 마음에 내리는 새 영이 여기서도 다시 언급됩니다.

"또 새 영을 너희 속에 두고 새 마음을 너희에게 주되 너희 육신에서 굳은 마음을 제거하고 부드러운 마음을 줄 것이며 또 내 영을 너희 속에 두어 너희로 내 율례를 행하게 하리니 너희가 내 규례를 지켜 행할지라" (겔 36:26-27).

이렇게 다양한 에스겔의 영에 대한 증언은 구약시대 하나님의 영에 대한 거의 모든 것을 보여 주고 있습니다. 영이 그를 이끌고 움직이는 것은 초기 선지자들의 모습을 떠올리게 합니다.

"내가 당신을 떠나간 후에 여호와의 영이 내가 알지 못하는 곳으로 당신을 이끌어 가시리니"(왕상 18:12).

생기가 죽은 자들을 다시 살리는 에스겔의 환상은 창세기에 나오는 하나님의 생기를 떠올리게 합니다.

"여호와 하나님이 땅의 흙으로 사람을 지으시고 생기를 그 코에 불어넣으시니 사람이 생령이 되니라"(창 2:7).

그리고 마음에 찾아오는 새 영에 대한 예언은 예레미야서에서 유명해진 예언을 그대로 이어받은 듯합니다.

이처럼 영에 대한 에스겔의 지대한 관심과 경험은 이후 발달하는 묵시운동에 그대로 이어져 영의 세계와 영적인 체험에 대한 생생한 증언이 이어집니다. 영의 세계, 초월의 세계에 대한 구체적인 관심은 헬라 철학의 이원론적 사상과도 맞닿으면서 신약시대에 이르게 되고, 사도행전 오순절의 성령 강림으로 폭발하게 됩니다(행 2장). 정말로 예레미야나 에스겔의 예언처럼 '새 영'이 내려와 사람들의 '마음'을 움직이기 시작한 것입니다. 예수가 죽자 흩어져 떠났던 그들의 마음이 변하여 열정적으로 하나님의 뜻을 행하게 되었습니다. 에스겔이 경험하였던 것처럼 그 영은 사람을 끌어올리고 움직이고 인도하였습니다. 그렇게 성령의 폭발적인 강림으로 시작한 예수운동이 2000년이 지난 지금 우리에게까지 이어지고 있습니다. 이처럼 에스겔서는 영에 대한 묘사와 경험을 통해 과거 구약시대와 미래 신약시대의 영적인 하나님의 활동을 이어 주는 듯합니다.

에스겔이 영을 강조하는 모습은 문서 선지자들 중에서 아주 독특한 현상입니다. 아모스부터 이사야에 이르기까지 에스겔처럼 영이 선지자와 이렇게 밀접하게 활동하는 모습은 아주 드뭅니다. 오히려 에스겔은 의식적으로 자신을 매우 초기 선지자들과 연관시키는 것 같습니다. 우리는 앞에서 초기 선지자들의 황홀경에 대하여 살펴보았습니다. 하나님의 영이 임하여 자신의 영혼을 이끌어 내기도 하고 어딘가로 인도하는 역동적인 모습은 마치 초기 선지자들의 생생한 영적 체험을 보여 주는 듯합니다. 즉 에스겔은 선진 예언자들의 전통을 잘 이어받은 것으로 보이는데, 보통 우리가 생각할 수 있는 것보다 훨씬 더 앞선 초기 선지자들의 전통마저 뒤따르고 있습니다. 이사야나 예레미야 역시 선진 예언자들의 전통을 이어받았지만, 에스겔은 전통의 학습 범위가 그보다 넓고도 다양합니다.

선진 예언자들을 패러디하다

에스겔은 선진 선지자들이 사용하던 비유들을 즐겨 답습하였습니다. 우선 에스겔서 15장을 보면 포도나무 비유가 나오는데, 이는 이사야서 5장 1-7절 그리고 예레미야서 2장 21절의 전승을 이어받은 것으로 보입니다. 에스겔서 15장은 예루살렘은 불에 태워야 할 포도나무의 나무처럼 쓸데없다고 말하고 있습니다.

> "그러므로 주 여호와께서 이같이 말씀하셨느니라 내가 수풀 가운데에 있는 포도나무를 불에 던질 땔감이 되게 한 것같이 내가 예루살렘 주민도 그같이 할지라"(겔 15:6).

이와 같은 비유는 일찍이 이사야가 포도원을 열매 맺지 못하는 이스라엘 백성으로 비유한 것과 잇닿아 있으며, 예레미야 2장 21절의 비유도 전수받고 있습니다.

> "내가 너를 순전한 참 종자 곧 귀한 포도나무로 심었거늘 내게 대하여 이방 포도나무의 악한 가지가 됨은 어찌됨이냐."

그런데 후대에 예수님도 포도나무를 이용해 유명한 비유를 남기셨습니다.

"나는 참포도나무요 내 아버지는 농부라 무릇 내게 붙어 있어 열매를 맺지 아니하는 가지는 아버지께서 그것을 제거해 버리시고 무릇 열매를 맺는 가지는 더 열매를 맺게 하려 하여 그것을 깨끗하게 하시느니라"(요 15:1-2).

제대로 열매 맺지 못하는 포도나무를 징벌하시겠다는 내용은 같은데 다른 것이 있다면, 우리가 포도나무가 아니라 예수님이 포도나무이시고 우리는 그에게 붙어 있는 가지라는 겁니다. 우리의 무거운 책임감이 많이 가벼워진 셈입니다. 우리가 열매 맺으려면 그저 나무에 잘 붙어 있는 가지가 되기만 하면 됩니다. 그래서 4-5절은 이렇게 말합니다.

"내 안에 거하라 나도 너희 안에 거하리라 가지가 포도나무에 붙어 있지 아니하면 스스로 열매를 맺을 수 없음같이 너희도 내 안에 있지 아니하면 그러하리라 나는 포도나무요 너희는 가지라 그가 내 안에, 내가 그 안에 거하면 사람이 열매를 많이 맺나니 나를 떠나서는 너희가 아무것도 할 수 없음이라"(요 15:4-5).

과거 구약의 율법 시대에는 우리가 열매를 잘 맺어야 하는 포도나무로서의 의무와 책임이 컸다면, 신약에 이르러서는 그저 포도나무이신 예수님께 잘 붙어 있기만 하면 된다는 것입니다. 정말 예수님은 은혜 그 자체, 은혜의 본질이십니다.

에스겔의 또 다른 선진 선지자 학습은 '끝'에 대한 그의 강조에서도 드러납니다. 학자들이 에스겔서의 '끝'에 대한 신학을 별도로 연구할 정도니 이는 에스겔의 주요 사상 중 하나입니다. 이 사상은 특히 7장 전체에 잘 나와 있습니다.

"너 인자야 주 여호와께서 이스라엘 땅에 관하여 이같이 말씀하셨느니라 끝났도다 이 땅 사방의 일이 끝났도다 이제는 네게 끝이 이르렀나니 내가 내 진노를 네게 나타내어 네 행위를 심판하고 네 모든 가증한 일을 보응하리라"(겔 7:2-3).
"끝이 왔도다, 끝이 왔도다 끝이 너에게 왔도다 볼지어다 그것이 왔도다"(겔 7:6).

그런데 끝을 이야기하니까 떠오르는 예언이 없나요? 앞에서 아모스서 8장 1-2절을 다루며 끝 날의 심판에 대하여 다룬 적이 있습니다.

"주 여호와께서 내게 이와 같이 보이셨느니라 보라 여름 과일 한 광주리이니라 그가 말씀하시되 아모스야 네가 무엇을 보느냐 내가 이르되 여름 과일 한 광주리니이다 하매 여호와께서 내게 이르시되 내 백성 이스라엘의 끝이 이르렀은즉 내가 다시는 그를 용서하지 아니하리니"(암 8:1-2).

물론 에스겔이 반드시 아모스를 본받아 이런 예언을 했다고 확증하기는 어렵지만 많은 연구자들이 아모스의 영향을 고려해 왔답니다.

더불어 호세아의 전통도 발견됩니다. 호세아는 이스라엘 백성을 바람나고 음란한 아내로, 하나님을 질투하는 남편으로 비유하며 이스라엘을 질타한 선지자입니다. 에스겔서 16장도 같은 맥락에서 이스라엘을 이해합니다. 가엾은 한 여자아이를 하나님이 거두어 사랑하였건만 음란하여

져서 타락한 것으로 묘사합니다. 에스겔서 16장은 읽기가 민망할 정도로 적나라하게 그 음란한 행위를 지적합니다. 34-35절만 보겠습니다.

> "네 음란함이 다른 여인과 같지 아니함은 행음하려고 너를 따르는 자가 없음이며 또 네가 값을 받지 아니하고 도리어 값을 줌이라 그런즉 다른 여인과 같지 아니하니라 그러므로 너 음녀야 여호와의 말씀을 들을지어다."

더 나아가 에스겔서 23장은 북이스라엘과 남유다를 방탕한 날라리 자매 '오홀라'와 '오홀리바'라고 말하면서 이들의 개념 없는 행동을 꾸짖습니다. 언니 오홀라는 먼저 음란하여 인생을 망친 북이스라엘을 상징합니다. 이 언니를 보고 동생 오홀리바 즉 남유다가 깨달은 바가 있어 착실히 살아야 했는데, 언니처럼 똑같이 방탕하게 살다가 망했다는 비유입니다. 이 이야기는 예레미야서 3장 6-11절에 나오는 음란한 두 자매 이야기를 후대에 에스겔이 차용하여 흥미롭게 패러디하고 두 자매에게 이름까지 붙여 준 패러디입니다.

26. 에스겔서의 환상은 어떤 특징이 있을까?

끝으로 에스겔서의 유명한 환상들을 살펴보면서 그의 예언의 중요한 신학적 의미를 헤아려 보고자 합니다.

앞에서 살펴본 대로 에스겔서의 가장 큰 문학적 특징은 바로 환상입니다. 그가 소명 받은 이야기도 1장부터 3장 15절에 이르는 환상으로 표현되었습니다. 네 개의 얼굴을 가지고 네 발 달린 네 짐승, 눈이 가득한 네 개의 바퀴, 황홀경에 이르러 영이 에스겔을 델아빕으로 데리고 가는 이야기 등 그야말로 환상적이지요. 오죽하면 눈 달린 바퀴가 외계인의 우주선인 UFO 라는 주장이 나오기도 하였고, 아니면 제사장 출신인 에스겔이 고대 제의에서 사용하는 환각 음료를 마시고 환상을 보았다는 황당한 주장도 나왔을까요!

엽기적인 마른 뼈 환상: 유배인들에겐 복음!

8장부터 11장 25절까지 보면 정말 환상적인 예루살렘 여행이 나옵니다. 에스겔이 한 형상에 의하여 예루살렘으로 이끌림을 당합니다. 그리고 하나님의 영광이 예루살렘 성읍을 떠나는 장면을 목격합니다.

그 다음 아주 유명한 환상이 나오는데, 37장 1-14절에 나오는 마른 뼈 계곡 환상입니다. 마른 뼈가 하나님의 능력으로 다시 소생하는 모습을 그린 환상으로 에스겔이 하나님의 말씀에 따라 그 뼈들에게 명령했더니 다음과 같은 일들이 벌어졌습니다.

"이에 내가 명령을 따라 대언하니 대언할 때에 소리가 나고 움직이며 이 뼈, 저 뼈가 들어맞아 뼈들이 서로 연결되더라 내가 또 보니 그 뼈에 힘줄이 생기고 살이 오르며 그 위에 가죽이 덮이나 그 속에 생기는 없더라 또 내게 이르시되 인자야 너는 생기를 향하여 대언하라 생기에게 대언하여 이르기를 주 여호와께서 이같이 말씀하시기를 생기야 사방에서부터 와서 이 죽음을 당한 자에게 불어서 살아나게 하라 하셨다 하라 이에 내가 그 명령대로 대언하였더니 생기가 그들에게 들어가매 그들이 곧 살아나서 일어나 서는데 극히 큰 군대더라"(겔 37:7-10).

참으로 엽기적인 장면이지요? 상상해 보세요. 죽었던 마른 뼈들이 서로 붙어 연결되고, 그 뼈에 힘줄이 붙고 살이 붙고 가죽이 덮이더니 살아나 군사들이 되었다는 겁니다. 참고로 에스겔은 선진 선지자들과는 달리 본래 제사장이었습니다(겔 1:3). 제사장들은 칼을 잘 쓰는 이들인데, 직업상 늘 양과 같은 희생제물들의 뼈와 힘줄, 살, 가죽을 칼로 자르고 베어야 했기 때문입니다. 아니나 다를까, 동물 해부학에 박학하던 에스겔은 그의 환상 속에서도 뼈와 힘줄, 살, 가죽을 봅니다. 하지만 평소에 그가 했던 해체 작업과는 거꾸로 그 조직들이 다시 붙어 살아나는 과정을 목격하게 됩니다.

그런데 이 엽기적인 환상의 의미는 무엇일까요? 죽어 말라비틀어진 뼈들이 다시 살아나는 환상은 무엇을 예언하기 위함일까요? 말라 죽은 뼈들은 바로 나라를 잃고 포로로 잡혀온 이스라엘 백성의 참담한 현실을 의미합니다. 하지만 하나님의 명령으로 이들이 다시 살아날 것이라는, 이스라엘의 회복을 약속하는 예언입니다. 참 희한하고 엽기적인 환상이지만, 에스겔이 바벨론 유배인들에게 선포했을 때는 많은 이들의 눈물을 자아내던 감격적인 환상입니다. 하나님이 친히 설명한 이 환상에 대한 해석을 살펴보겠습니다.

"또 내게 이르시되 인자야 이 뼈들은 이스라엘 온 족속이라 그들이 이르기를 우리의 뼈들이 말랐고 우리의 소망이 없어졌으니 우리는 다 멸절되었다 하느니라 그러므로 너는 대언하여 그들에게 이르기를 주 여호와께서 이같이 말씀하시기를 내 백성들아 내가 너희 무덤을 열고 너희로 거기에서 나오게 하고 이스라엘 땅으로 들어가게 하리라 내 백성들아 내가 너희 무덤을 열고 너희로 거기에서 나오게 한즉 너희는 내가 여호와인 줄을 알리라 내가 또 내 영을 너희 속에 두어 너희가 살아나게 하고 내가 또 너희를 너희 고국 땅에 두리니 나 여호와가 이 일을 말하고 이룬 줄을 너희가 알리라 여호와의 말씀이니라"(겔 37:11-14).

무덤이 열리고 죽었던 시체가 살아나 무덤에서 걸어 나오고 이스라엘 땅으로 간다니 무슨 공포영화의 한 장면 같지요? 하지만 희망을 잃고 좌절 속에서 살던 이스라엘 백성들에게는 최고의 기쁜 소식 즉 복음이었습니다.

여기서 다시 한 번 '영'이 언급됩니다. 예레미야서와 에스겔서의 주요 본문들에서 살펴보았듯이 포로기라는 '죽음'의 시간이 극복되는 새 날은 '영'과 깊이 관련되어 있는 것 같습니다. 즉 표면적으로 체계화되어 있진 않지만, 포로기를 정점으로 과거 율법의 구약시대를 지나 새롭게 다가올 시대는 '은혜'와 '영'의 날인 것이 분명합니다. 이는 신약시대 예수 그리스도의 삶에서도 모형화되어 있습니다. 포로기의 '죽음' 경험에 이은 은혜와 영의 새 시대 선포는, 예수의 '죽음'에 이은 부활과 성령 강림, 그리고 은혜의 복음 선포를 미리 예고하는 듯합니다.

이와 같이 구약시대의 사건을 신약성경 특히 예수 그리스도의 사건을 근거로 역투사하여 해석하는 것을 기독론적 해석이라고 합니다. 사실 관련 구절들은 모두 유대교의 역사와 문헌들에 의해 그 당시 신학과 사건들로 충분히 해석될 수 있습니다.

하지만 신약성경이라는 또 다른 책을 분명한 계시의 말씀으로 믿는 기독교인들에게는 예수 그리스도 사건과 뒤따르는 성령 시대의 도래가 예레미야와 에스겔이 말하는 새 희망의 날의 진정한 구현으로 보입니다. 이 같은 기독론적 해석은 사실 역사적 관점에서 공정하게 평가될 수 있는 것은 아니지만, '믿음'이라는 원리 안에서 충분히 감격스럽게 받아들일 수 있는 기독교적 체험입니다. 기독론적 해석이 너무 자의적이라고 말할 수도 있겠지만, 사실 신약성경과 구약성경의 연속성을 자명하게 보여 주는 놀랍고도 흥미로운 성경 읽기를 제공해 주고 있습니다. 구약성경을 읽으면서 구약이 투사하는 신약성경의 모습을 찾아보세요. 신약성경이 얼마나 철저히 구약성경에서 비롯된 산물인지 발견할 수 있을 겁니다.

구체적인 새 예루살렘 환상

에스겔서 맨 마지막에서 에스겔은 현재 무너지고 부서져 버린 성전을 보는 것이 아니라 미래에 새롭게 세워질 새로운 성전을 보고 있습니다. 나라가 망했다는 상징이 곧 부서진 성전이며, 종교적으로 이스라엘 백성을 가장 힘들게 한 것도 절대 무너지지 않을 것이라고 확신하던 하나님의 성전이 여지없이 무너져 내린 것이었습니다. 그런데 하나님께서 새로운 성전을 보여 주시니 그 의미가 무엇인지는 분명합니다. 바벨론의 유대인들에게 좌절하지 말라고, 소망을 줄 터이니 쓰러지지 말라고 보여 주시는 희망의 말씀인 것입니다.

이 환상의 흥미로운 점은 새 성전에 대한 묘사가 지나칠 정도로 치밀하다는 사실입니다. 무려 네 장에 걸쳐 할애하였다는 것도 대단하지만, 에스겔은 매우 치밀하고 정교하게 새 성전의 장비와 설비 도면을 설명하고 있습니다. 한 예를 들면 다음과 같습니다.

"내가 본즉 집 바깥 사방으로 담이 있더라 그 사람의 손에 측량하는 장대를 잡았는데 그 길이가 팔꿈치에서 손가락에 이르고 한 손바닥 너비가 더한 자로 여섯 척이라 그 담을 측량하니 두께가 한 장대요 높이도 한 장대며 그가 동쪽을 향한 문에 이르러 층계에 올라 그 문의 통로를 측량하니 길이가 한 장대요 그 문 안쪽 통로의 길이도 한 장대며"(겔 40:5-6).

이렇게 자세한 성전의 이모저모를 정확히 가늠하여 전달할 수 있는 자는 성전에 매우 익숙한 사람이어야 합니다. 제사장인 에스겔이야말로 이 새 성전 환상을 전달할 만한 최고의 적임자였습니다. 그 누구보다 성전의 구석구석을 잊을 수 없었고 그리워했을 에스겔이기에 새 성전의 모습 하나하나를 가슴 깊이 새겨 넣을 수 있었을 것입니다.

그런데 왜 하나님은 에스겔을 통해 새 성전의 모습을 이토록 치밀하게 묘사했을까요? 희망을 상징하기 위함이라면 새 성전의 모습만 보여줘도 충분했을 텐데 말입니다.

새 성전은 희망을 상징합니다. 그런데 이 희망을 제시하려면 보다 구체적이고 실제적으로 해야 하지 않을까요? 누군가에게 위로와 도움을 주려면 허망한 약속이 아니라 구체적이고 실질적인 약속을 해야 하는 것처럼 말입니다.

이 세상에서 가장 감사하면서도 가장 허망한 말이 무엇인 줄 압니까? 아마 "기도해 줄게"일 것입니다. 도움이 절실히 필요한 어려운 처지의 사람에게 희망과 소망을 주기 위해 건넨 이 말, 참 감사하지만 역설적으로 얼마나 허망한지요. 사실 우리가 종종 날리는 공수표이기도 합니다. 도움이 절실하게 필요한 사람에게 가장 힘이 되는 말은 아마 "그래, 기도해 줄게. 그리고 네 은행 계좌번호 좀 적어 줘", "그래, 기도해 줄게. 그리고 내일 저녁에 우리 집으로 와"일 것입니다.

우리가 어려운 이웃에게 희망과 소망을 줄 때는 구체적이고 실제적이어야만 합니다. 그래야만 그 소망과 희망이 힘이 되어 죽은 자를 살릴 수 있습니다. 하나님이 그냥 새 성전을 세우겠다고 약속만 한 것이 아니라, 성전 전문가인 전직 제사장 에스겔을 불러다가 면밀히 그 성전을 보여 주고 그 소식을 전하게 하신 이유는, 죽어 가는 백성들을 살리고 싶은 하나님의 간절한 마음을 나타냅니다. 죽어 메말라 버린 뼈다귀 같은 불쌍한 이스라엘 백성이 절망과 좌절 끝에 죽어 버릴까봐 하나님은 애가 타서 이렇게 실제적이고 구체적인 약속을 하시는 것입니다. 눈앞에서 보는 것처럼 생생한 성전 건축의 약속을 전해들은 이스라엘 백성은 그 구체적인 약속을 믿고 살아갈 힘을 얻었을 것이 분명합니다.

에스겔서는 희망을 얘기하고 있습니다. 하지만 희망의 배경은 고난이었습니다. 이스라엘 백성이 포로로 끌려간 암담한 현실이었기에 희망이 제시될 수 있었습니다. 고난과 절망은 희망의 전주곡인 셈이지요. 에스겔서는 절망이 끝이 아님을 우리에게 얘기하고 있습니다. 그러므로 희망을 놓지 말 것을 얘기하고 있습니다.

chapter **10**

포로기와 귀환 사회에서의 이사야서

27. 이사야서는 왜 창조주 하나님을 강조할까?

에스겔서에 이어 이사야서로 다시 돌아가 보겠습니다. 앞에서 이미 이사야서를 살펴보았는데 왜 다시 이사야냐고 의아할 것입니다. 다시 설명하자면 이사야서는 한 권의 책이지만 동시에 세 권의 책으로도 볼 수 있습니다. 처음 1-39장은 대부분 기원전 8세기 이사야의 생애 기간을 배경으로 한 것이고, 제2이사야, 즉 40-55장은 예루살렘이 멸망한 후 이스라엘 사람들이 바벨론의 포로로 잡혀간 시기를 배경으로 하고 있습니다. 나머지 56-66장은 제3이사야서라 불리며 포로기가 끝난 후 예루살렘으로 귀환한 시대를 배경으로 하고 있습니다. 즉 이사야서는 서로 다른 시기를 배경으로 세 부분으로 나뉘어 있습니다. 앞장에서 살펴본 에스겔서는 포로기를 배경으로 하고 있습니다. 마찬가지로 이 장에서 다룰 소위 제2이사야서의 내용도 포로기를 배경으로 하고 있습니다.

하나님 탓? 자기 탓!

제2이사야서를 전체적으로 보면 곳곳에 포로기의 상황을 언급하면서 당시 유배민들의 낙심한 마음을 그리고 있습니다. 무엇보다도 나라를 잃고 바벨론에 끌려왔다는 좌절이 그려져 있죠. 만약 우리가 당시 남유다 사람들이라면 먼저 무슨 생각을 했을까요?

상상력을 동원하기 위해 먼저 알아야 할 것이 있습니다. 그것은 당시 고대인들의 사고 속에는 '신이 없다'는 개념이 존재하기 어렵다는 사실입니다. 그리고 당시 고대 사회는 나라의 운명과 흥망성쇠가 모두 그들이 믿는 신과 신의 세계에 의해 결정된다고 믿었습니다. 현대는 우주의 많은 부분을 과학으로 설명하지만 고대인들은 비가 오는 것은 신이 눈물을 흘리는 것이요, 지진이 일어나는 것은 신이 화가 났기 때문이라고 이해했습니다. 그래서 그들에게 신앙이란 종교인들이 갖는 특별한 것이 아니라 정상적인 인간이면 누구나 공감하는 지극히 당연한 사고였지요. 이렇게 신의 존재가 명확하던 고대인들이 나라가 멸망하고 자신들은 포로로 붙잡혀 타향살이를 해야 했다면 먼저 무슨 생각부터 했을까요?

자신의 나라를 그들의 신이 지켜 준다고 굳게 믿던 고대인들은 이런 위기에 처했을 때 이것을 어떻게 받아들였을까요? 현대 신앙인들은 간단히 신을 부정하면 됩니다. 견딜 수 없는 신앙의 위기가 닥치면 벌어질 법한 최악의 상황이지요. 그러나 앞에서 살펴본 대로 고대인들은 신의 존재를 부정할 길이 없습니다. 그래서 그들이 생각할 수 있는 최악의 시나리오는 '신이 자신들을 버렸다'는 것입니다. 예루살렘은 난공불락이요, 하나님이 존재하는 성소라고 믿었는데 예루살렘은 그들의 눈앞에서 여지없이 무너졌습니다. 충격 중에 충격이 아닐 수 없습니다.

이와 함께 생각해야 할 것이 또 있습니다. 그 당시 이스라엘 사람들은 지금 우리 기독교인들과 같은 철저한 유일신 사상이 미약했습니다. 그들은 이 세상에 여러 신들이 있지만 자신의 민족 이스라엘의 신은 오직 여호와 한 분뿐이라는 일신교적 믿음을 가지고 있었습니다. 당연히 동방의 바벨론은 그들의 신인 마르두크가 자기 나라를 다스린다고 믿었지요. 이렇게 절대적 유일신 사상이 희박하던 때였습니다. 아마 당시의 일신교적 사상을 가장 잘 드러내는 구절이 있다면 룻기 1장 15-16절일 것입니다.

> "나오미가 또 이르되 보라 네 동서는 그의 백성과 그의 신들에게로 돌아가나니 너도 너의 동서를 따라 돌아가라 하니 룻이 이르되 내게 어머니를 떠나며 어머니를 따르지 말고 돌아가라 강권하지 마옵소서 어머니께서 가시는 곳에 나도 가고 어머니께서 머무시는 곳에서 나도 머물겠나이다 어머니의 백성이 나의 백성이 되고 어머니의 하나님이 나의 하나님이 되시리니."

이 구절을 보면 '한 민족에 한 신'이라는 개념이 잘 나와 있습니다. 같은 개념의 사상이 사무엘상 26장 19-20절, 열왕기하 5장 17절 같은 구절들에서도 드러납니다. 이런 상황에서 이스라엘은 바벨론 포로기를 맞으며 민족적 종교적 절대 위기를 맞이하게 되었는데, 신의 존재를 부정할 수 없던 당시의 사람들은 여호와 하나님이 바벨론의 신 마르두크와 싸워서 졌다고 생각했을 것입니다. 이처럼 고대인들이 가질 수 있는 신앙적 최고 위기는 자신들의 신이 졌거나 아니면 신이 자신들을 버렸다는 겁니다. 그래서 이사야서 49장 14절은 이런 표현을 합니다.

"오직 시온이 이르기를 여호와께서 나를 버리시며 주께서 나를 잊으셨다 하였거니와."

여기서 시온이란 시온을 중심으로 살던 남유다 민족을 가리키는데, 그들이 말하기를 하나님이 자신들을 잊었고 버렸다고 합니다. 이외에도 하나님이 자신들을 이방인의 압제에 내버려 두셨다고 불평하는 목소리도 들립니다.

"야곱아 어찌하여 네가 말하며 이스라엘아 네가 이르기를 내 길은 여호와께 숨겨졌으며 내 송사는 내 하나님에게서 벗어난다 하느냐"(사 40:27).

당연히 이런 불평이 나오겠지요? 하나님이 자신들을 잘 보호해 주시리라 믿었는데 말입니다.

그러나 제2이사야서는 이스라엘이 하나님으로부터 받은 심판이 정당한 것이었다고 반박합니다. 바벨론에 끌려온 유배민들이 그들의 상황을 정확히 알아야 할 필요가 있기 때문입니다. 그래서 43장 25-28절은 이렇게 말합니다.

"나 곧 나는 나를 위하여 네 허물을 도말하는 자니 네 죄를 기억하지 아니하리라 너는 나에게 기억이 나게 하라 우리가 함께 변론하자 너는 말하여 네가 의로움을 나타내라 네 시조가 범죄하였고 너의 교사들이 나를 배반하였나니 그러므로 내가 성소의 어른들을 욕되게 하며 야곱이 진멸당하도록 내어 주며 이스라엘이 비방거리가 되게 하리라."

즉 이스라엘의 조상이 범죄하고 지도자인 선생들이 배반하였기 때문에 이스라엘 민족이 진멸당하고 비방거리가 되는 것이 당연하다고 말합니다. 그러니 하나님 탓하지 말라는 소리입니다. 50장 1절도 보겠습니다.

"나 여호와가 이같이 말하노라 내가 너희의 어미를 내보낸 이혼 증서가 어디 있느냐 내가 어느 채주에게 너희를 팔았느냐 보라 너희는 너희의 죄악으로 말미암아 팔렸고 너희의 어미는 너희의 배역함으로 말미암아 내보냄을 받았느니라."

이스라엘 민족의 멸망은 하나님이 마르두크 신에게 패배하여서도 아니고 하나님이 그들을 잊었거나 버려서도 아니며, 오직 이스라엘 민족 자신의 죄악 때문에 멸망한 것이라고 제2이사야서는 강조하고 있습니다.

구속주를 넘어 창조주 하나님으로

그런데 제2이사야서는 이스라엘 민족의 멸망이 그들의 책임이라고 책망하기만 할까요? 너희들 잘못이니 죄 값을 톡톡히 치러보라고 냉정히 말하기만 할까요? 그들 민족의 위기를 제2이사야서는 어떻게 극복하려

할까요?

제2이사야서의 가장 위대한 점은 유배민들의 좌절 때문에 무너져 버릴 것 같은 여호와 신앙을 다시 일으켜 세우려는 개혁에 있습니다. 기존의 신학 사상들을 강화하여 위기의 때에 더 강력한 여호와 신앙을 일으켜 세우려는 강한 의지가 이 책의 위대한 업적이지요.

그 첫 번째 위대한 작업은 바로 여호와 하나님을 '창조주'로 강조하는 것입니다. 우리는 기독교 교리의 영향으로 하나님이 창조주라는 사실을 자명한 것으로 여기지만 사실 구약시대에는 그렇지 않았습니다. 구약성경은 창조주 하나님보다는 구원자 하나님을 강조했습니다. 물론 창조주 하나님이 구약성경에 없는 것은 아니지만 구원자 하나님 사상에 비하면 빈약한 편입니다. 실제로 성경의 첫 부분인 창세기 1-2장에 기록된 7일간의 창조와 안식 이야기, 아담과 하와의 에덴동산 이야기가 구약성경의 다른 곳에서 자주 등장하던가요? 아주 후대에 씌어진 역대기를 제외하고는 거의 등장하지 않습니다. 창조주 하나님을 시편이 종종 노래하지만, 여기에도 창세기 1-2장의 사건은 구체적으로 언급하지 않습니다. 하지만 홍해를 가르고 이스라엘 민족을 구출한 출애굽기의 위대한 구원 사건은 구약성경 전체에 걸쳐 매우 자주 등장합니다.

본래 험악한 광야에서 떠돌던 유목민들의 신앙 전승은 그 무엇보다도 자신들을 지키고 보호하시는 구원자 하나님을 믿는 신앙이었습니다. 이 전승을 이어받은 구약성경의 여호와 신앙은 이방민족의 침입이 잦은 탓도 있겠지만 '구원'의 하나님을 그 무엇보다 강조합니다. 그래서 독일의 위대한 구약성서학자 폰 라트는 구약성경의 가장 핵심 사상을 구원으로 여깁니다. 이처럼 구약성경의 하나님은 창조의 하나님보다 구원의 하나님으로서 더 잘 묘사되어 있습니다. 단, 잠언이나 욥기, 전도서 같은 지혜 문헌은 예외적으로 구원의 하나님은 거의 언급되지 않고 창조의 하나님을 강조했습니다.

제2이사야서가 이스라엘 포로기에 창조주 하나님을 강조하게 된 이유는 무엇일까요? 그것을 알아보기 위해 창조주 하나님을 강조한 몇 구절들을 살펴보겠습니다.

> "너는 알지 못하였느냐 듣지 못하였느냐 영원하신 하나님 여호와, 땅끝까지 창조하신 이는 피곤하지 않으시며 곤비하지 않으시며 명철이 한이 없으시며"(사 40:28).
> "하늘을 창조하여 펴시고 땅과 그 소산을 내시며 땅 위의 백성에게 호흡을 주시며 땅에 행하는 자에게 영을 주시는 하나님 여호와께서 이같이 말씀하시되"(사 42:5).

우리는 창조주 하나님에 대한 신앙이 익숙하기 때문에 이와 같은 구절들이 별로 독특하게 느껴지지 않지만, 사실 구약성경에서는 이렇게 창조주 하나님을 두드러지게 강조하는 표현이 자주 나오는 편이 아닙니다. 또 다른 구절도 살펴볼까요? 여기선 특별히 이스라엘 민족을 '창조'하신 하나님에 대하여 말하고 있습니다.

> "야곱아 너를 창조하신 여호와께서 지금 말씀하시느니라 이스라엘아 너를 지으신 이가 말씀하시느니라 너는 두려워하지 말라 내가 너를 구속하였고 내가 너를 지명하여 불렀나니 너는 내 것이라"(사 43:1).

"나의 종 야곱, 내가 택한 이스라엘아 이제 들으라 너를 만들고 너를 모태에서부터 지어 낸 너를 도와줄 여호와가 이같이 말하노라 나의 종 야곱, 내가 택한 여수룬아 두려워하지 말라"(사 44:1-2).

이렇듯 제2이사야서는 이스라엘의 하나님 여호와를 창조주 하나님으로 소개하고 있습니다. 그런데 다음 구절은 구원자 하나님과 창조주 하나님을 결합하여 표현하고 있습니다.

"나 곧 나는 여호와라 나 외에 구원자가 없느니라 내가 알려 주었으며 구원하였으며 보였고 너희 중에 다른 신이 없었나니 그러므로 너희는 나의 증인이요 나는 하나님이니라 여호와의 말씀이니라 과연 태초로부터 나는 그이니 내 손에서 건질 자가 없도다 내가 행하리니 누가 막으리요 너희의 구속자요 이스라엘의 거룩한 이 여호와가 말하노라 너희를 위하여 내가 바벨론에 사람을 보내어 모든 갈대아 사람에게 자기들이 연락하던 배를 타고 도망하여 내려가게 하리라 나는 여호와 너희의 거룩한 이요 이스라엘의 창조자요 너희의 왕이니라"(사 43:11-15).

제2이사야서는 이렇듯 하나님을 구원자이실 뿐만 아니라 창조주로서 표현하고 있습니다.

"여호와께서 이 일을 행하셨으니 하늘아 노래할지어다 땅의 깊은 곳들아 높이 부를지어다 산들아 숲과 그 가운데의 모든 나무들아 소리 내어 노래할지어다 여호와께서 야곱을 구속하셨으니 이스라엘 중에 자기의 영광을 나타내실 것임이로다 네 구속자요 모태에서 너를 지은 나 여호와가 이같이 말하노라 나는 만물을 지은 여호와라 홀로 하늘을 폈으며 나와 함께한 자 없이 땅을 펼쳤고"(사 44:23-24).

여기에도 구속의 하나님과 창조의 하나님이 동시에 표현되어 있습니다. 이와 같이 하나님의 구속과 창조를 결합하여 표현하는 구절들은 제2이사야서만의 독특한 고백이며 신학입니다. 54장 5절도 봅시다.

"이는 너를 지으신 이가 네 남편이시라 그의 이름은 만군의 여호와이시며 네 구속자는 이스라엘의 거룩한 이시라 그는 온 땅의 하나님이라 일컬음을 받으실 것이라."

여기서도 하나님은 '지으신 이'요 동시에 '구속자'이십니다. 구속자 하나님은 이스라엘 민족이 포로로 잡혀오기 이전부터 잘 알던 하나님입니다. 그런데 나라를 잃고 포로로 끌려온 지금 이스라엘 민족은 그 구속의 하나님을 쉽게 신뢰할 수 있을까요? 당시 이스라엘 백성은 자신들을 지켜 주고 보호하신 구속의 하나님이 동방의 신인 마르두크에게 졌든지, 아니면 그들을 버리셨든지 했을 거라고 생각했습니다. 그런 그들에게 '구속의 하나님'이 얼마나 설득력 있었을까요?

제2이사야서의 저자는 풍전등화 같은 여호와 신앙을 되살리기 위해 고심하면서 심화된 신학적 작업을 해나갑니다. 바로 구속의 하나님에 창조주 하나님을 불어넣는 것입니다. 이스라엘이 더 이상 신뢰하려 하지 않는 구속의 하나님을 더 위대한 구속자이며 창조주이신 우주적 전능자로 제시하는 것입니다.

그렇다면 창조주 하나님이 인간이 만들어 낸 산물이란 말입니까? 그러나 이것은 이토록 처절한 역사적 환경 속에서 여호와 신앙을 지켜 내려는 우리 믿음의 선진들의 애타는 노력과 함께 계시된 하나님의 섭리로 이해해야 할 것입니다.

28. 이사야서의 유일신 사상이 왜 중요할까?

우상을 조롱함

제2이사야서는 이스라엘의 하나님 여호와가 창조주 하나님이라고 선언하는 데서 그치지 않습니다. 더 나아가 여호와 하나님을 이방의 어떤 신들보다 우월하고 탁월하신 분이라고 선언합니다. 이사야서 41장 21-29절이 이를 잘 표현하고 있습니다.

"나 여호와가 말하노니 너희 우상들은 소송하라 야곱의 왕이 말하노니 너희는 확실한 증거를 보이라 장차 당할 일을 우리에게 진술하라 또 이전 일이 어떠한 것도 알게 하라 우리가 마음에 두고 그 결말을 알아보리라"(사 41:21-22).

이방신들에게 미래 일을 말하는 능력을 보이라고 합니다. 그리고 다음 24절에서 이렇게 말합니다.

"보라 너희는 아무것도 아니며 너희 일은 허망하며 너희를 택한 자는 가증하니라."

그럴 능력도 없는 허망한 이방신을 믿는 자들도 가증하다면서 29절은 이렇게 마무리합니다.

"보라 그들은 다 헛되며 그들의 행사는 허무하며 그들이 부어 만든 우상들은 바람이요 공허한 것뿐이니라."

즉 이방신들은 그저 인간이 부어 만든 신상들에 지나지 않기 때문에 바람이요 공허하다고 말합니다. 44장에는 그 유명한 제2이사야서의 '우상 조롱'이 나옵니다.

"목공은 줄을 늘여 재고 붓으로 긋고 대패로 밀고 곡선자로 그어 사람의 아름다움을 따라 사람의 모양을 만들어 집에 두게 하며 그는 자기를 위하여 백향목을 베며 디르사 나무와 상수리나무를 취하며 숲의 나무들 가운데에서 자기를 위하여 한 나무를 정하며 나무를 심고 비를 맞고 자라게도 하느니라 이 나무는 사람이 땔감을 삼는 것이거늘 그가 그것을 가지고 자기 몸을 덥게도 하고 불을 피워 떡을 굽기도 하고 신상을 만들어 경배하며 우상을 만들고 그 앞에 엎드리기도 하는구나 그중의 절반은 불에 사르고 그 절반으로는 고기를 구워 먹고 배불리며 또 몸을 덥게 하여 이르기를 아하 따뜻하다 내가 불을 보았구나 하면서 그 나머지로 신상 곧 자기의 우상을 만들고 그 앞에 엎드려 경배하며 그것에게 기도하여 이르기를 너는 나의 신이니 나를 구원하라 하는도다"(사 44:13-17).

이방신을 제대로 조롱하고 있습니다. 이스라엘의 신 여호와 하나님은 신상이 없는 독특한 신입니다. 고대 사회에서는 대개 그들이 믿는 신의 신상을 만들기 마련인데, 제2이사야서는 이방신들은 목공이 나무를 잘라 이것저것 만들다가 그 나머지로 깎아 놓은 신상에 불과하다고 조롱합니다. 그리고 나무가 땔감이 되어 그 목공을 따뜻하게 해주기도 하고 먹을 것도 구워 주니 그저 고마워서 나무에게 넙죽 절하는 것은 말도 안 되는 바보짓이라고 말합니다. 이 재치 있는 독설은 매우 유명해져서 후대에 지혜서라는 외경에도 등장하며(지혜서 13장), 초대교부들이 이방신들을 조롱할 때도 인용하던 표현입니다. 이사야서 46장도 유사한 개념으로 이방신을 조롱합니다.

"벨은 엎드러졌고 느보는 구부러졌도다 그들의 우상들은 짐승과 가축에게 실렸으니 너희가 떠메고 다니던 그것들이 피곤한 짐승의 무거운 짐이 되었도다"(사 46:1).

여기서 벨은 마르두크 신을 말하고 느보는 나부 신을 의미합니다. 우습게도 그들은 수레에 실려져 가축들이 운반하기 때문에 짐승들을 피곤하게 만드는 몹쓸 것이라고 조롱합니다. 신이 그저 짐승의 어깨만 무겁게 하는 짐짝이라니 우습지요? 그 다음 구절은 더 가관입니다.

"그들은 구부러졌고 그들은 일제히 엎드러졌으므로 그 짐을 구하여 내지 못하고 자기들도 잡혀갔느니라"(46:2).

수레에 실려 가는데 그 수레가 한쪽으로 쏠렸더니 두 신이 모두 일제히 엎어진 것입니다. 그 수레에 있던 다른 짐들뿐만 아니라 자신들마저도 누가 집어가 버렸다니 이 얼마나 우스운 꼴인지요. 6-7절에 가면 조롱이 극에 달합니다.

"사람들이 주머니에서 금을 쏟아 내며 은을 저울에 달아 도금장이에게 주고 그것으로 신을 만들게 하고 그것에게 엎드려 경배하며 그것을 들어 어깨에 메어다가 그의 처소에 두면 그것이 서 있고 거기에서 능히 움직이지 못하며 그에게 부르짖어도 능히 응답하지 못하며 고난에서 구하여 내지도 못하느니라."

나무가 아닌 금과 은으로 만든 신상이라 할지라도 그 금은은 모두 사람들의 주머니에서 끄집어낸 것에 불과한 것이라 합니다. 어디에라도 옮겨 놓으려면 사람이 어깨에 지고 다녀야 하고, 그곳에 갖다 놓으면 움직이지도 못하고 그저 멍하니 서 있기만 합니다. 부르짖어도 말도 못하니 이게 어찌 사람을 구하겠습니까. 여호와 하나님은 신상이 없다는 그 종교적 차별성이 빛을 발하는 순간입니다. 신상이 없다는 것이 당시 고대 사회에서는 이처럼 고차원적인 차별성을 가져다줄 수 있었고, 이 점을 부각시켜 여호와 하나님의 우월성을 창안한 것이 바로 제2이사야서입니다.

유일신 사상, 충격적인 사상

제2이사야서의 분투는 여기서 그치지 않습니다. 더 나아가 그 당시로서는 상상도 할 수 없는 선포를 합니다. 이 세상에 신은 단 한 분뿐이며 그 하나뿐인 신이 바로 이스라엘의 하나님 여호와라는 겁니다. 현대의 우리는 기독교와 유대교, 이슬람의 절대적 유일신 사상에 익숙하지만 당시 고대 사회에서는 신이 단 한 분이라는 개념은 너무나 생소한 사상이었습니다. 아까도 말했듯이 당시의 유일신 사상이란 우주에 여러 신이 있지만 우리 민족의 신은 이 신 한 분뿐이라는 소극적인 유일신 사상이었습니다. 예전에 가나안 신화에서도 보았듯이 신화 속의 신은 인간처럼 가족도 있고 사회도 있습니다. 능력 있는 가장은 건강한 아내들과 많은 자식을 거느리듯이 신들의 세계에서도 유력한 신은 가족이 풍성하고 동료도 많습니다.

그런데 이사야는 아내도 자식도 친구도 없는 여호와를 자랑스러워합니다. 이는 당시로서는 충격적인 세계관입니다. 신은 인간 세계의 반영인 신화적 존재가 아니라 매우 형이상학적이고 초월적인 세계의 존재라는 것입니다. 하나님은 오직 하나이며 전부인 위대한 존재라는 것입니다. 여하간 당시 다른 신의 존재 자체를 부정하는 것은 너무나 도발적인 선포였습니다. 43장 10-12절을 볼까요?

"나의 전에 지음을 받은 신이 없었느니라 나의 후에도 없으리라 나 곧 나는 여호와라 나 외에 구원자가 없느니라 내가 알려 주었으며 구원하였으며 보였고 너희 중에 다른 신이 없었나니 그러므로 너희는 나의 증인이요 나는 하나님이니라 여호와의 말씀이니라."

바벨론의 마르두크 신과 그 외 다른 신들은 그저 나무와 돌덩이일 뿐이며, 더 나아가 아예 여호와 말고는 신 자체가 지음 받은 적이 없다고 선언하고 있습니다. 제2이사야서의 저자는 또 이렇게 선언합니다. 스승인 이사야의 예언처럼 진취적이고 기운찹니다.

"이스라엘의 왕인 여호와, 이스라엘의 구원자인 만군의 여호와가 이같이 말하노라 나는 처음이요 나는 마지막이라 나 외에 다른 신이 없느니라"(사 44:6).

45장 5-7절도 보십시오. 이 얼마나 이사야다우며 장엄하고 진취적인지요.

"나는 여호와라 나 외에 다른 이가 없나니 나밖에 신이 없느니라 너는 나를 알지 못하였을지라도 나는 네 띠를 동일 것이요 해 뜨는 곳에서든지 지는 곳에서든지 나밖에 다른 이가 없는 줄을 알게 하리라 나는 여호와라 다른 이가 없느니라 나는 빛도 짓고 어둠도 창조하며 나는 평안도 짓고 환난도 창조하나니 나는 여호와라 이 모든 일들을 행하는 자니라 하였노라."

참 광대하고 기운찬 예언이지요? 하지만 제2이사야서의 이 장엄한 선언은 사실 몸부림치는 절규였답니다. 자기 백성 하나도 지키지 못한다고 조롱 받는 여호와 하나님이라는 이차원적인 신론을 초월하여 당시로서는 상상도 할 수 없는, 오히려 황당하기까지 한 선언이 바로 제2이사야서의 개혁적 예언이었습니다. 장엄하고 위대한 계시의 선언이었지만,

그 이면에는 제2이사야서 저자들의 처절한 정체성 확립과 실존적 투쟁이 있었던 것입니다. 그들의 굳은 생존 의지와 여호와 하나님에 대한 무한 신뢰는 반복하여 되뇌는 그들의 말끝에도 장렬하게 나타납니다. "나는 여호와라 나 외에 다른 이가 없느니라." 45장 18절을 읽겠습니다.

"대저 여호와께서 이같이 말씀하시되 하늘을 창조하신 이 그는 하나님이시니 그가 땅을 지으시고 그것을 만드셨으며 그것을 견고하게 하시되 혼돈하게 창조하지 아니하시고 사람이 거주하게 그것을 지으셨으니 나는 여호와라 나 외에 다른 이가 없느니라."

21-22절도 여호와밖에 없음을 되뇝니다.

"너희는 알리며 진술하고 또 함께 의논하여 보라 이 일을 옛부터 듣게 한 자가 누구냐 이전부터 그것을 알게 한 자가 누구냐 나 여호와가 아니냐 나 외에 다른 신이 없나니 나는 공의를 행하며 구원을 베푸는 하나님이라 나 외에 다른 이가 없느니라 땅의 모든 끝이여 내게로 돌이켜 구원을 받으라 나는 하나님이라 다른 이가 없느니라."

46장 9절도 보겠습니다.

"너희는 옛적 일을 기억하라 나는 하나님이라 나 외에 다른 이가 없느니라 나는 하나님이라 나 같은 이가 없느니라."

그런데 참 역설적입니다. 신은 이 세상에 여호와 한 분뿐이라는 이 위대한 선포는 사실 모세 때부터 내려오는 오랜 시내 산 전승을 떠오르게 합니다. 가나안 땅에 들어가기 전에 모세는 신명기에서 신은 하나님밖에 없다고 권고했습니다. 제2이사야서의 획기적이고 사생결단적인 유일신 선포는 사실 이스라엘 사람들이 잊어버렸던 그 옛적 가르침이었다고 구약성경은 제시하고 있는 것입니다. 신명기 4장 35절과 39절을 보겠습니다.

> "이것을 네게 나타내심은 여호와는 하나님이시요 그 외에는 다른 신이 없음을 네게 알게 하려 하심이니라"(신 4:35).
> "그런즉 너는 오늘 위로 하늘에나 아래로 땅에 오직 여호와는 하나님이시요 다른 신이 없는 줄을 알아 명심하고"(신 4:39).

그러니 사실 잊었던 것이지 몰랐던 것이 아니었나 봅니다. 의미심장하죠? 우리는 하나님에 대하여 잘 모른다고 고뇌하기도 하지만 사실 모르는 게 아닐 수도 있습니다. 그냥 잊었을 뿐이겠지요. 그러다가 고난의 위기 때 한 대 얻어맞고서야 기억하게 됩니다. 하나님을 알게 되는 것, 아니 잊었던 것을 다시 떠오르게 하는 것은 고난밖에 없는가봅니다.

29. 이스라엘에는 어떤 변화가 있었나?

앞장에서 포로기를 배경으로 쓰어진 제2이사야서를 살펴보았습니다.

이 부분을 좀 더 마무리하고 제3이사야서로 넘어가겠습니다. 포로기라는 암울하고 패배적인 환경 속에서 오히려 이스라엘은 최상의 신학적 작업을 이루게 되었습니다. 창조주 하나님을 강조하게 된 것, 그리고 유일신 사상을 급진적으로 발전시킨 것 등은 모두 이 어려운 시기의 산물이었습니다. 이처럼 고난은 오히려 발전과 진보의 디딤돌이 되곤 합니다. 그래서 독일의 유명한 구약성경 학자 벨하우젠(Wellhausen)은 "이스라엘이 민족으로서 망명을 갔다가 교회가 되어 귀환하였다"고 표현하기도 했습니다. 이스라엘 민족의 역사적 고난은 사실 하나님의 계시를 위한 섭리였나 봅니다.

기적적인 구속

하나님을 창조주로 드러내고 우주의 유일하신 한 분 하나님이라고 선포하면서 그들은 하나님이 이루실 또 한 번의 구속 사건을 고대하였습니다. 먼 옛적 그들의 조상 히브리인들을 이집트에서 구출하실 때 기적적으로 홍해를 갈라 구속하신 것처럼 또 한 번의 역사적 구속 사건이 일어나길 믿었답니다. 그래서 제2이사야서에는 다음과 같은 고백이 있습니다.

"나 여호와가 이같이 말하노라 바다 가운데에 길을, 큰 물 가운데에 지름길을 내고 병거와 말과 군대의 용사를 이끌어 내어 그들이 일시에 엎드러져 일어나지 못하고 소멸하기를 꺼져 가는 등불 같게 하였느니라 너희는 이전 일을 기억하지 말며 옛날 일을 생각하지 말라 보라 내가 새 일을 행하리니 이제 나타낼 것이라 너희가 그것을 알지 못하겠느냐 반드시 내가 광야에 길을 사막에 강을 내리니 장차 들짐승 곧 승냥이와 타조도 나를 존경할 것은 내가 광야에 물을, 사막에 강들을 내어 내 백성, 내가 택한 자에게 마시게 할 것임이라 이 백성은 내가 나를 위하여 지었나니 나를 찬송하게 하려 함이니라"(사 43:16-21).

바다 가운데에, 큰 물 가운데에 지름길을 내었다는 것은 과거 출애굽 사건을 상기시킵니다. 마치 그와 같이 이제는 광야에 길을 내고, 사막에 강을 내며, 광야에 물을, 사막에 강들을 내신다고 합니다. 이 표현은 분명 새로운 탈출, 과거 출애굽과 같은 기적적인 구원의 탈출을 이루시겠다는 예언의 말씀입니다.

이스라엘 백성들 역시 옛적 출애굽의 하나님을 다시 부르고 있습니다. 그때 그 기적의 하나님임을 상기하는 이스라엘 백성의 기도 소리를 들어 보십시오.

"여호와의 팔이여 깨소서 깨소서 능력을 베푸소서 옛날 옛시대에 깨신 것 같이 하소서 라합을 저미시고 용을 찌르신 이가 어찌 주가 아니시며 바다를, 넓고 깊은 물을 말리시고 바다 깊은 곳에 길을 내어 구속 받은 자들을 건너게 하신 이가 어찌 주가 아니시니이까 여호와께 구속 받은 자들이 돌아와 노래하며 시온으로 돌아오니 영원한 기쁨이 그들의 머리 위에 있고 슬픔과 탄식이 달아나리이다"(사 51:9-11).

정말로 기적처럼 이스라엘 백성은 포로기의 억압으로부터 구출되었습니다. 옛적에는 모세라는 지도자를 통하여 이집트로부터 인도되어 나왔지만, 이번에는 그들의 민족적 지도자가 아닌 이방 페르시아의 고레스라는 통치자를 통하여 탈출할 수 있었습니다. 그래서 제2이사야서는 비록 이방의 왕이지만 고레스를 거의 메시아적인 인물로 소개하고 있지요(44:24-45:7, 46:11, 48:20-22).

고레스를 메시아처럼 표현하는 것은 과거 편협한 민족주의적 역사관에서 벗어나 보편주의 사상으로 진보하는 모습을 보여 줍니다. 즉 하나님은 이제 이스라엘 민족만을 대상으로 역사의 주인공을 삼으시는 것이 아니라 이 세상의 누구든지 하나님이 원하신다면 그의 도구로 사용하신다는 겁니다. 이것은 놀라운 진보입니다. 제1이사야서만 해도 시온과 예루살렘, 다윗 등을 강조하며 상당히 민족주의적이었는데, 제2이사야서에선 이방의 왕이 메시아처럼 묘사됩니다. 이후에 보겠지만, 제3이사야서에서는 이방인들도 하나님의 성회에 참여할 수 있다는 매우 개방적인 보편주의 사상을 내비칩니다. 여기에 바로 이사야서의 위대한 점이 발견됩니다. 이사야서는 한 권의 책 안에서 이사야의 본래 사상이 시대적 배경에 따라 재해석되고 적용되는 모습을 보여 줍니다. 이는 성경의 한 본문이나 사상이 역사의 변천에 따라 어떻게 재해석되고 적용되는 지를 보여 주는 '성경 해석'의 한 면모를 보여 줍니다.

편협한 민족주의에서 하나님의 구원 계획으로

페르시아 왕을 통한 이스라엘 백성의 해방은 어찌 보면 당혹스러운 것일 수 있습니다. 이스라엘의 독립은 사실 그들이 스스로 이루어 낸 것이 아니라 그들을 포로로 잡아간 바벨론이 무너져 내리면서 다음 패권을 차지한 페르시아가 놓아 주어서 이루어졌습니다. 그리고 사실 완전한 독립도 아니었습니다. 그들은 여전히 페르시아 치하에 있었으며, 단지 포로로 잡혀 있던 이스라엘 백성이 예루살렘으로 귀환할 수 있도록 허락 받아 성전을 건축할 수 있었을 뿐입니다. 이스라엘 백성은 이후 페르시아 제국이 물러나서도 뒤이은 헬라 제국과 로마 제국에게 지배당하게 됩니다.

이스라엘 백성이 메시아의 지휘로 싸워서 독립을 차지했다면 얼마나 좋았을까요. 하지만 하나님의 계획은 그렇지 않았습니다. 하나님은 이스라엘을 계속 이방의 억압 속에 있게 하셨고, 더 많은 핍박을 겪게 하신 후 전혀 독립투사 같지 않은 목수의 아들 예수를 메시아로 오게 하셨으며, 그 메시아가 이스라엘 민족에게 배척 받아 죽게 하시고, 그의 부활과 성령 강림 이후 전 인류를 대상으로 하는 영적인 구원을 선포하셨습니다. 민족적 구원이 아니라 보편적인 영적인 구원을 계획하셨던 것이지요.

이처럼 포로기와 포로기 이후 유대인들에게 닥친 변화는 참으로 큰 것이었습니다. 그중 가장 큰 변화가 있다면 민족주의적이고 국수주의적인 구원관에서 보편주의적 구원관으로 변화된 것이지요. 이스라엘 백성이 다시 예루살렘으로 돌아와 성전을 짓고 제2의 성전기가 도래하지만, 여전히 그들은 이방의 압제 속에서 신음합니다. 다윗과 같은 위대한 왕이 독립군의 지도자처럼 나와 그들을 정치적으로 해방시키고 주권을 되찾게 해주리라는 구원을 기대했지만, 예수님의 도래는 이와 같은 현세적이고 정치적인 구원이 아닌 보편적이고 영적인 구원을 가져다주었습니다. 유대인들만을 위한 민족적 구원이 아닌 누구든 예수를 믿기만 하면 구원을 얻는다는 보편적 구원은 유대교로부터 기독교가 분파되어 나온 근본 이유가 되었습니다.

이와 같은 전환은 사실 애초 하나님이 계획하시던 구원 역사입니다. 여호와 하나님은 유대인들만을 위한 하나님이고, 유대인들의 구원 계획에만 참여하시는 하나님으로 유대인들은 본래 믿어 왔습니다. 그러나 창세기를 살펴봅시다. 하나님이 이스라엘이라는 특정 민족과 관계를 맺게 된 것은 창세기 12장에서 아브라함을 부르시는 것으로 시작합니다. 하나님이 왜 갑자기 12장에서 아브라함을 부르셨을까요?

이전에 있었던 창세기의 사건들을 떠올려 봅시다. 하나님은 태초에 이 세상을 아름답고 질서 있게 창조하셨지만, 잘 알다시피 첫 인간인 아담과 하와가 하나님께 불순종하여 죄악이 세상에 들어오게 됩니다. 이후 노아 홍수를 통하여 인간에게 엄중히 경고하였지만, 바벨탑 사건에서 드러나듯 인간의 교만은 하늘을 찔렀습니다. 여기서 11장이 급작스럽게 끝나고 12장에서 하나님은 우르 땅에 사는 아브라함을 부르십니다. 노아 홍수의 징벌에도 불구하고 죄악에서 돌이키지 않는 인간을 어찌 구원할까 고심하다가 하나님은 아마도 인류 구원의 대 프로젝트를 작성하셨나 봅니다. 그 처음 작업이 바로 아브라함으로 대표되는 이스라엘 민족을 선택하신 것입니다. 하지만 그 선택도 이스라엘이라는 특정 민족만을 위한 것은 결코 아닙니다. 이스라엘 민족의 역사와 신앙 체험을 통하여 예수 그리스도의 세계와 그 도래를 드라마틱하게 전개시키고 결국 전 인류를 구원하고자 하는 전략이었던 겁니다.

아브라함을 불러 이스라엘이라는 특정 민족의 역사를 진행하시기 전, 사실 근본 문제는 죄악 된 전 인류였습니다. 창세기 1-11장에서 전개된 내용들을 보면 알 수 있습니다. 그렇기 때문에 포로기 이후 암시되는 하나님의 구원 섭리는 다시 처음으로 돌아가 이스라엘 특정 민족(창 12장)

이 아닌 보편적 인류(창 1-11장)로 전환되었다고 볼 수 있습니다.

어찌 보면 이스라엘은 하나님이 세우신 대 인류 구원 계획 속에서 핵심적 역할을 담당한 중요한 도구였을 뿐입니다. 하나님의 점진적인 보편주의 경향은 이사야서 안에서도 두드러지게 드러납니다. 이스라엘 백성에게 가장 당혹스러웠던 것은 아마도 이방 왕 고레스가 그들의 메시아처럼 등장하는 예언이었을 겁니다. 그들의 민족주의적 고집을 극명하게 꺾어 놓을 예언이지요. 44장 28절을 보면 고레스를 언급하며 이렇게 말합니다.

"고레스에 대하여는 이르기를 내 목자라 그가 나의 모든 기쁨을 성취하리라 하며."

이러한 보편주의로의 전환은 사실 하나님께서 자신의 절대적 주권을 시위하시는 것이기도 합니다. 즉 하나님은 이스라엘 민족을 선택하여 그 민족을 통한 특별한 역사를 만들고 특별한 계시를 드러내셨지만, 이스라엘 민족의 소망과는 다르게 이방 왕 고레스를 자유롭게 선택하실 절대적 주권이 있는 분이라는 겁니다. 이스라엘 민족이 원하든 원하지 않든 이 모든 것은 하나님의 절대적 주권에 달려 있는 것이지요. 이스라엘 민족주의는 이스라엘이 원한 것이었지 하나님은 이로부터 얼마든지 자유로울 권리가 있습니다.

30. 귀환 사회에는 어떤 갈등이 있었나?

똑똑한 귀환 유대인 vs. 덜(?) 똑똑한 본토 유대인

이방 왕이 구원자로 등장함으로 시작된 이스라엘 민족의 혼란은 여기에서 그치지 않습니다. 사실 구약성경에서 포로기 이후를 배경으로 하는 책들을 읽다 보면 언제나 '혼돈'이라는 단어가 떠오릅니다. 이런 혼돈의 양상은 제3이사야서 즉 이사야 56-66장에 잘 드러나 있는데, 당시 이스라엘 민족의 역사적 정황을 보면 그 혼돈의 배경을 엿볼 수 있습니다.

이스라엘 민족은 사실 예루살렘으로 귀환할 준비가 되어 있지 않았습니다. 우리 민족이 일본의 점령으로부터 독립하였을 때를 생각해 보세요. 당시 우리 민족은 독립정부도 있었고 독립투사들도 있었지만, 실제 독립은 우리의 힘으로 이룬 것이 아니라 일본이 제2차대전에서 패함으로써 갑자기 이루어진 것이었습니다. 참으로 기쁜 일이었지만 준비되지 않은 채로 느닷없이 독립하게 된 우리 민족은 큰 정치적 공백을 갖게 되었고, 이 때문에 많은 갈등과 반목에 시달려야 했습니다. 당시 이스라엘의 상황도 비슷했습니다. 자신들의 준비된 힘과 노력에 의한 것이 아니라 지배 국가가 바뀜으로써 자유를 얻게 되었지요. 이 때문에 생긴 갈등의 양상은 어떠했을까요?

우선 바벨론에 포로로 잡혀갔다가 돌아온 자들과 예루살렘에 남아 있던 이들 간에 갈등이 있었습니다. 바벨론에서 살던 유대인들은 비록 포로이긴 하지만 대부분 사회의 엘리트 계층으로 똑똑한 사람들이었습니다. 그 대표적인 예가 다니엘이라고 할 수 있겠지요. 다니엘은 바벨론에 포로로 잡혀가 살았지만 똑똑하고 총명하여 왕궁에서 교육을 받고 일할 수 있었습니다. 선지자 에스겔도 바벨론으로 끌려가 살았지만 전직이 제사장이었으니 그도 사회의 상류층이었다고 말할 수 있습니다. 이렇게 똑똑한 무리들이 예루살렘으로 돌아와서는 그동안 예루살렘에 남아 살던 본토 유대인들을 비판하기 시작했습니다. 나라가 엉망이고 성결하지 못하다고 비난했지요. 다소 덜 똑똑하여(?) 남겨진 본토 유대인들은 이런 엘리트주의자들이 반가웠을 리 없습니다. 더군다나 귀환한 유대인들은 그들의 숙명적 사업인 성전 재건축에 북이스라엘의 후손인 사마리아인이나 본토 땅에 남아 있던 유대인들을 철저히 배제하였습니다. 그래서 많은 갈등을 겪게 되지요. 에스라 4장 1-5절을 볼까요?

> "사로잡혔던 자들의 자손이 이스라엘의 하나님 여호와의 성전을 건축한다 함을 유다와 베냐민의 대적이 듣고 스룹바벨과 족장들에게 나아와 이르되 우리도 너희와 함께 건축하게 하라 우리도 너희같이 너희 하나님을 찾노라 앗수르 왕 에살핫돈이 우리를 이리로 오게 한 날부터 우리가 하나님께 제사를 드리노라 하니 스룹바벨과 예수아와 기타 이스라엘 족장들이 이르되 우리 하나님의 성전을 건축하는 데 너희는 우리와 상관이 없느니라 바사 왕 고레스가 우리에게 명령하신 대로 우리가 이스라엘의 하나님 여호와를 위하여 홀로 건축하리라 하였더니 이로부터 그 땅 백성이 유다 백성의 손을 약하게 하여 그 건축을 방해하되 바사 왕 고레스의 시대부터 바사 왕 다리오가 즉위할 때까지 관리들에게 뇌물을 주어 그 계획을 막았으며"(스 4:1-5).

서로 연합하여 성전을 잘 건축하려 한 것이 아니라 이렇게 서로 반목

하여 갈등하는 추태가 벌어진 것입니다. 느헤미야 2장 18-20절도 보겠습니다.

"또 그들에게 하나님의 선한 손이 나를 도우신 일과 왕이 내게 이른 말씀을 전하였더니 그들의 말이 일어나 건축하자 하고 모두 힘을 내어 이 선한 일을 하려 하매 호론 사람 산발랏과 종이었던 암몬 사람 도비야와 아라비아 사람 게셈이 이 말을 듣고 우리를 업신여기고 우리를 비웃어 이르되 너희가 하는 일이 무엇이냐 너희가 왕을 배반하고자 하느냐 하기로 내가 그들에게 대답하여 이르되 하늘의 하나님이 우리를 형통하게 하시리니 그의 종들인 우리가 일어나 건축하려니와 오직 너희에게는 예루살렘에서 아무 기업도 없고 권리도 없고 기억되는 바도 없다 하였느니라."

참 슬픈 일이지요? 하나님이 꿈에도 그리던 예루살렘에 돌아와 살게 하셨는데, 이들은 그 고귀한 자유와 연합을 누리기는커녕 이렇게 서로 싸우기만 합니다(참조, 대하 13장, 19:2, 25:7, 30:6-13).

이런 배경에서 쓰인 제3이사야서는 어떻게 당시 상황을 묘사하고 있을까요? 이와 같은 난국에서 하나님은 어떤 말씀을 하셨을까요?

예루살렘으로 귀환한 시기를 배경으로 하는 제3이사야서는 앞에 있는 제2이사야서와 연속적인 면이 있지만 무척 새로운 것들도 등장합니다. 우선 제3이사야서는 포로기 이전의 예언자들처럼 나라의 지도자들과 우상숭배자들을 신랄하게 비난합니다. 지도자를 비난한다는 것은 이미 유대인들이 다시 예루살렘으로 돌아와 살고 있음을 의미합니다.

"이스라엘의 파수꾼들은 맹인이요 다 무지하며 벙어리 개들이라 짖지 못하며 다 꿈꾸는 자들이요 누워 있는 자들이요 잠자기를 좋아하는 자들이니 이 개들은 탐욕이 심하여 족한 줄을 알지 못하는 자들이요 그들은 몰지각한 목자들이라 다 제 길로 돌아가며 사람마다 자기 이익만 추구하며 오라 내가 포도주를 가져오리라 우리가 독주를 잔뜩 마시자 내일도 오늘 같이 크게 넘치리라 하느니라"(사 56:10-12).

57장에 나오는 다음 구절들은 이방의 우상들을 다시 섬기기 시작한 한심한 이스라엘 사람들을 꾸짖고 있습니다.

"무당의 자식, 간음자와 음녀의 자식들아 너희는 가까이 오라"(사 57:3).
"너희가 상수리나무 사이, 모든 푸른 나무 아래에서 음욕을 피우며 골짜기 가운데 바위 틈에서 자녀를 도살하는도다"(사 57:5).
"네가 높고 높은 산 위에 네 침상을 베풀었고 네가 또 거기에 올라가서 제사를 드렸으며"(사 57:7).
"네가 기름을 가지고 몰렉에게 나아가되 향품을 더하였으며 네가 또 사신을 먼 곳에 보내고 스올에까지 내려가게 하였으며"(사 57:9).

우상을 섬기는 이들을 꾸짖는 것 또한 이스라엘 사람들이 다시 그들 땅에 돌아와 살기 시작하였다는 것을 가리킵니다. 제2이사야서가 그렇게 심혈을 기울여 우상들을 신학적으로 무력화시키고 유일신 하나님을 선포했는데 이스라엘 백성들의 모습이 너무 한심합니다. 마치 노아 홍수로 혼쭐이 났으면서도 여전히 정신 못 차리고 바벨탑을 쌓아 하늘의 권세에 도전한 창세기의 인간들 같습니다. 어찌 인간은 이토록 무모하리만큼 과거로부터 배우는 것이 없는지요. 현대의 그리스도인들도 이스라엘 백성처럼 자신의 죄에 대해 전혀 깨닫는 것이 없는 것은 아닌지요?

제사장 집단 vs. 급진적 예언자들

이제부터 구약성경을 심도 있게 살펴본 이들이라면 한 번쯤 고민해 보았을 문제를 다루어 보겠습니다.[1] 포로기가 끝난 후 귀환 사회에서 권력을 차지하고 강력한 성전 건축 운동과 사회 정화 운동을 벌인 집단은 바로 제사장들이었습니다. 에스라와 느헤미야의 글에서 살펴볼 수 있듯 이들은 새로운 이스라엘 사회의 운명이 성전 건축에 달려 있고 이스라엘 사회에서 이방인들을 쫓아내는 것에 달려 있음을 목 놓아 외치던 집단입니다(스 3:7-13, 9-10장; 느 1:5-11, 13장; 학 1:2-11, 2장; 슥 1:16, 8:9-13). 특히 에스라 9장 1-3절은 이방인들에 대한 혐오감을 극단적으로 드러내고 있습니다.

"이 일 후에 방백들이 내게 나아와 이르되 이스라엘 백성과 제사장들과 레위 사람들이 이 땅 백성들에게서 떠나지 아니하고 가나안 사람들과 헷 사람들과 브리스 사람들과 여부스 사람들과 암몬 사람들과 모압 사람들과 애굽 사람들과 아모리 사람들의 가증한 일을 행하여 그들의 딸을 맞이하여 아내와 며느리로 삼아 거룩한 자손이 그 지방 사람들과 서로 섞이게 하

---

1) 이하의 많은 부분은 저자의 글 "역대기의 왕, 성전, 이상적인 역사에 대한 성서적 이해", 「두란노 HOW 주석 12」(두란노아카데미, 2009)에서 추출한 것임

는데 방백들과 고관들이 이 죄에 더욱 으뜸이 되었다 하는지라 내가 이 일을 듣고 속옷과 겉옷을 찢고 머리털과 수염을 뜯으며 기가 막혀 앉으니."

그러나 성경에는 이에 항거하는 또 다른 목소리도 있습니다. 포로기 이후 귀환 사회는 위에서 언급한 제사장 계통의 집단이 이끌어갔지만 이는 큰 반향도 일으켜 그 갈등이 성경의 이곳 저곳에서 발견됩니다. 가장 권위 있는 갈등 집단은 다름 아닌 급진적 예언자들이었습니다. 포로기 이전부터 왕궁과 성전 같은 기득권층에 가깝던 제사장 계열과 반사회적이라고 보일 만큼 급진적인 예언자들은 서로 사이가 좋지 않았습니다. 우리는 이미 급진적 예언자인 아모스와 친왕궁적 제사장인 아마샤의 갈등을 통해 이를 살펴본 바 있습니다.

이 뿌리 깊은 갈등은 사실 사회 경제적 시각에서 보자면 기득권 세력에 기생하려는 종교 집단과 이를 신랄히 공격하는 세력 간의 갈등으로 이해할 수 있습니다. 그 양상은 열왕기상 22장에서 본 400명의 왕궁 선지자와 미가야의 대결에서도 잘 드러났습니다. 이같은 반제사장적인 목소리는 아모스 4장 4-5절과 5장 21-24절, 예레미야 6장 20절, 7장 1-8절, 26장 1-7절에도 나오며 심지어 시편 51편 16-17절에서도 나타납니다.

이 갈등은 포로기 이후 귀환 사회에서도 지속되었습니다. 예루살렘 멸망으로 성전이 파괴된 후 과거 처소(성전)를 중심으로 하는 신앙생활이 율법(말씀)을 중요시 하는 형이상학적 형태로 진보하였습니다. 그러나 귀환 후 제사장 계열이 다시 세력을 잡으면서 무엇보다 먼저 성전 건축부터 서둘렀으며, 민족주의를 근간으로 한 인종차별주의를 부추겨 사회의 결집을 도모했습니다. 이에 강한 불만을 느낀 급진적 예언자들은 성전 제사를 서두르며 자신들의 터전부터 닦는 에스라-느헤미야 운동에 다시 한 번 일침을 가합니다. 그 목소리가 바로 제3이사야서 특히 66장을 통해 터져 나옵니다.

"여호와께서 이와 같이 말씀하시되 하늘은 나의 보좌요 땅은 나의 발판이니 너희가 나를 위하여 무슨 집을 지으랴 내가 안식할 처소가 어디랴"(사 66:1).

하늘이 곧 나의 집이고 땅은 나의 발판인데 인간인 너희들이 왜 자꾸 내 집 즉 성전을 짓겠다고 난리를 피는지 도무지 알 수 없다는 하나님의 비아냥거림입니다. 분명히 성전 건축을 앞세우던 귀환 사회의 에스라-느헤미야 운동을 반대하는 목소리입니다. 66장 3절도 볼까요?

"소를 잡아 드리는 것은 살인함과 다름이 없이 하고 어린 양으로 제사드리는 것은 개의 목을 꺾음과 다름이 없이 하며 드리는 예물은 돼지의 피와 다름이 없이 하고 분향하는 것은 우상을 찬송함과 다름이 없이 행하는 그들은 자기의 길을 택하며 그들의 마음은 가증한 것을 기뻐한즉."

성전 제사에서 행하는 주요 일 중에 하나가 바로 짐승을 잡아 희생을 드리는 것입니다. 그런데 이 구절은 그런 일을 행하는 제사장에게 심한 독설을 퍼붓고 있습니다. 그런 행위는 살인과 같다고 말합니다. 심지어 개의 목을 꺾거나 돼지 피를 드리는 것과 같다고 하는데, 개나 돼지는 유대인들이 매우 혐오하는 짐승이랍니다. 심지어 분향하는 것은 우상을 찬송하는 것과 같다고 합니다. 이처럼 제3이사야서는 성전을 건축하고 성전 제사를 부활하려는 제사장 계층을 맹렬하게 비판하고 있습니다.

귀환 사회의 지도자가 된 에스라-느헤미야 측근은 성전 건축과 동시에 이방인들을 그들 사회에서 축출하려고 했습니다. 포로기 동안 이스라엘 본토에는 많은 이방인들이 이스라엘 사람들과 결혼하여 살게 되었는데, 귀환 사회 지도자들은 그 이방인들과 그들 사이에서 태어난 혼혈인들을 극도로 혐오하였습니다. 그러나 이사야서는 다시 한 번 놀라운 선언을 합니다. 그 아름다운 목소리를 들어 보십시오.

> "여호와께 연합한 이방인은 말하기를 여호와께서 나를 그의 백성 중에서 반드시 갈라내시리라 하지 말며 … 또 여호와와 연합하여 그를 섬기며 여호와의 이름을 사랑하며 그의 종이 되며 안식일을 지켜 더럽히지 아니하며 나의 언약을 굳게 지키는 이방인마다 내가 곧 그들을 나의 성산으로 인도하여 기도하는 내 집에서 그들을 기쁘게 할 것이며 그들의 번제와 희생을 나의 제단에서 기꺼이 받게 되리니 이는 내 집은 만민이 기도하는 집이라 일컬음이 될 것임이라"(사 56:3-7).

내 집은 만민이 기도하는 집이라, 이 얼마나 귀중한 선포인지요. 그토록 민족주의적이고 폐쇄적이던 이스라엘 민족에게 이젠 그 굴레를 벗어나 만민을 향한 하나님의 손끝을 바라보라고 지시하고 있습니다. 이 외침은 분명 이방인들에 대한 에스라-느헤미야의 인종차별주의 정책에 강한 일침을 놓는 목소리임에 분명합니다.

그런데 이와 같은 관찰은 우리에게 큰 고민을 안겨 줍니다. 성경 내부에서 상반되는 두 목소리가 있다는 것은 성경을 하나님의 말씀으로 받아들이는 신앙인들에게 적잖은 혼돈을 가져다줄 것이기 때문입니다. 여기에 대한 고민은 다음 장에서 학개와 스가랴서를 살피면서 더 다루도록 하겠습니다.

지금은 단지 제3이사야서가 보여 준 그 용감한 외침에 찬사를 보내도록 합시다. 특히 당시 사회의 약자인 불쌍한 이방인들을 위하여 목소리를 높인 그 사랑을 본받도록 합시다. 사실 이방인들이 당시에 무슨 잘못을 했습니까? 이방인들 때문에 이스라엘 사람들이 이방신을 믿은 것일까요? 그 위험도 없지 않지만 자신의 신앙을 지키지 못한 이스라엘의 잘못이 더 크지 않습니까? 더 나아가 이방인이지만 이스라엘 사람과 결혼하여 여호와 하나님을 함께 섬긴다면 더 좋은 일 아니겠습니까?

이사야서는 하나님을 섬기고자 하는 이방인이 하나님의 성회에 참여할 수 있다고 말합니다. 이 정신은 고루한 유대교 종교 지도자들을 꾸짖던 예수님의 행적과 말씀과도 일맥상통합니다. 예수님은 원수조차 사랑하라고 하지 않았습니까?

하나님을 섬기고 사랑하는 세계 안에서는 차별이란 있을 수 없습니다. 그 차별을 만들려는 자들이 악한 것입니다. 나와 다르게 생겼다고, 나와 다른 생각을 한다고, 나와 교리가 다르고 나와 믿음의 색채가 다르다고 구분 짓는 것은 예수님이 가장 싫어하는 모습입니다. 그래서 예수님은 유대인들이 혐오하던 사마리아 사람, 매국노 세리, 몸을 파는 여자들과도 함께 생활을 나누셨습니다. 결국 성령님이 오시고 난 후 민족주의의 경계선이 완전히 허물어져서 구원의 복음이 전 세계로 뻗어 나갔습니다. 그 생생한 현장이 사도행전에 잘 보고되어 있습니다.

세 권이면서도 한 권인 이사야서는 각기 다른 시대 속에서 한 사상이 어떻게 재해석되고 진보하는지를 보여 준 위대한 책입니다. 특히 이스라엘의 민족주의적 사상을 보편주의적인 하나님의 사랑이 어떻게 극복하는지를 보여 준 계시와 역사의 책입니다.

chapter **11**

학개, 스가랴 그리고 성전

31. 귀환 사회가 요구한 것은 무엇일까?

앞장에 이어 포로기 이후 귀환 사회를 배경으로 하는 두 예언서를 살펴보겠는데, 먼저 학개서를 보고 그 다음 스가랴 1-8장을 보겠습니다. 스가랴서는 본래 14장으로 구성되어 있습니다. 하지만 이사야서가 세 부분으로 구성된 것처럼, 스가랴서도 시대적 배경과 문학적 차이 때문에 1-8장과 9-14장으로 나누어 살펴야 합니다. 앞부분인 1-8장은 학개서와 동일한 귀환 사회를 배경으로 하고 있습니다. 이와 같은 이유로 학개와 스가랴 1-8장은 종종 같이 다루어진답니다. 반면 스가랴서 9-14장은 문학적 특징이나 시대적 배경이 불분명하다는 점에서 말라기와 유사한 특징을 가지고 있습니다. 이 책에서는 귀환 시대까지를 다루므로 9-14장은 열외로 하겠습니다.

새 시대를 향한 갈망

학개와 스가랴 1-8장은 제3이사야서처럼 귀환 사회에 감도는 불안과 실망감을 반영하고 있습니다. 우선 학개는 책 전체가 성전 재건축을 핵심 주제로 삼고 있습니다. 학개는 성전 재건축이야말로 이스라엘의 새로운 시대를 여는 전주곡처럼 여기고 있습니다. 먼저 학개 1장 2-4절을 봅시다.

"만군의 여호와가 이같이 말하여 이르노라 이 백성이 말하기를 여호와의 전을 건축할 시기가 이르지 아니하였다 하느니라 여호와의 말씀이 선지자 학개에게 임하여 이르시되 이 성전이 황폐하였거늘 너희가 이때에 판벽한 집에 거주하는 것이 옳으냐."

이 말씀은 하나님의 집 성전이 폐허가 되었는데 어떻게 그의 백성들이 편안하게 자기 집에서 잘살고 있느냐는 꾸짖음입니다. 재건축을 더 촉구하기 위해 또 이렇게 이야기합니다.

"너희는 산에 올라가서 나무를 가져다가 성전을 건축하라 그리하면 내가 그것으로 말미암아 기뻐하고 또 영광을 얻으리라 여호와가 말하였느니라 너희가 많은 것을 바랐으나 도리어 적었고 너희가 그것을 집으로 가져갔으나 내가 불어 버렸느니라 나 만군의 여호와가 말하노라 이것이 무슨 까닭이냐 내 집은 황폐하였으되 너희는 각각 자기의 집을 짓기 위하여 빨랐음이라 그러므로 너희로 말미암아 하늘은 이슬을 그쳤고 땅은 산물을 그쳤으며 내가 이 땅과 산과 곡물과 새 포도주와 기름과 땅의 모든 소산과 사람과 가축과 손으로 수고하는 모든 일에 한재를 들게 하였느니라"(학 1:8-11).

"만군의 여호와가 이같이 말하노라 조금 있으면 내가 하늘과 땅과 바다와 육지를 진동시킬 것이요 또한 모든 나라를 진동시킬 것이며 모든 나라의 보배가 이르리니 내가 이 성전에 영광이 충만하게 하리라 만군의 여호와의 말이니라 은도 내 것이요 금도 내 것이니라 만군의 여호와의 말이니라 이 성전의 나중 영광이 이전 영광보다 크리라 만군의 여호와의 말이니라 내가 이곳에 평강을 주리라 만군의 여호와의 말이니라"(학 2:6-9).

즉 예루살렘에 귀환한 이스라엘 사회가 빨리 혼돈과 불안을 벗고 영광스러운 새 시대로 진입하는 길은 오직 성전을 다시 건축하는 것뿐임을 재차 강조하고 있습니다.

귀환한 이스라엘 사회에는 앞장에서 살펴본 것처럼 왠지 불안하고 실망스러운 분위기가 있었습니다. 이전 선지자들의 예언처럼 하나님의 날이 속히 임하여 아직도 그들을 압제하고 있는 이방의 세력을 물리쳐 주시리라 기대했지만, 그런 일은 일어나지 않았습니다. 설상가상으로 에스라-느헤미야서가 보여 준 동족 간의 깊은 갈등은 그들 사회를 더욱 불안하게 만들었습니다. 그들이 기대했던 것만큼 하나님이 이스라엘 사회를 신속히 회복시키지 않자 사람들은 불안감 때문에 어떻게 하나님을 섬기는 것이 올바른가에 대하여 의견이 분분해졌습니다. 귀환 사회를 배경으로 하고 있는 이사야 58장 3-9절을 보면 이스라엘 백성들이 하나님의 호의를 얻기 위하여 행한 금식 행위에 대한 논란이 나타나 있습니다.

"우리가 금식하되 어찌하여 주께서 보지 아니하시오며 우리가 마음을 괴롭게 하되 어찌하여 주께서 알아주지 아니하시나이까 보라 너희가 금식하는 날에 오락을 구하며 온갖 일을 시키는도다 보라 너희가 금식하면서 논쟁하며 다투며 악한 주먹으로 치는도다 너희가 오늘 금식하는 것은 너희의 목소리를 상달하게 하려는 것이 아니니라 이것이 어찌 내가 기뻐하는 금식이 되겠으며 이것이 어찌 사람이 자기의 마음을 괴롭게 하는 날이 되겠느냐 그의 머리를 갈대같이 숙이고 굵은 베와 재를 펴는 것을 어찌 금식이라 하겠으며 여호와께 열납될 날이라 하겠느냐 내가 기뻐하는 금식은 흉악의 결박을 풀어 주며 멍에의 줄을 끌러 주며 압제당하는 자를 자유하게 하며 모든 멍에를 꺾는 것이 아니겠느냐 또 주린 자에게 네 양식을 나누어 주며 유리하는 빈민을 집에 들이며 헐벗은 자를 보면 입히며 또 네 골육을 피하여 스스로 숨지 아니하는 것이 아니겠느냐 그리하면 네 빛이 새벽같이 비칠 것이며 네 치유가 급속할 것이며 네 공의가 네 앞에 행하고 여호와의 영광이 네 뒤에 호위하리니 네가 부를 때에는 나 여호와가 응답하겠고 네가 부르짖을 때에는 내가 여기 있다 하리라."

어떻습니까? 제3이사야서답지 않습니까? 제3이사야서는 포로기 이전 아모스와 같은 급진적 예언 전승을 이어받아 종교적 행위보다는 정의롭고 진심 어린 생활이 진정한 신앙임을 가르치고 있습니다. 그래서 그저 밥을 굶는 금식이 진정한 금식이 아니라 압제당한 이웃의 멍에를 끌러 주며 그들에게 자유를 주고 굶주린 자들에게 자신의 양식을 나누어 주는 것이 진정한 금식이라고 말합니다. 이렇게 이웃의 어려움을 돌아보아 그들이 믿는 하나님이 자기 자신만의 하나님이 아니라 만민의 하나님이심을 드러낼 때, 하나님께서는 그들의 부름에 응답하겠다고 하십니다. 그저 밥을 굶어 하나님의 호의를 얻으려 하지 말고, 우선 하나님 앞에 똑바로 살아야 한다는 질타가 담겨 있는 것이지요. 다음 구절도 흥미 있게 살펴보기 바랍니다.

"여호와의 손이 짧아 구원하지 못하심도 아니요 귀가 둔하여 듣지 못하심도 아니라 오직 너희 죄악이 너희와 너희 하나님 사이를 갈라놓았고 너희 죄가 그의 얼굴을 가리어서 너희에게서 듣지 않으시게 함이니라"(사 59:1-2).

아마도 당시에 하나님이 우리를 구원하실 능력이 모자라신 것 아닌가 하는 불평도 있었나 봅니다. 그래서 이사야서는 하나님의 능력의 팔이 짧아서 그런 것이 아니라, 우리의 죄악 때문이라고 도리어 백성을 나무랍니다. 그러나 예언하는 자의 속마음도 그리 편한 것은 아닙니다. 예루살렘으로 귀환한 후 이스라엘만을 위한 새 시대가 올 것이요 온 만방에 이스라엘이 하나님의 강력한 백성임이 드러날 것이라고 믿었건만 그들의 상황은 전혀 진보하지 않는 듯했습니다. 그래서 다시 이사야서는 이렇게 고백합니다.

"여호와여 어찌하여 우리로 주의 길에서 떠나게 하시며 우리의 마음을 완고하게 하사 주를 경외하지 않게 하시나이까 원하건대 주의 종들 곧 주의 기업인 지파들을 위하사 돌아오시옵소서 주의 거룩한 백성이 땅을 차지한 지 오래지 아니하여서 우리의 원수가 주의 성소를 유린하였사오니 우리는 주의 다스림을 받지 못하는 자 같으며 주의 이름으로 일컬음을 받지 못하는 자같이 되었나이다"(사 63:17-19).

예언자는 하나님의 미적지근한 반응에 불만을 품는 백성들을 꾸짖었지만, 정작 자신은 근심과 불안한 마음을 하나님께 토로합니다. 그가 생각하기에도 하나님의 구원의 시간이 너무 지연되는 것 같아 마음이 편하지 못하였던 겁니다. 더 절박한 마음으로 이사야서는 다음과 같이 하나님의 역사를 촉구합니다.

"여호와여, 너무 분노하지 마시오며 죄악을 영원히 기억하지 마시옵소서 구하오니 보시옵소서 보시옵소서 우리는 다 주의 백성이니이다 주의 거룩한 성읍들이 광야가 되었으며 시온이 광야가 되었으며 예루살렘이 황폐하였나이다 우리 조상들이 주를 찬송하던 우리의 거룩하고 아름다운 성전이 불에 탔으며 우리가 즐거워하던 곳이 다 황폐하였나이다 여호와여 일이 이러하거늘 주께서 아직도 가만히 계시려 하시나이까 주께서 아직도 잠잠하시고 우리에게 심한 괴로움을 받게 하시려나이까"(사 64:9-12).

하지만 이에 대한 하나님의 반응은 냉혹합니다. 포로기라는 징벌을 받고 다시 기적적으로 예루살렘에 돌아오게 하였건만, 이스라엘 백성의 행실은 전혀 개선된 것이 없다고 질타하십니다. 이사야서 65장 2-7절을 봅시다.

"내가 종일 손을 펴서 자기 생각을 따라 옳지 않은 길을 걸어가는 패역한 백성들을 불렀나니 곧 동산에서 제사하며 벽돌 위에서 분향하여 내 앞에서 항상 내 노를 일으키는 백성이라 그들이 무덤 사이에 앉으며 은밀한 처소에서 밤을 지내며 돼지고기를 먹으며 가증한 것들의 국을 그릇에 담으면서 사람에게 이르기를 너는 네 자리에 서 있고 내게 가까이 하지 말라 나는 너보다 거룩함이라 하나니 이런 자들은 내 코의 연기요 종일 타는 불이로다 보라 이것이 내 앞에 기록되었으니 내가 잠잠하지 아니하고 반드시 보응하되 그들의 품에 보응하리라 너희의 죄악과 너희 조상들의 죄악은 한 가지니 그들이 산 위에서 분향하며 작은 산 위에서 나를 능욕하였음이라 그러므로 내가 먼저 그들의 행위를 헤아리고 그들의 품에 보응하리라 여호와가 말하였느니라."

하나님의 백성은 옛날이나 지금이나 하나도 변하지 않았고 깨달은 바도 없다고 말씀하십니다. 이스라엘 백성의 자주와 독립, 평안을 내려 주기는커녕 오히려 반드시 보응하겠다고 하십니다. 더 가증스러운 것은 여전히 이방신들을 섬기며 행악을 일삼는 이스라엘 백성들이 스스로 거룩한 척하는 것입니다.

이사야의 올바른 삶 vs. 학개&스가랴의 성전 건축

제3이사야서는 학개나 스가랴서와 같은 시대적 배경을 가지고 있기 때문에 학개-스가랴 당시의 시대적 상황도 매우 잘 전달하여 줍니다. 하지만 앞장에서도 살펴보았듯이 제3이사야서와 학개-스가랴는 서로 다른 입장에 서 있는 예언서입니다. 제3이사야서는 귀환 사회의 문제가 성전 재건축으로 인해 개선될 수 있는 것이 아니며, 그런 형식적인 행위보다는 정의롭고 올바른 삶을 사는 것이 하나님의 복을 부르는 길이라고 부르짖습니다. 그래서 성전과 제사를 부활하려는 제사장들을 신랄하게 비난하기도 했습니다. 반면 학개와 스가랴의 입장은 달랐지요. 그들은 성전을 다시 건립하는 것만이 다시 돌아온 이스라엘 백성을 살릴 수 있는 길이라고 선포합니다.

성전과 제사를 강조하는 이들은 성결에 대한 의식도 강합니다. 성결의식은 레위기를 살펴보면 이해할 수 있습니다. 에스라-느헤미야는 성결의 관점에서 이방인들을 내쫓아야 한다고 주장했습니다. 반면 학개는 폐허가 된 성전을 성결하지 못한 것으로 말합니다. 성전이 성결하지 못하기 때문에 하나님의 강력한 역사가 이루어지지 않는다고 말합니다.

"만군의 여호와가 말하노니 너는 제사장에게 율법에 대하여 물어 이르기를 사람이 옷자락에 거룩한 고기를 쌌는데 그 옷자락이 만일 떡에나 국에나 포도주에나 기름에나 다른 음식물에 닿았으면 그것이 성물이 되겠느냐 하라 학개가 물으매 제사장들이 대답하여 이르되 아니니라 하는지라 학개가 이르되 시체를 만져서 부정하여진 자가 만일 그것들 가운데 하나를 만지면 그것이 부정하겠느냐 하니 제사장들이 대답하여 이르되 부정하리라 하더라 이에 학개가 대답하여 이르되 여호와의 말씀에 내 앞에서 이 백성이 그러하고 이 나라가 그러하고 그들의 손의 모든 일도 그러하고 그들이 거기에서 드리는 것도 부정하니라"(학 2:11-14).

보다시피 학개는 제사장들과 매우 친밀해 보이지요? 학개를 뒤이은

스가랴도 마찬가지였습니다. 스가랴도 성전 건축이 이스라엘 민족을 회복시키는 것이라고 강조하였죠. 스가랴 8장 9-13절을 보면 이스라엘 백성이 성전을 건축하기로 하였기 때문에 하나님이 다시 그들에게 평강과 번영을 주실 것이라고 말하고 있습니다.

> "만군의 여호와가 이같이 말하노라 만군의 여호와의 집 곧 성전을 건축하려고 그 지대를 쌓던 날에 있었던 선지자들의 입의 말을 이 날에 듣는 너희는 손을 견고히 할지어다 이 날 전에는 사람도 삯을 얻지 못하였고 짐승도 삯을 받지 못하였으며 사람이 원수로 말미암아 평안히 출입하지 못하였으나 내가 모든 사람을 서로 풀어 주게 하였느니라 만군의 여호와의 말씀이니라 이제는 내가 이 남은 백성을 대하기를 옛날과 같이 아니할 것인즉 곧 평강의 씨앗을 얻을 것이라 포도나무가 열매를 맺으며 땅이 산물을 내며 하늘은 이슬을 내리리니 내가 이 남은 백성으로 이 모든 것을 누리게 하리라 유다 족속아, 이스라엘 족속아, 너희가 이방인 가운데에서 저주가 되었었으나 이제는 내가 너희를 구원하여 너희가 복이 되게 하리니 두려워하지 말지니라 손을 견고히 할지니라."

성전을 짓겠다는 선지자의 말이 선포되었으니 이제는 손을 견고히 하여 열심히 성전 건축을 하라는 말입니다. 그리하면 그들이 원하는 풍요가 회복될 것이라는 겁니다.

32. 성경 속의 상반된 목소리를 어떻게 이해해야 할까?

상반된 이야기? 다원적 목소리의 공존!

자, 이제 앞장에 이어 우리가 고민해 보아야 할 문제를 다시 짚고 넘어가야 할 것 같습니다. 성전을 짓고 외국인을 추방하자는 에스라-느헤미야 그리고 학개-스가랴와 반대로 성전을 지을 필요가 있느냐, 왜 애꿎은 이방인을 괴롭히느냐며 겉으로 드러나는 종교적 의식보다는 생활 속에서 정의를 지키고 올바르게 사는 것이 더 중요하다는 제3이사야서. 문제는 하나님의 말씀을 담은 한 권의 성경이 이렇게 서로 다른 이야기를 전달하고 있다는 것입니다. 우리는 과연 어느 목소리에 귀를 기울여야 할까요?

어째서 성경은 같은 시기에 대한 서로 다른 의견을 제시하고 있을까요? 사실 성경이 서로 상이한 내용을 전달하는 모습은 자주 발견된답니다. 같은 왕들에 대한 기록이지만 열왕기의 기록과 역대기의 기록은 매우 다르지요. 예를 들어 사무엘서와 열왕기서는 다윗 왕과 솔로몬 왕의 부정적인 이야기들도 기록하고 있지만, 이 두 왕을 영웅 삼고 있는 역대기서는 두 왕의 어두운 이야기를 보고하지 않습니다. 심지어 예수님의 말씀과 행적을 다룬 복음서도 성경 속에 네 권이나 있고, 이 네 권의 책은 서로 조금씩 다른 부분들도 있습니다.

그러나 이와 같은 사실이 성경의 불완전성을 드러내어 그 영감성을 훼손한다고 생각한다면 큰 오산입니다. 오히려 다행히도 우리에겐 예수님에 대한 무려 네 개나 되는 다른 시각의 기록이 눈앞에 있기 때문에 더

객관적이고 다양한 예수의 모습을 생생하게 그릴 수 있는 것이지요. 이러한 '다원성'은 예수 혹은 신학에 대한 우리의 이해가 한 가지 단일한 사고나 교리에 의해 지배되어서는 안 된다는 것을 시사하기도 합니다. 다시 말하자면, 네 개의 복음서가 서로 다르지만 그중 어느 한 권만 더 우월한 것이 아니듯, 신앙적 전통을 달리하는 다양한 교단이 있지만 그중 어느 한 교단의 교리만 더 우월하다고 말할 수 없다는 것이지요. 서로 다른 이야기를 하고 있지만, 각자의 목소리는 나름대로 또 다른 신앙적 호소를 해야 할 환경적 요구에 응대하고 있는 것입니다.

포로기 이후 귀환 사회를 읽는 주제어 중 하나는 바로 '혼돈과 갈등'이라고 했습니다. 제사장 계열과 급진적 예언자 계열, 국외파 바벨론 출신 유대인과 국내파 팔레스타인 유대인, 예루살렘 토박이와 예루살렘 이주자, 사마리아인과 유대인 등 이들 간의 갈등은 큰 혼란을 일으켰을 것이 분명합니다. 와중에 예루살렘에 돌아와 기득권을 획득한 이들이 바로 에스라-느헤미야나 학개-스가랴와 같은 제사장-성전 옹호 세력인 것이지요. 역대기도 이 세력의 산물로 이해할 수 있습니다. 그래서 에스라-느헤미야나 학개-스가랴는 기존에는 상상할 수도 없을 만큼 제사장의 위치를 높입니다. 전통적인 정치 지도자와 거의 동등하게, 심지어는 더 높게도 여깁니다. 학개서는 하나님의 말씀이 정치 지도자인 스룹바벨과 제사장인 여호수아에게도 같이 임하는 것으로 말하며, 전통적인 정치 지도자뿐만 아니라 제사장도 같은 위치의 지도자임을 밝히 드러내고 있습니다(학 1:1, 12, 2:2, 4). 학개서의 마지막을 보면 비록 스룹바벨에게 그 지도자적 무게가 실리는 듯하나(학 2:20-23), 스가랴 6장 9-14절은 다시 제사장인 여호수아를 메시아적 인물로 부각시킵니다.

귀환 사회의 개혁 운동을 주도한 제사장 계열의 이와 같은 행태는 위에서 살펴본 반제사장적인 제3이사야서와 충돌하여 성경 독자들에게 큰 혼돈을 줄 수 있습니다. 제사장 계열이 기득권을 잡아 성전 짓기에 몰두하고 그들의 세력 터전부터 다지려는 것은 비판 받을 수 있습니다. 더불어 같은 계열의 예언자인 학개-스가랴를 통하여 제사장의 위치를 급상승시키고 심지어 메시아적 인물로까지 선전하였지요. 민족주의적인 정서에 호소하여 사회의 혼란과 부정을 외국인들의 책임으로 몰아가는 행위 또한 비판 받을 수 있습니다.

성경은 기득권적 신학의 횡포를 막으려는 듯 다원적 목소리를 들려줍니다. 예수의 행적도 네 권이고, 고대 이스라엘 왕국 역사도 두 종류가 공존하며, 이념적으로도 제사장 계열과 급진적 예언자 계열 두 목소리가 같이 들리고 있습니다. 포로기 이전의 예언 문헌이 급진적 예언자들의 글을 많이 담고 있는 반면(아모스, 호세아, 예레미야 등), 귀환 이후로는 다분히 제사장 계열의 역량이 급진적 예언자들보다 훨씬 우월하게 기록되었습니다(역대기, 에스라-느헤미야, 학개-스가랴 등).

이와 같은 다원적인 양상은 성경이 한 체제의 목소리만 여과 없이 선포하는 것을 막아 주는 역할을 합니다. 이념적으로 보았을 때 성경에는 보수적인 제사장 계열의 신념과 급진적인 예언자 계열의 비판이 공존하는 것입니다.

역사의 선택과 하나님의 섭리

그래도 부정할 수 없는 것은 귀환 사회 이후의 문헌 속엔 수구적이고 민족주의적인 제사장 계열의 이념이 지배적이라는 것이지요. 이념상 꽤

진보적인 식견을 지닌 성경 독자들에겐 불만 요소일 수도 있습니다. 실제로 역대기와 에스라-느헤미야, 학개-스가랴는 날카로운 이념의 칼날 앞에 신랄히 비평 받을 수도 있겠지요. 귀환 사회의 전권을 누리게 된 이들은 자신들의 생존 및 정치적 기반이 될 수 있는 성전과 제의 의식에 앞장섰으며, 전통을 깨고 제사장을 메시아적으로 그렸고, 불쌍한 이방인들을 희생시켜 사회적 결집을 이끌어 내려 하였습니다. 그 비판이 오죽하면 이사야서 같은 성경에서 발견되겠습니까. 이들은 그 기득권을 지키기 위해 성전 건립이라는 대민족적 사업에서도 사마리아인이나 팔레스타인에 남아 있던 유대인들을 철저히 배제하였답니다.

그런데 만약 이스라엘 백성이 고레스의 칙령으로 예루살렘에 돌아오게 되었을 때, 수구적이고 전제적인 체제가 아니라 급진적인 예언자 계통이 그 권력을 쥐었다면 귀환 사회는 어떠했을까요? 아마 특정 지역이나 물체를 성스럽게 여기는 원시적 개념인 '성전'은 무시하였을 것입니다. 제3이사야서의 예언처럼 말입니다. 어차피 유대의 역사에서 성전은 다시 무너지고(주후 70년) 유대교는 율법을 중시하는 회당과 함께 성장하게 되지 않았습니까? 그렇다면 예언자들의 이상 사회는 왜 당시 역사에서 허락(?) 받지 못했을까요?

'성전'은 하나님이 거하시는 곳이고, 이스라엘 백성들이 하나님을 만나러 오는 곳입니다. 적어도 당시 백성들에게 이 사실은 자명하였습니다. 그렇다면 성전은 적어도 혼돈의 시기에 방황하는 많은 일반 백성들에게 충분히 '상징적' 역할을 할 수 있었을 것입니다. 그곳에 하나님이 임하시든 아니든 간에 폐허가 된 성전 더미 위에 새 성전이 '가시적'으로 쌓아 올라가는 모습은 그야말로 벅찬 희망이요 새로운 사회의 구현이었을 것입니다.

성전은 일정한 시간 일정한 장소에 많은 군중을 집결시킵니다. 그곳에서 많은 이들이 같은 신앙 고백을 하고 같은 제사를 수행하지요. 혼란의 시기에 이보다 더 효과적으로 사회 구성원들을 응집시킬 수 있는 기구 및 기제가 또 있었을까요? 다시 세워지는 성전을 바라보며 백성들은 혼란의 시기에서 희망의 시기로 전환되는 역사를 기대했을 것이고, 그것은 꿈이요 희망이 되었을 것입니다.

그렇다고 해서 이것이 전제적인 제사장 계열의 '횡포'를 정당화할 수는 없습니다. 성경은 이에 반대하는 예언자들의 목소리를 감추지 않았지요. 다만 성경은 당시의 역사적 상황과 역사의 선택(?)을 되도록 다원적으로 보여 주고 있는 것입니다. 급진적 예언자들의 이상은 포로기 전과 마찬가지로 주로 사회의 변두리에 남게 되었습니다. 과연 그들이 헤게모니의 중심에 있었다면 그 이상을 성취할 수 있었을까요? 당시에 그런 고차원적인 이상 세계가 그렇게 쉽게 성취될 수 있었을까요? 불가피하게도 이런 의심을 해보게 됩니다.

귀환 사회에서도 '이상'의 성취를 보지 못한 급진적 예언자들은 그들의 꿈이 현실이 아닌 저 너머의 영적 세계에서 우선 실현되어야 하는 것이라고 스스로를 위로할 수밖에 없었고, 그 결과 소위 묵시운동이 전개되었다고 볼 수 있습니다. 그렇다고 사회의 핵심에서 소외된 그들의 경험이 헛된 것만은 아니었습니다. 이들의 세계는 신약성경의 시대를 역사적으로 그리고 신학적으로 예비한 신구약 중간기에 묵시 사상으로 꽃피웠고 위대한 유산을 신약성경에 남깁니다. 그들의 급진적인 체제 저항의식은 세례(침례) 요한과 예수에게 그대로 전수되었으며, 복음서를 비롯한 신약의 많은 문헌은 묵시적 종말론으로 가득하게 되었습니다. 뿌리 깊은 갈등에서 비롯된 이 급진적 사상은 현실에서 가시화되지는 않았지만, 기독교 형성의 핵심과 그 정신 속에 직접적으로 잇닿아 있지요. 이러한 역사적 진행과 결과도 섭리가 아니었을까요.

수구적이고 기득권 옹호적이라 비판 받을 수 있는 제사장 계열도 당시 혼란의 시기에만 그 가치가 있었던 것은 아닙니다. 이후 열렬히 율법을 붙들고 유대주의를 전개시킨 것이 이 보수 집단의 성과였으며, 이방 세력의 무서운 종교 탄압에도 불구하고 목숨을 걸고 종교적 자주를 지킨 것도 이들이었지요. 이러한 정신이 후대 유대교와 기독교의 정신에 이바지한 바가 지대함은 역사가 수없이 증언하고 있습니다.

이번 장에서는 학개-스가랴를 살펴보면서, 이들과 잇닿아 있는 보수적 성전 옹호 세력의 위치를 자리매김해 보는 다소 골치 아픈 이야기를 해보았습니다.

성경이 우리에게 두 가지 목소리 모두를 들려주는 것은 혼란을 주기 위함이 아닙니다. 오히려 획일된 사상의 강요로부터 자유할 수 있도록 해줍니다. 역사의 발전 속에서 벌어진 어떠한 사건이나 어떤 이념적 행위도 '옳다' 혹은 '옳지 않다'로 단순히 판단해서는 안 된다는 것을 가르쳐 줍니다.

성경이 내부적으로 서로 일치하지 않고 충돌한다는 비판은, 성경이 일원적 세계가 아닌 다원적 세계를 복합적으로 제시하여 어느 특정 이념이나 신학만을 특권화하지 않는다는 긍정적 이해로 전환되어야 합니다. 이것이 바로 현대인이 성경을 우리 '하나님의 말씀'으로 읽는 태도입니다.

chapter 12

다니엘과 하늘의 권세 그리고 오직 믿음

33. 다니엘서는 어떤 특징이 있나?

예언서 vs. 묵시문학

마지막으로 이번 장에서는 다니엘서를 살펴보겠습니다. 사실 개신교 구약성경의 원조인 유대교 정경 타나크에는 다니엘서가 예언서에 포함되지 않습니다. 본래 유대인들은 다니엘서에 예언서의 권위까지는 부여하지 않았는데 왜 그랬을까요?

다니엘서는 우리가 예언서로 생각하는 책들 즉 이사야서나 예레미야서, 아모스서 등과 비교해 보면 사실 크게 다르답니다. 보통 예언서에는 예언자들의 예언이 주로 나오는 데 반해 다니엘서의 절반은 다니엘과 세 친구들의 여러 이야기들이 담겨 있고, 나머지 반에는 다니엘의 환상이 차지하고 있습니다. 이외에도 예언자들이 자주 고백하는 '소명 설화'도 없습니다. 다시 말해 다니엘이 하나님으로부터 소명을 받았다는 이야기가 등장하지 않는 것입니다. 물론 다니엘이 하나님의 소명을 받지 않았다는 것은 아닙니다. 다만 다른 예언서들처럼 그런 기록을 남기지 않았다는 말입니다.

이렇듯 다니엘서는 예언서답지 않은 면이 많은데, 사실 다니엘서의 정확한 분류는 묵시문학입니다. 구약성경 중 유일한 묵시문학이지요. 다니엘이라는 인물 자체도 예언자들과는 차이가 있답니다. 그의 행적은 오히려 당시 '현인'들에 더 가까웠다고 여겨집니다. 하나님의 말씀을 통해 사회를 질타하던 예전 예언자들과는 달리, 주로 꿈이나 환상을 해석하여 하늘의 신비한 지식을 밝혀 주는 소위 '맨틱'(mantic) 지혜를 소유한 현인 말입니다.

하지만 개신교의 정경은 다니엘서를 예언서로 분류합니다. 왜 그럴까요? 앞에서 살펴본 것처럼 유대인들의 정경 타나크는 예언이란 율법을 조명하는 것으로 여긴다고 했습니다. 반면에 기독교는 예언을 그 고유의 뜻 그대로 미래를 예견하는 것으로 생각합니다. 기독교는 시간을 매우 중요하게 생각하는데 기독교가 종말론적인 종교이기 때문이지요. 즉 태초에 역사가 시작되었고 언젠가 미래에 역사의 종착점인 끝이 오리라는 믿음이 기독교의 기본교리랍니다. 이러한 관점에서 볼 때 다니엘서의 많은 환상은 미래의 종말에 대하여 이야기하고 있고, 미래를 예견하는 것을 예언으로 삼는 기독교에서는 당연히 다니엘서를 예언서로 간주하는 것이지요.

다니엘서의 두 얼굴

다니엘서는 크게 두 부분으로 나뉩니다. 처음 1-6장까지는 다니엘과 그의 세 친구들이 동방의 나라로 잡혀가 벌어지는 여러 기적적인 이야기들이 전개됩니다. 사자 굴에서도 살아나고, 불구덩이에서도 살아 나온 이야기는 너무나 유명한 이야기지요. 그러나 7-12장에는 이야기가 아니라 다니엘이 1인칭 시점으로 기술한 네 가지 환상이 나오며, 한 천사가 그 환상을 설명하는 내용이 담겨 있습니다.

이렇게 너무나 다른 문학적 특징을 가지고 있다 보니 학자들은 이 두 부분의 기원을 다르게 설명하기도 합니다. 특히 이방의 왕과 권세에 대하여 말하는 점에서도 두 부분에 차이가 보입니다. 앞부분(1-6장)은 매우 친이방적인 면모가 있다면, 뒷부분 (7-12장)은 반 이방적인 태도가 엿보입니다. 이방 왕에 대해 친근하게 표현하는 앞부분의 한 예를 보도록 하겠습니다. 어느 날 이방 왕 앞에 선 다니엘이 이렇게 말합니다.

> "왕이여 왕은 여러 왕들 중의 왕이시라 하늘의 하나님이 나라와 권세와 능력과 영광을 왕에게 주셨고 사람들과 들짐승과 공중의 새들, 어느 곳에 있는 것을 막론하고 그것들을 왕의 손에 넘기사 다 다스리게 하셨으니 왕은 곧 그 금 머리니이다"(단 2:37-38).

다니엘은 하나님께서 이방 왕에게 친히 권세와 영광, 세상의 모든 것을 넘기셨다고 극찬을 합니다. 그러자 이방 왕이 다니엘에게 한 대답이 이렇습니다.

"왕이 대답하여 다니엘에게 이르되 너희 하나님은 참으로 모든 신들의 신이시요 모든 왕의 주재시로다 네가 능히 이 은밀한 것을 나타내었으니 네 하나님은 또 은밀한 것을 나타내시는 이시로다"(단 2:47).

이방 왕이 다니엘의 신 즉 이스라엘의 하나님을 칭송합니다. 이방신을 믿는 이방 왕일 터인데 심지어 그의 입에서 하나님이야말로 모든 신들의 신이라는 고백이 나옵니다. 이를 통해 볼 수 있는 것처럼 다니엘서의 앞부분은 매우 친이방적입니다. 반면 다니엘서 후반부의 환상들에서는 이방의 권세가 궁극적으로 무너지고 멸망한다는 것이 핵심이지요. 그 내용은 조금 뒤에 살펴보도록 하겠습니다. 이와 같이 서로 다른 입장 때문에 학자들은 1-6장의 저자로 이방 땅에 살던 디아스포라 유대인들을 지목합니다. 유대인과 이방인이 상호 우호적으로 살아야만 하던 환경이 그 기원이 되었을 것으로 보기 때문입니다. 반면에 7-12장은 이방의 세력 때문에 폐허가 되어 버린 고향땅에서 살아야 했던 팔레스타인의 유대인들이 그 저자일 것으로 추정합니다.

그러나 이 같은 분류는 그리 단순한 문제가 아닙니다. 다니엘서가 말끔하게 1-6장 그리고 7-12장으로 구분되어 보이지만, 언어적으로 보자면 그렇지가 않습니다. 다른 구약성경의 책들처럼 다니엘서는 히브리어로 적혀 있는데 그중 2-7장은 특이하게도 아람어로 기록되어 있습니다. 그래서 1-6장의 이야기와 7-12장의 환상 부분이 독립적으로 존재하다가 결합했을 것이라는 가정은 너무 순진한 생각입니다. 그동안 많은 학자들이 다니엘서의 형성 과정을 파헤쳐 보려 했지만, 아직도 구약성서학의 난제 중의 하나로 남아 있습니다.

이렇듯 다니엘서는 뭔가 둘로 나누어지는 것이 많습니다. 문학적인 형식이나, 이방 권세에 대한 태도 그리고 언어마저도 둘로 나뉩니다. 여기에다 다니엘서를 둘로 나눌 수 있는 또 다른 것이 있는데 바로 '권세'라는 단어로서 다니엘서를 이해하는 매우 중요한 핵심어입니다. 다니엘서에는 하늘의 권세와 땅의 권세 둘로 나뉩니다. 그리고 이 둘이 대결하는 가운데 결국 하늘의 권세가 땅의 권세를 물리쳐 이기는 것을 그 주제로 하고 있습니다. 따라서 다니엘서의 어느 부분을 읽더라도 하늘 권세와 땅 권세 간의 대결 구도를 염두에 두고 읽는다면 다니엘서의 진정한 의미를 발견할 수 있을 것입니다.

34. 다니엘서는 어떤 메시지를 담고 있을까?

땅의 권세를 이기는 하늘의 권세, 그리고 믿음

우선 다니엘서의 내용을 살펴보도록 하겠습니다. 먼저 제1장에는 다니엘과 세 친구가 여호야김 3년째(기원전 607년)에 바벨론으로 유배되어 느부갓네살 2세 아래 교육을 받는 장면이 나옵니다. 이들은 유대교의 율법을 따라 이방의 음식을 먹지 않고 채식을 하지만, 다른 훈련생들보다 더 건강하게 살아가는 기적이 나타납니다. 여기서 발견되는 주제는 율법을 따라 살아서 누리는 하늘의 권세가 이방인들의 방식대로 살아가는 땅의 권세를 이긴다는 것입니다.

1장에서 발견되는 기적은 앞으로 일어날 기적에 비하면 아무것도 아닙니다. 2장에서는 바벨론의 현인들이 해석하지 못하는 느부갓네살의 꿈을 다니엘이 해석하여 왕으로부터 칭송을 듣습니다. 이 이방 왕은 다니엘뿐만 아니라 다니엘이 믿는 하나님도 칭송합니다. 여기서도 진정한 하늘의 권세를 가진 하나님을 따르는 다니엘이 이 땅의 권세자 느부갓네살의 현인들을 이기는 주제가 발견됩니다. 3장에서도 믿기 어려운 일이 벌어집니다. 다니엘의 세 친구가 이방 왕이 세운 신상에 절을 하지 않아 불에 던져지지만 기적적으로 살아 나오는 것입니다. 4장과 5장에서는 다니엘이 다시 한번 꿈이나 신비한 일들을 해석하고 그대로 이루어지는 이야기가 나옵니다. 전반부의 마지막인 6장에서는 다니엘이 메대의 다리오 왕의 법을 어겨 사자 굴에 던져지지만 살아 나오는 기적이 일어납니다. 여기서도 다시 한 번 하늘의 권세가 이 땅의 권세와 상식을 이기는 주제가 드러납니다.

다니엘서 1-6장은 불에 들어가도 사자 굴에 들어가도 살아 나오는 기적 때문에 많은 사람들이 매우 좋아하는 이야기일 것입니다. 반면에 오히려 이 황당한 기적 때문에 다니엘서를 읽는 데 곤란을 느끼는 사람도 있을 것입니다. 하나님의 기적을 믿기는 하지만, 직접 경험해 보기 전에는 아무리 성경이라도 쉽게 믿기가 어려운 것이 사실입니다. 인간은 이성을 가지고 있기 때문에 논리적이고 실증적인 일만을 수긍하는 편이지요.

이 이야기들을 아무 거리낌 없이 다 믿을 수 있다면 그건 큰 복입니다. 하지만 잘 믿겨지지 않는 분들도 너무 걱정할 필요는 없습니다. 본래 우리의 이성은 기적 같은 일들을 받아들이기 어려운 것이 정상입니다. 그런데 믿음이란 본래 믿기 어려운 것을 믿는 것입니다. 믿기 쉬운 것이나 너무나 당연한 사실들은 우리가 굳이 '믿음'을 동원하여 받아들일 필요가 없는 것들이지요. 예를 들어, 해는 하늘에 있고 물고기는 물속에 있다는 사실은 너무나 분명해서 굳이 '믿음'이라는 것까지 끌어들여 받아들일 필요가 없습니다.

불에 들어가도 살아 나오고 사자 굴에 들어가서도 살아 나오는 기적이야말로 우리의 '믿음'이 동원되어야 할 하나님의 이야기입니다. 믿기 어려운 것을 믿으려 할 때 그것이 진정한 믿음이지요. 그래서 히브리서 11장 8절은 이렇게 말합니다.

"믿음으로 아브라함은 부르심을 받았을 때에 순종하여 장래의 유업으로 받을 땅에 나아갈새 갈 바를 알지 못하고 나아갔으며."

아브라함의 별명이 믿음의 조상인 것은 그가 갈 바를 알지도 못 하였지만 믿고 나아갔기 때문입니다. 하나님이 잘 가르쳐 주어 갈 바를 알고 나아갔다면 아브라함에게 무슨 믿음이 필요했겠습니까? 보이지도 않고 이해되지도 않지만 하나님을 신뢰하여 받아들이려 하는 것이 곧 믿음입니다. 히브리서 11장 1절은 이렇게 말합니다.

"믿음은 바라는 것들의 실상이요 보이지 않는 것들의 증거니."

보이는 것은 보이기 때문에 믿음이 필요하지 않습니다. 믿음이 필요할 때는 보이지도 않기 때문입니다. 이렇게 믿음이란 우리의 이성과 논리적 경험이 도저히 납득할 수 없을 때 진정으로 발휘되어야 하는 것입니다.

우리 중에 예수님이 십자가에서 우리를 위하여 돌아가시는 것을 보고 확인하고 믿은 사람 있습니까? 아무도 없답니다. 보고 믿은 사람은 아무도 없습니다. 보이지 않기 때문에 그리고 보이지 않아도 믿는 것이 진정한 믿음입니다.

그렇다면 다니엘서에 나온 불구덩이와 사자 굴의 기적을 우리는 어떻게 바라보아야 할까요? 바로 믿음으로 바라봐야 합니다. 하나님의 기적은 '믿음'의 대상이지 '이해'의 대상이 결코 아닙니다. 세속의 가르침은 먼저 '이해'를 해야 믿을 수 있지만 신앙의 세계는 먼저 '믿어야' 이해가 따릅니다.

사실 불구덩이와 사자 굴은 다니엘서가 씌어진 기원전 2세기 유대인들의 상황과 매우 밀접한 관계가 있습니다. 다니엘서의 이야기는 기원전 6세기의 배경을 가지고 있지만 글로 저작된 시기는 기원전 2세기랍니다. 슬프게도 기원전 2세기 당시 유대인들은 이방인들의 억압 아래 불구덩이나 사자 굴처럼 무시무시한 탄압과 죽음의 공포 속에서 살아야 했습니다. 물론 사람에 따라선 그와 같은 죽음의 공포를 의연하게 받아들일 수 있는 신자들도 있지만 보통 대부분의 사람들은 그렇지 못합니다. 다니엘의 기적적인 이야기를 믿고 살아야 불안과 공포를 극복하고 삶을 지탱해 나갈 수 있는 자들이 대부분이지요. 그러니 혹 다니엘의 기적 이야기들이 황당하다고 해서 절대 평가절하 하지는 마십시오. 만약 그러하다면 이는 편안히 책상 앞에서 다니엘서를 읽기 때문에 그런 것입니다. 기독교를 억압하는 곳에서 살면서 감옥 안에서 죽음을 기다리며 이 이야기들을 읽는다면 우리의 태도는 분명히 달라질 겁니다. 그리고 당장 불구덩이나 사자 굴 앞에 서면 이 다니엘의 '기적' 이야기가 '실제'로 다가올 겁니다. 기적은 한가한 때 벌어지는 게 아닙니다. 다니엘의 기적은 모두 극한 신앙적 압제 속에 벌어진 사건임을 명심하기 바랍니다.

꼭 사자 굴이나 불구덩이가 아니더라도 우리의 삶에는 여러 어려움이 있습니다. 때로 도무지 해결의 실마리가 보이지 않아 앞이 캄캄할 때도 있습니다. 저 역시 종종 이와 같은 어려움을 당할 때면 눈물의 기도를 드립니다. 이때 제가 하나님께 제일 깊이 간구하는 것은 바로 '믿음'입니다. 이 모든 난관은 바로 하나님이 날 위해 준비해 놓은 훈련의 일부라는 믿음, 이 난관을 이기고 나오면 하나님의 세계에 더 깊이 헌신하게 될 것이라는 믿음, 이 모든 것 가운데서 결국 참 기쁨을 하나님이 주실 것이라는 믿음을 간구하는 것입니다. 그때마다 하나님을 더욱 의지하는 귀한 경험을 하게 되지요.

이렇게 믿음이라는 것은 책상에 앉아서 줄을 그으며 이해할 수 있는 것이 아닙니다. 믿음은 경험하여 아는 것이지요. 하나님의 말씀과 함께 울며 웃으며 경험하는 것이 믿음입니다. 그래서 신앙에는 경륜이 필요합니다.

자, 이제 저와의 예언서 여행을 마치겠습니다. 어땠습니까? 평소 예언서를 어렵게만 생각했는데, 흥미롭기도 하고 은혜롭기도 하지요? 평소 잘 모르던 부분들을 알게 되었다는 지적인 만족감에 그쳤다면 그것은 매우 유감스러운 일입니다. 성경을 잘 알아야 좋은 신앙을 가질 수 있다는 생각은 매우 엘리트주의적인 그릇된 것이기 때문입니다. 글을 몰라 예언서는커녕 성경 한 줄도 읽지 못하는 무식한 할머니라도 예수님을 구주로 영접하고 이웃을 사랑하며 살라는 목사님의 설교에 따라 평생 인심 후하게 살았다면 성경 박사보다 더 영광스러운 면류관을 받을 것입니다. 공부를 잘할수록 신앙이 좋아지는 것이라면 절망할 사람들이 정말 많지 않겠습니까?

그러므로 예언자들의 가르침을 순박한 할머니처럼 신앙과 삶 속에 적극 적용하는 것이 진정한 그리스도인의 모습입니다. 예언자들처럼 불의와 맞서 싸우기도 하고, 예레미야를 생각해서라도 자신감을 가지고 자신을 사랑하며, 아모스의 불꽃 같은 눈길을 배워 어려운 이웃을 돌아보아야 합니다. 그리고 어떤 절망이 오더라도 좌절하지 말고 믿음을 가지고 잘 견뎌 나가야 합니다. 다니엘이 우리에게 전수해 준 하늘의 지혜처럼 결국 하늘의 권세가 당신을 보호하고 인도할 것입니다.

AMOS
HOSEA
ISAIAH
JEREMIAH
EZEKIEL
HAGGAI
ZECHARIAH
DANIEL